축제의 날들

일러두기

1 주석은 모두 옮긴이의 주다.

2 단행본은 『』로, 시, 에세이, 단편소설은 「」로, 신문, 잡지는 《》, 노래, 영화, 그림, 방송은 〈〉로 표기했다.

3 중의적인 표현은 한국어로 번역한 후 원문을 병기했다.

4 인명과 지명은 원칙적으로 외래어표기법을 따르되 한국에서 굳어져 있는 이름인 경우 자연스럽게 읽힐 수 있도록 관용적인 표기를 따랐다.

축제의 날들

조 앤 비어드

장현희 옮김

Festival Days

Jo Ann Beard

클레이하우스
CLAYHOUSE

언젠가 어느 날
너의 얼굴을 바라보면
축제의 날들이 남긴
슬프고도 사연 어린 흔적들을
발견하게 되겠지

— 낸드 차투베디, 「잔인한 축제의 시간」

이 책에 쏟아진 찬사

『축제의 날들』은 지난 1년 동안 읽은 책 중 단연코 가장 흥미진진했던 신간이다. 이 책은 정말 대단하다. 단편 소설과 단편 소설처럼 읽히는 논픽션으로 이루어진 작품집인데, 뭐가 픽션이고 뭐가 논픽션인지 구분이 어려울 정도다. 한 문장 한 문장이 모두 탁월하며, 그 방식은 완전히 독창적이다. 이야기들은 죽음과 죽음에 대한 위협으로 가득 차 있지만, 그 분위기는 결코 장례식처럼 무겁지 않다. 냉소적인 유머와 명확한 연민이 어우러져, 그녀는 최고의 동반자가 되어준다.

조너선 프랜즌, 『인생 수정』 저자, 《가디언》

'네가 사랑하는 방식을 사랑해.' 조 앤 비어드를 사랑하는 사람이 그녀에게 한 말이다. 바로 이런 사랑이 『축제의 날들』을 그토록 훌륭한 작품으로 만든 이유다. 또 다른 이유는 모든 것을 강렬하고 절묘한 산문으로 묘사하는 그녀의 솜씨다. 비어드는 인생에서 아름다운 것, 성스러운 것, 희극적인 것들을 소중히 여기고, 피할 수 없는 삶의 고통과 비통함을 현자의 시선에서 바라보는 지혜를 알려준다.

시그리드 누네즈, 『어떻게 지내요』 저자

『축제의 날들』은 뛰어난 관찰력과 흠잡을 데 없는 문장력을 자랑한 작품이다. 조 앤 비어드의 가공할 실력을 생각하면 당연한 일이다. 거기에 더해 놀라울 정도로 대담한 서사가 음울함을 감동으로 승화시킨다. 가끔은 기대치 않은 방식으로 거의 참을 수 없는 긴장감마저 자아낸다.

제프 다이어, 『그러나 아름다운』 저자

관찰과 상상이 매끄럽게 얽힌, 묘한 매력이 있는 아홉 작품. 그렇게 현명한데도 자기를 내세우지 않고, 단번에 솔직한 감정을 털어놓는 작가는 흔치 않다. 비어드가 죽음, 배신, 그리고 사랑과 격투를 벌이며 애리조나에서 우다이푸르로, 우다이푸르에서 뉴욕으로 옮겨가는 마지막 장은 눈부시게 아름답다.

사라 립먼, 《워싱턴 포스트》

질병, 상실, 폭력, 죽음을 마주함으로써 삶에서 끌려 나온 사람들의 이야기. 계급 나누기에 저항하는 이 강렬한 작품은 그 이유를 설명하긴 어렵지만, 직관과 관찰을 한데 녹여 명백하게 현실적인 이야기를 선보인다.

《뉴욕 타임스 북리뷰》에디터스 초이스

감각적인 세밀함의 대가인 비어드는 유머와 우울, 동물에 관한 사랑을 다루면서도 지나치게 감상적이지 않은 작품을 탄생시켰다. 그녀의 작품에서는 모든 순간이 특별한 빛을 내뿜는다.

미셸 필게이트, 《로스앤젤레스 타임스》

애도라는 뜨거운 물이 담긴 병 같은 작품. 이 아름다운 에세이는 사랑하는 동물의 죽음, 친구의 병, 애인과의 결별과 같은 비극을 다룬다. 심각한 화재 속에서 살아남은 남자의 이야기와 암과의 아주 느릿한 춤을 추는 여자의 이야기는 특히 잊지 못할 것이다. 친밀하고 지능적이며 강렬하기에 궁극적으로는 위로가 되는 작품이다.

킴 허버드, 《피플》

비어드는 까다로운 작가이며, 그녀의 작품은 오랜 시간을 견딘다. 숨을 멎게 만드는 세밀한 묘사에는 저항할 수 없는 매력이 있다. 가족, 반려견, 사랑, 우정, 혼란, 그리고 위험에 관한 그녀의 세련되고 예리하며 어두운 랩소디 같은 문체에는 보기 드문 에너지와 힘이 있다. 복잡하게 얽힌 관계, 소용돌이치는 대조, 갑작스러운 방향 전환을 통해 우리의 삶을 예술로 승화시키려는 그녀의 노력은 놀랍고도 깊이 있는 성과를 보여준다.

도나 시먼, 《북리스트》

전도유망한 인기를 누리고 있는 비어드의 새로운 에세이 및 소설. 우리의 가장 인간적인 비밀을 사정없이 캐내는 글이다.

케이트 터틀,《보스턴 글로브》

애수 어리고, 섬세함으로 가득한 작품이다. 비어드의 작품 속 글은 마치 복리로 붙는 이자 같다. 하나의 경험이 이전의 경험 위에 쌓이고, 그 이전의 경험 또한 과거의 경험 위에 쌓여 있다. 나이 든 개의 죽음, 신뢰할 수 없는 남편과의 헤어짐, 선명하게 빛나는 우정과 젊음을 새로운 방식으로 되살려, 그 모든 것이 서로 공명하며 새로운 것이 탄생한다.

엘런 아킨스,《미니애폴리스 스타 트리뷴》

생동감 넘치는 인물과 우아한 문체, 그리고 놀라움으로 가득한 예술적인 걸작이다. 각각의 에세이와 소설은 상실과 구원이 담긴 강렬한 서사다. 조 앤 비어드의 작품을 읽는 것은 호기심 많고 지적인 친구와 산책하는 것과 같다. 겉보기엔 관련 없어 보이는 것들의 비밀스러운 연관성을 보여주고 싶어 하는 그런 친구 말이다.

에이드리엔 브로더, 『와일드 게임』 저자

진정으로 경이롭다. 장르는 중요하지 않다. 비어드가 작품을 통해 보여주고 있듯 우리가 아는 우리의 삶은 온통 기묘하고, 슬프고, 아름답고, 믿기 어려우며, 말로는 다 표현할 수 없는 것들로 가득하니까. 그런 것들이 우리의 현실을 초현실적인 경험으로 바꿔버리니까.

첼시 호드슨,《봄(Bomb)》

비어드의 이야기는 너무나도 생생해서 꼭 지금 일어나는 일인 듯 살아 숨 쉰다. 그녀와 그녀의 캐릭터 (친구들, 낯선 사람들, 가족들, 남편들, 살인자들, 오리들, 개들, 왜가리들) 사이의 경계는 그녀의 글과 독자 사이의 경계만큼이나 흐릿해서, 독자는 계속 그 경계를 넘게 된다. 다른 사람들이 가지고 있는 기억의 힘이 누적되며 결국 독자 자신의 기억이 되는 것이다.

레이철 디워스킨,《로스앤젤레스 리뷰 오브 북스》

너무나도 좋은 작품이라 내려놓았다가도 다시 집어 들기를 반복하게 된다. 『축제의 날들』에 포함된 작품 대다수는 실제 일어난 일을 복기하는 에세이다. 하지만 에세이 속에서도 뛰어난 상상의 날개가 펼쳐져 있다. 비어드는 가장 극적인 순간을 겪는 사람들에게 빙의한 듯하다. 우리의 가장 힘든 순간을 글로 표현해내는 솜씨가 이토록 유려한 작가는 세상에 또 없을 것이다.

댄 코이스, 《슬레이트》

조 앤 비어드는 현상을 관찰하고 거기에 반전을 더하여, 관찰한 현상을 독창적으로 풀어낼 줄 아는, 그야말로 천재다. 우리는 형편없는 전남편들과의 우정을 통해 구원받는 이야기를 읽게 된다. 모든 이야기에는 날카로운 유머와 독자를 끊임없이 즐겁게 하는 재치가 촘촘히 녹아 있다.

캐런 셰츠너, 《더 밀리언즈》

스토리텔링의 대가, 조 앤 비어드가 새로운 작품집을 선보인다는 것만큼 축하할 일이 또 있겠는가. 현실적인 공감을 바탕으로 한 아홉 편의 이야기는 어린아이의 손바닥 안에서 빛나는 반딧불이 같다.

《시카고 리뷰 오브 북스》

강렬한 감정으로 빛나는 작품. 비어드의 문학적 역량은 이 책의 표제작인 마지막 에세이에서 가장 두드러진다. 그 에세이에서 비어드는 은유와 기억을 엮어 평생의 우정을 눈부시도록 아름답게 그려낸다. 수십 년 동안 우리를 붙잡아주고, 우리의 터전이 되어주며, 마지막 작별의 순간까지도 사랑으로 이어지는 그런 관계 말이다.

캐서린 홀리스, 《북페이지》

눈부신 귀환이다. 비어드는 일상적인 주제부터 환상적인 이야기까지 다양한 내용을 다루면서도 섬세한 관찰력과 아름답게 쓰인 문장이 단단히 뿌리내리고 있는 작품을 선보인다. 올해 최고의 작품으로 손꼽히기에 손색이 없다.

《타운 앤 컨트리》

9

작가의 말

작가가 되는 건 내게 당연한 일이었다. 내 첫사랑은 시였고, 두 번째 사랑은 소설이었으며, 세 번째 사랑이자 내 인생 최고의 사랑은 에세이였다. 마치 세 번의 결혼을 하는 것과도 같았다. 기쁠 때나 슬플 때나 내가 진정한 나로 머무를 수 있는 곳, 내 모든 문제를 해결해줄 곳이 바로 에세이에 있다는 걸 알게 되었다. 하지만 우리는 그저 인간일 뿐이기에, 이 책에도 몇 편의 소설이 포함되어 있다. 「레슬링의 무덤」과 「당신이 찾는 것이 당신을 찾고 있다」 두 편은 적어도 처음에는 소설로 발표된 작품이다. 이 두 작품은 각기 다른 비밀스러운 이유로 에세이이기도 한데, 이 책의 다른 에세이들 역시 소설이기도 하다.

여기에 실린 작품 몇 편은 《틴하우스》를 통해 처음 발표됐다. 장르를 수정하지 않고 작품이 출간될 수 있게 도와준 체스턴 냅을 비롯한 틴하우스 잡지사 식구들에게 감사를 전한다. 나도 다른 이들도 틴하우스의 열린 마음과 유연함을 그리워할 것이다.

　내게 기꺼이 셰리의 이야기를 들려주고, 그녀의 마지막을 상상할 특권을 준 셰리 트렘블의 가족들에게도 감사드린다. 워너 회플리치의 가족들도 정확하면서도 그림을 그린 듯 자세하게 이야기를 나누어주었고, 이를 작품으로 탄생시키기 위해 상상력을 발휘할 수 있는 자유를 허락해주었다. 함께 작업한 모든 분과 친구에게 감사드린다.

목차

마지막 밤

식사 중, 아니면 식사 직후였던가. 그녀에게 무슨 일이 생겼다. 그녀는 원을 그리며 돌기 시작하더니 멈추질 못했다. 부엌에서도, 차 안에서도, 동물병원 진료실 안에서도 마찬가지였다. 의사는 벽에 기대어 서서 그녀와 함께 바닥에 앉은 나를 바라보았다. 나는 울고 있었지만, 의사는 못 본 척했다.

"저한테 부탁하신 적 있죠." 의사는 파일을 훑어보며 말했다. "때가 된 것 같으면 말해 달라고요."

아직은 때가 아니었다.

"뇌에 일종의 이상이 생긴 것 같아요. 무언가가 자랐거나 변형되었거나. 우선 증상이 더 심해지는지 하루이틀 정도 지켜보죠. 하지만 이 상태가 계속된다면…."

의사는 말을 멈췄다.

15

"셰바, 그만 해."

나는 그녀를 붙잡았다. 그녀는 꼭 〈레이디와 트램프〉의 레이디 같았다. 열다섯 살이라는 많은 나이만 아니라면.

돌고 있는 팽이 위에 손을 올리면 이런 느낌일까. 손을 놓은 순간, 그녀는 다시 원을 그리며 돌기 시작했다. 우리는 그녀를 '탑독'이라고 불렀다. 그녀가 우리의 늙고 검은 래브라도 리트리버 위에 몸을 쭉 뻗은 채 누워, 그 머리에 자기 머리를 대고 자는 걸 좋아했기 때문이었다. 그러면 래브라도 리트리버도 그녀를 따라 눈을 감았다. 수년 전 어느 날, 래브라도 리트리버가 조심스럽게 몸을 일으켜 세우더니 주방으로 들어가 요리 중인 남편에게 간식을 얻어먹은 적이 있었다. 그러는 내내 강아지는 래브라도 리트리버의 목 위에 몸을 축 늘어뜨린 채 미동조차 하지 않고 계속 잠을 잤다. 래브라도 리트리버 역시 열다섯 살까지 살았다. 우리의 결혼은 14년 만에 끝났지만.

나는 손을 들어 올려 겉옷 단추를 잠갔고, 그녀는 환히 빛나는 리놀륨 바닥 위에서 무턱대고 빙빙 돌다가 진료 테이블 외다리에 몸을 부딪쳤다.

"때가 된 건지도 모르겠어요." 의사는 그녀를 멈추게 하려고 발을 내밀며 말했다.

형광색 운동화를 제외하면 의사는 특색이 전혀 없는 사람이었다. 마치 영화 러닝타임 내내 왜 등장했는지 의문을 품게 하다가 끝에 가서야 살인범이라는 정체가 드러나는 배우 같았다.

집에 돌아왔을 때 상황은 나아지지도 나빠지지도 않았다. 셰바는 계속해서 코로 자기 꼬리를 따라다니며 원을 그렸고, 나는 그녀를 멈추게 하려고 애썼다. 잠깐 우리 집을 방문한 이웃집 여자도 동그랗게 뜬 불안한 눈으로 셰바를 지켜보더니 마침내 겨우 한마디를 내뱉었다.

"희망이 없는 것 같네요."

날은 어두워져 있었고, 나는 램프를 켠 거실 바닥에 무릎을 꿇고 앉아 빙글빙글 도는 그녀를 붙잡았다 놓았다 반복했다. 이웃집 여자는 한겨울에 슬리퍼를 신고 있었다.

"발 시리지 않아요?"

내 물음에 그녀는 "그렇네요"라고 대답하곤 집으로 돌아갔다.

우리는 단둘이 남겨지는 데 익숙했다. 집은 작고 어두웠으며, 산비탈에 있었다. 하지만 우리 집에는 벽난로와 붙박이 책장, 푸른 호수가 보이는 방충망 달린 베란다, 그리고 우리만의 선착장이 있었다. 우리 집과는 어울리지 않는 특이한 바닷새도 있었다. 우리는 매일 아침 새들을 쫓아내곤 했다. 아니, 새들을 쫓아낸 건 엄밀히 말하면 우리 둘 중 하나였고, 나머지 하나는 커다란 장식용 목재 위에 선글라스를 끼고 서서 커피를 마셨다. 이타카에서 선글라스를 쓰는 사람은 아무도 없는데 말이다.

전에 살던 집에서 가져온 건 거의 없었다. 고작해야 사진 몇 장, 도자기 그릇, 그리고 널찍한 아이오와 집에서는 거의 눈에 띄지 않았지만 지금 사는 집에서는 중심점이자 내 이전 삶의 흔적이 된 터키식 러그가 다였다. 셰바는 자정쯤부터 그 러그에 오줌을

누기 시작했다. 그러자 어둡고 동그란 자국이 저들끼리 겹치고 교차했다. 새벽 1시쯤 오줌이 마려워 화장실로 달려갔다 돌아온 나는 계속해서 돌고 돌다가 모퉁이까지 가서 몸을 부딪치고 있는 셰바를 발견했다.

셰바는 점점 더 넓은 나선형을 그리며 돌았다.

"셰바."

아무런 반응이 없었다. 훈련사의 부름을 듣지 못하는 매처럼.

"셰바." 나는 손으로 그녀의 얼굴을 그러쥐며 다시 불렀다.

셰바는 무턱대고 뒤를 돌아보았고, 나는 갑자기 의사의 말이 옳았다는 사실을 알아차렸다. 무언가가 자랐거나 변형되어 그녀를 외로이 가두고 있었다.

언젠가는 셰바 없이 살아야 한다는 걸 나는 항상 알고 있었다. 그저 내일부터 그래야 할 수도 있다는 사실을 몰랐을 뿐이다. 일상은 무너지기 마련이다. 이곳 이타카의 안전한 고요 속에 사느라 그 사실을 잊고 있었을 뿐.

우리는 마지막 밤을 꼬박 새우며 동물병원이 열기를 기다렸다. 거실에 깔린 터키식 러그 위에서, 주방에 있는 그녀의 사료 그릇 옆에서, 그리고 마지막으로는 구석에 밀어놓은 침대 위에서, 나는 벽에 몸을 기대고, 그녀는 내게 몸을 기댄 채로. 어느 순간 나는 견디지 못하고 눈을 감고 말았다. 그러자 나마저도 빙글빙글 도는 것 같은 느낌이 들었다. 마치 우리의 삶이 실타래처럼 풀리며 이타카에서 아이오와까지 늘어지는 것 같았다.

나는 남편이 가슴팍을 두드린 후 팔을 뻗는 모습과 셰바가 남편의 품으로 뛰어드는 모습을 본다. 나는 우리의 늙은 래브라도 리트리버가 마치 보닛을 쓴 듯 머리 위에 셰바를 올려놓은 모습을 본다. 나는 호숫가를 따라 날고 있는 바닷새 아래에서 뛰어다니는 셰바를 본다. 조금만 더 있어줘. 나는 떠나는 남편에게 말한다.

"조금만 더 있어줘." 나는 어두운 침실에서 큰 소리로 말한다.

셰바는 침대맡에서 자곤 했다. 그리고 동이 트기 시작하거나 조금의 움직임이라도 느껴지면 잠에 취한 채 내 베개로 기어 올라왔다. 그래서 잠에서 깬 내가 가장 먼저 보는 대상은 항상 셰바였다. 빼어난 외모의 강아지는 늙어가고 있었지만, 눈동자는 여전히 검었고 귀 또한 여전히 길고 매력이 넘쳤다. 조금만 더 있어줘. 내가 손을 놓으면 그녀는 점점 더 큰 원을 그리며 집 가장자리와 가까워진다. 돌아와줘, 내 작은 셰바. 우리 둘은 이제 벽 끝에 다다르고, 그 너머의 거대한 은유적 세계를 들여다본다.

그리고 새벽이 찾아오고, 또 아침 8시가 된다. 그리고 나는 아무 생각 없이 앞으로, 그 너머로 움직이기 시작한다. 나는 그녀를 안아 들고 호숫가로 내려가 물과 뭍의 경계선에 그녀를 세운다. 새들이 비행하며 제각기 소리를 내는 그곳에. 아이오와에서 살 적에 그녀가 옥수수밭으로 뛰어 들어갔다가 한참을 안 나온 일이 있었다. 그때 그녀는 생각에 잠긴 듯 보였다. 래브라도 리트리버는 언젠가 쓰레기통을 털었다가 나중에 무언가를 통째로 토해낸 적도 있는데, 양초도 있는 걸 보아 생일 케이크인 듯했다. 나는 셰바를 안고 다시 위로 올라온다. 이웃집 여자가 출근 준비를 하다 만 듯한 차림으로 집에서 뛰어나와 차 문을 열어준다.

"때가 된 건가요?" 그녀가 내게 묻는다.

"아직은요." 내가 대답한다.

마을을 가로질러 운전하는 동안, 나는 조수석에 태운 그를 한 손으로 붙잡고 속으로 생각한다. 생각하지 마. 아이오와에서 이타카까지 1,200킬로미터의 거리를 달렸던 그때, 셰바는 뒷좌석에 둥글게 말아놓은 러그 위에 서서 내 어깨에 턱을 올린 채 지나가는 풍경을 바라봤다. 그녀가 내 손에 대고 그르렁거리는 것이 느껴진다. 옆으로 돌리고 하면서. 그때 우리도 돈다. 우리는 주차장에 도착한다. 다 왔다.

때가 되었다.

워너

워너 회플리치는 센트럴파크를 마주 보는 널찍한 아파트에서 열린 케이터링 행사에서, 화이트 와인 스프리츠를 만들고 보드카와 콜라를 섞으며 저녁 시간을 보냈다. 그곳에는 난초와 두꺼운 러그, 털이 길고 금빛인 개 한 마리가 있었다. 이후 늦은 밤이 되어서야 워너는 지하철역에서 내려 철책과 자물쇠로 가득한 어퍼 이스트 사이드 거리를 따라 집으로 향했다. 그가 사는 구역의 나무들은 영향력 없는 고모들처럼 앙상하고 꼿꼿했다.

어느 날엔가 워너는 그중 한 나무 위에서 왼쪽으로 몸을 기울였다가 오른쪽으로 몸을 기울이길 반복하며 그를 내려다보는 잉꼬 앵무새를 본 적이 있다. 앵무새는 나뭇가지에 부리 양쪽을 날카롭게 갈더니 한참 위에 있는 창틀을 향해 발작하듯 갑작스레 비행했다. 그에게 은유적인 순간들은 대부분 그림처럼 다가왔다. 나란히 있는 야생 새들과 잘 가꿔진 나무, 희미하게 빛나는 페리윙클, 그 가지에서 포장도로로 떨어진 티타늄 조각 같은 하얀 꽃. 워너가 뉴욕을 좋아하는 이유는 그곳의 단순한 놀라움 때문이었다. 물론 오리건, 아이오와, 애리조나, 그리고 다른 모든 곳도 단순한 놀라움을 품고 있는 건 사실이지만.

캔털루프 멜론색의 일출, 줄무늬 소들, 데어리 퀸*, 검은 플라스틱 산을 이루는 엄청난 쓰레기와 개 오줌 냄새를 제외한 모든 것들. 하지만 그날 밤은 그렇지 않았다. 어두운 거리는 춥고 상쾌했다. 모퉁이를 돌자 워너가 사는 건물이 눈에 들어왔다. 1991년 12월 19일 자정이 되기 직전, 바로 그 세기말적인 주택에서 또 다른 뉴욕다운 놀라운 일이 벌어지고 있었다. 벽 속 아주 깊은 곳, 워너가 사는 집 세 개 층 아래에서, 천으로 감싼 전선의 잔가지가 지글거리더니 마치 꽃망울 터지듯 피어나버린 것이다.

거리 쪽에서는 워너가 사는 집 건물이 한 채인 것처럼 보였지만, 사실 서로 꼭 붙어 있는 쌍둥이 주택이 앞뒤로 연결된 형태였다. 워너는 왼편에 있는 입구로 들어간 후 뒤쪽으로 걸어가 5층까지 올라갔다. 거기서 워너의 고양이 투가 그를 맞이했다. 투는 신나게 앞장서서 부엌으로 달려가, 펼쳐진 은박지 위에 놓일 얇은 간 파테와 반투명한 생선회 몇 점을 기다렸다.

다리를 올리고 앉은 워너는 오리건 유진 시에 있는 본가로 전

---

* 아이스크림 가게.

화를 걸어 엄마와 기분 좋은 대화를 나눴다. 서부는 이제 막 하루를 마무리하는 시간이었지만, 뉴욕은 늦은 밤이었다. 아직 그에겐 에너지 넘치는 시간이었다. 워너는 그맘때 집에 전화하는 걸 좋아했다. 무더운 아파트에서 속옷만 입은 채로. 말 털을 넣어 단단하게 만든 두꺼운 회반죽으로 세운 벽은 울퉁불퉁했고 흠집으로 가득했다. 워너는 그 위에 백색 도료를 바르고, 나무 바닥은 일꾼을 고용해 끝손질했다. 건초색 바닥은 램프 불빛에 반짝였고, 워너의 그림은 아무렇게나 여기저기 걸려 있었다. 그림의 어두운 배경에서는 건축용 기계, 원양 정기선의 캠축, 간단한 기구들 따위의 다양한 형태들이 튀어나오고 있었다. 추상적인 그림이었지만, 그렇다고 추상화는 아니었다.

그날 밤 마침내 잠든 워너는 마치 심해 바닥까지 1패덤**씩 천천히 가라앉는 듯한 기분이 들었다. 전선이 마침내 점화되어 건물 위로 화염을 올려 보내기 시작했을 때, 워너는 아마 꿈을 꾸고 있었는지도 모른다. 무언가가 어둠 속에서 소용돌이치는 듯한 느낌이 들기도 했지만, 그것을 향해 손을 뻗기엔 그를 짓누르는 물의 무게가 너무도 무거웠다.

새벽 4시인가 5시쯤, 2C에 사는 세입자들은 천장에서 시끄럽게 쿵쿵거리는 소리를 들었고 곧 천장이 무너졌다. 바로 위층 3C에 사는 세입자들도 같은 소리를 들었고 그 천장도 무너졌다. 무사히 비상계단에 다다른 그들은 소리를 지르기 시작했다. 2C에

** 물의 깊이를 측정하는 단위.

사는 세입자들은 아이들과 함께 계단으로 탈출했다. 혼란과 두려움에 그대로 굳어버린 아내를 남편이 끌어내야 하긴 했지만. 공황 속에서 그들은 집 문을 열어둔 채 나와버렸다.

화재는 2C를 에워싸더니 복도로 번졌다. 워너는 어디선가 들려오는 비명에 잠에서 깼다. 그는 창가에 놓인 1.8미터 높이의 이층 침대에 누워 있었다. 몸을 일으킨 워너는 천장 전구에 달린 줄을 당겨 불을 켰다. 눈부신 빛 속에서 사각형 형체들이 튀어나왔다. 옷장, 출입구, 러그까지. 그리고 지금껏 들어보지 못했던 비명이 들렸다.

워너의 머릿속에 생각들이 스쳐갔다. 너무 빠르게 굴러가서 도저히 잡을 수 없는 바퀴들 같았다. 그는 익숙한 침실 구조와 창문 환기구의 날개 사이로 흐르는 무거운 연기 냄새, 그리고 무릎 꿇은 채로 이불을 덮고 있는 자기 다리를 생각했다.

옷을 갈아입고 거리로 나가 어려움에 처한 사람을 도와야만 했다. 워너는 옷을 집어 들기 시작했지만 정작 가장 먼저 필요한 속옷은 찾을 수 없었다. 그는 뒤로 돌았다가 다시 앞으로 돌았다. 분명 기억 속에는 존재했다. 깔끔하게 개어 선반에 둔 밝은색 사각팬티를 비롯한 갖가지 속옷들이. 하지만 무언가가 그를 가로막고 있었다. 다음 단계와 워너 사이를 가로막는, 보이지 않는 막 같은 게 있는 듯했다. 워너는 뚫을 수 없는 커다란 옷장 앞에 섰다. 잠에서 깬 지 약 15초가 지났다. 점점 미쳐가는 사람들의 비명이 소란스럽게 계속됐다.

속옷을 입지 않고는 제대로 생각할 수 없었다.

아주 희미하지만 익숙한 향기가 났다. 어릴 적 오리건 숲속에서 캠프파이어를 할 때 맡았던 냄새였다. 따뜻한 커피, 축축한 양말, 무릎 위에 활을 놓고 그루터기에 앉은 채로 얼어붙은 워너.

"사슴은 말이야." 누군가가 말했다. "적어도 두 가지 감각을 이용해 확실한 위험 상황인지 판단한대. 시각, 청각, 후각 중 두 가지를 함께 쓴다는 거지. 그래서 확신이 없으면 그냥 거기 그대로 서 있는다더라."

비명 소리와 연기 냄새.

워너는 벌거벗은 채 현관으로 달려가 문고리를 비튼 다음 문을 내던지듯 열었다. 그러자 연기의 벽이 그의 얼굴을 때렸다. 그는 도로 문을 쾅 닫고는 뒤로 돌아 눈을 찌푸린 채 집 안을 둘러보았다. 거실로 들어오는 연기는 더욱 자욱해졌다. 워너는 지붕과 건물 아래의 거리를 상상했다. 이제 잠에서 깬 지 약 25초쯤 되었을까, 처음으로 조리 있는 생각이 들었다. 건물에서 뛰어내려야만 한다면, 벌거벗은 모습이고 싶지는 않다.

도로 침실로 돌아오니 건조하고 얇은 회색 연기가 그를 삼켰다. 워너는 무릎을 꿇고 손을 짚으며 주저앉아 뺨을 바닥에 댔다. 이토록 근접한 거리에서 보니 덩굴손 안의 검은 반점들과 마룻바닥 사이로 말려 올라오는 연기가 보였다. 떼를 지어 함께 움직이는 새 같기도, 오리건 하늘 위로 날아오르는 어두운 기러기 같기도 했다. 바닥에서 산소를 보충할 수는 없을 터였다.

———

시간은 느리게 흐르기 시작했다.

워너의 방은 코딱지만 했고 비좁았다. 천장에 달린 전구 때문에 고문실처럼 값싸고 선정적인 느낌이 들기도 했다. 그는 창가로 가는 길에 전구의 줄을 당겨 불을 끄고, 어둠 속에서 창틀을 들어 올리려고 애썼다. 여닫이창 위쪽에 달린 환풍기 때문에 창문이 열리지 않았다. 환풍기 창살 틈에 손가락을 집어넣어 잡아당겨 보았지만 소용없었다. 화염처럼 그를 집어삼키려 하는 공황 속에서 끄떡 않는 환풍기를 뜯어내려 하는 자기 모습이 잠시나마 짐승같이 느껴졌다.

그는 손을 놨다. 팔이 힘없이 떨어졌다.

워너가 10대였을 때, 아버지의 환자가 소유한 땅에 사냥하러 간 적이 있었다. 아버지의 환자를 만났을 때 워너는 "안녕하세요"라고 말했다. 아버지는 평소 당신답지 않게 워너의 예의 바르지 못한 행동을 꾸짖었다. 아버지는 누군가를 소개받으면 앞으로 한 발짝 나와 손을 내밀어야 한다고 말씀하셨다. 외과 의사인 아버지는 다정하고 품위 있었다. 그가 아들에게 엄하게 군 것은 평생 그때 한 번뿐이었다.

이제는 워너가 변했다. 그는 아버지처럼 단호하지만 다정하게 중얼거렸다.

"워너, 난리 치지 마. 예전에도 이 환풍기 만져본 적 있잖아."

기억났다. 예전에 직접 매끈한 고리 두 개를 끼워 넣어 고정해

두었다. 고리를 빼낸 워너는 창을 완전히 들어 올린 뒤, 유리창 두 개를 위로 밀어 올려 창틀에 단단히 고정시켰고, 창밖으로 상반신을 내밀어 바깥 공기를 들이마셨다.

갑자기 모든 것이 맑고 평온해졌다. 이제 숨을 쉴 수 있었다. 워너는 주변을 돌아보며 귀를 기울였다. 그러자 사이렌 소리가 들렸다.

"불이야! 소방서에 신고하세요!"

그는 창문 밖으로 기대며 소리 질렀다.

바로 맞은편에 있는 쌍둥이 건물은 고요하고 어두웠다. 건물 후문인 왼쪽에는 망사형 울타리가 쳐진 공터가 있었다. 그 뒤는 96번가였다. 사이렌은 들렸지만 소방차는 보이지 않았다. 아래를 보니 3층 창문 밖으로 화염이 솟구쳐 나와 건물 주변을 맴돌고 있었다.

그는 두려움을 잊었다. 여느 때보다 온몸으로 현실을 마주한 그는 예측 대신 경험을 하고 있었다. 경험에 완전히 매료된 워너는 마치 동굴 같은 방을 탐험하듯 실내를 헤집고 돌아다녔다.

재생 타이어 공장에서 보냈던 여름, 짙고도 끔찍한 냄새가 나는 고무에 도장을 찍고 그것들을 쌓아놓는 일을 했던 시절. 시간이 느리게 흐르던, 끝나지 않을 것만 같던, 귀가 먹먹했던 나날들. 무력하게도 머릿속에서는 고등학교 동급생 여자아이들과 마주치는 것을 상상했다. 아침부터 그의 사물함에 몰려들었다가 작업장 바닥까지 그를 따라다니던 소녀 유령들. 그는 그 방해가 되는 것들 사이를 헤치고 일을 해야 했다. 조금이라도 잘못 움직였다간 손가락이고 손이고 팔이고 없어질 터였다. 시간은 매분 매초 한없이 더디게 흐르다가도, 어느 순간 갑자기 모든 사람이 한꺼번에 준비 동작을 취했다. 워너는 물론, 고등학교를 졸업한 지 30년이 된 동료들까지도. 그들은 버저가 울리자 울타리 틈새로 향하는 수소 떼처럼 우르르 몰려갔다.

하루라도 빨리 도망쳐. 그들은 워너에게 말했다.

주변 소음에 정신을 차려보니 사람들의 비명이 들려오기 시작했다. 이번에는 건물 다른 쪽에 위치한 비상계단에서 나는 소리였다. 아래쪽 창문에서 검은 연기가 피어오르고 있었다. 불은 한 층씩 위로 올라오고 있었고, 바람은 비상계단이 있는 남쪽으로 연기를 보내고 있었다. 이웃들은 계속해서 비명을 질렀다. 오도 가도 못하는 수많은 사람의 절박한 목소리가 들려왔다. 워너는 그들이 죽어가고 있다고 확신했다.

건물 끝 너머 공터 맞은편, 96번가의 버스 정류장에서는 십수 명의 사람들이 망사형 울타리에 기대어 서서 건물을 올려다보고 있었다. 화염에 비친 그들의 얼굴은 꼭 캠프파이어를 바라보는 얼굴 같았다.

워너의 정신은 여전히 더없이 또렷했다. 그는 건물 밑에서 화염을 바라보는 사람부터 창문 밖으로 새어 나가는 검은 연기 줄기까지 전부 눈으로 훑으며 시선에 잡히는 모든 것을 냉담하게 분석했다.

워너가 생각하기에 두 가지 선택지가 있었다. 하나는 티셔츠를 물에 적셔 얼굴을 덮고 집에서 나와 지붕으로 달려가는 것이었다. 다른 하나는 거실을 가로질러 비상계단으로 가서 절망의 구렁텅이에 빠진 이웃들과 함께하는 것이었다. 아까 문을 열었을 때 잠깐 흘겨본 정도로 판단한 거긴 하지만, 지붕으로 향하는 계단은 분간이 어려워 오를 수 없었다. 거실에는 이미 연기가 가득 들어찼다. 어떻게 가로질러 간다 해도 창문의 창살이 잠겨 있다는 게 문제였다. 워너가 집을 비웠던 어느 날 새롭게 설치된 열십자형 창살이었다. 열쇠는 위쪽 선반 어딘가에 놓여 있을 터였다.

워너는 불이 난 건물에 갇혔고, 시야는 좁아져 있는 데다, 아무것도 입지 않은 상태였다. 워너는 뒤쪽을 더듬어 항상 이층 침대에 걸어두었던 가운을 찾아냈다. 그는 방 쪽으로 고개를 들이밀지 않고 몸을 쭉 기울여 가운을 입는 데 성공했다.

워너는 마침 그날 밤 친구 제임스에게 케이터링 일에 신물이 났으며 이제는 그만두겠노라고 말한 참이었다. 그는 오래전 교수에게 들었던 조언대로 소방관이 되어볼까 생각했다. 예술가가 하기엔 좋은 직업이었다. 물론 동료 웨이터들도 예술가이긴 했다. 개중에는 미술가, 오페라 가수, 디자이너도 있었다. 하지만 때는 1991년, 에이즈와 레이건 대통령의 시대였다. 워너는 다른 동료들과 달리 그만두지 않았다. 아무리 세상이 우울해져도, 아무리 동료들이 수척해지고 죽어가도, 아무리 경제가 흥했다가 망해도, 워너는 그저 그 자리에서 버텼다.

워너는 언젠가 거의 손을 잃을 뻔한 남자를 본 적이 있다. 재생 타이어 공장이 아닌 대학 진학 후 체조 경기장에서였다. 그날 워너의 친구가 체조 바 위로 뛰어올랐을 때 그의 체조용 가죽 장 갑이 기구에 끼고 말았다. 회전을 마치는 순간 그의 손목이 뒤틀렸고, 그 바람에 그는 사람들이 그리로 올라가 장갑을 풀어줄 때까지 거기 매달려 있을 수밖에 없었다. 그는 바닥에 눕혀졌고, 파란 매트에 놓인 손은 너무나도 이상해 보였다. 똑바로 돌출된 손목뼈는 꼭 누군가가 매트 위에 작은 종이컵을 올려놓은 것처럼 하얗게 도드라져 보였다.

워너는 깨달았다. 소방관이 건물을 타고 올라와 그를 구하려면 건물 뒤쪽으로 와야 한다는 사실을. 사다리를 짊어지고 망사형 울타리를 넘어 공터를 가로지른 다음 두 건물 사이의 어두운 틈새로 들어와야 한다는 사실을. 어린 시절 워너는 매년 여름이 되면 기다란 발판 사다리를 몇십 센티미터씩 움직여가며 가족 소유의 건물 가장자리를 에워싼 2미터가 넘는 생울타리를 다듬곤 했다. 생울타리는 멀리서 보면 그랜트 우드 작품 속 관목수처럼 각이 잡혀 맵시 있게 보였다. 하지만 가까이서 보면 흰 잔가지와 밀랍 같은 두꺼운 나뭇잎으로 빽빽한, 정신없는 검은딸기나무 같았다. 실은 월계수였다. 녹음의 색채만 봐도 바로 알 수 있었다. 언젠가 집에서 아주 멀리 떨어져 있었을 때, 워너는 월계수 생울타리 안으로 들어가는 꿈을 꾼 적이 있다. 거기에는 멋들어지게 생긴 텅 빈 직사각형 상자가 있었다. 워너가 안에 들어가 누울 수 있을 정도로 컸다.

소방관들은 워너를 구해주지 않을 것이다. 고양이도 구해주지 않는 마당에 오죽하겠는가.

고양이가 있었지! 그는 뒤돌아서 집 안을 향해 고양이 이름을
외쳤다.

등 뒤에 펼쳐진 광경은 믿을 수 없었다. 집 안 곳곳에 어두운
연기가 자욱하게 피어올라 있었다. 그는 그 속으로 고함을 지른
후 귀를 기울였다. 얼마 후 어딘가 먼 곳에서 야옹 하는 소리가 들
려왔다. 워너는 계속해서 고양이를 불렀고, 야옹거리는 소리는 점
점 가까워졌다. 그러다 마침내 열린 침실 문 앞에 투가 나타났다.
워너는 숨을 들이마신 후 뒤쪽으로 몸을 수그려 얼른 투를 안아
들었다. 투는 검댕이 엉겨 붙어 찐득해진 발을 휘저으며 저항했
다. 워너는 아기를 안듯 투의 몸 밑으로 팔을 넣어 자기 앞으로 안
았다. 투는 연기를 들이마신 바람에 거칠어진 소리로 울부짖었다.

플란넬 사이로 숨 쉬는 것과 비슷한 느낌이었다. 워너는 죽음
을 예감했다.

아이오와 시티, 상급반 체조 경기를 마치고 캠퍼스로 돌아가
는 어느 자동차의 어두운 뒷좌석. 조만간 손을 거의 잃을 위기에
처할 네이트는 워너와 함께 뒷좌석에 몸을 구겨 넣었다. 다재다능
한 클레이튼이 운전을 맡았고, 다른 누군가가 조수석에 탔다. 모
두 탈진과 승리에 취해 있었다. 워너는 간단하지만 흠잡을 데 없
는 철봉 기술을 선보였다. 그는 수직으로 점프해 철봉을 잡고 앞
으로 몸을 흔든 다음 구부렸다가 몸을 내다 꽂는 방식으로 가속도

를 붙여 물구나무 자세로 다리를 번쩍 들어 올렸다. 그다음 최대한 몸을 넓게 펼쳐 큰 원을 그리며 혼미하지만 잘 통제되어 있는 낙하를 선보였다.

캠퍼스 중앙에서 오르막길로 접어들 때였다. 그들은 가파른 언덕 너머 내리막길에 있는 빙판을 보았고, 피할 새도 없이 충돌했다. 그들이 탄 차는 빙판에 부딪히며 총알처럼 앞으로 솟구쳐 나갔고, 그 바람에 그들 앞에 있던 차가 옆으로 미끄러졌다. 옆으로 미끄러졌던 차는 천천히 회전하며 가속도가 붙더니 그들을 향해 돌진해오기 시작했다. 차가 다가올수록 푸른 옆면이 점점 크게 보였다. 두 대의 차가 미끄러지다가 충돌하기까지 걸린 시간은 거의 5주처럼 느껴졌다.

지금 느껴지는 시간의 흐름도 그때와 같다. 길고, 가늘고, 꿈같고, 그 결과물은 차가운 밤으로부터 미끄러져 워너를 향해 돌진해오고 있었다.

자욱한 연기 속에서 워너는 고양이를 든 채 몸을 돌렸다. 그는 단 세 걸음이면 닿을 문에서 창문까지의 거리를 산산이 부서진 조각처럼 아주 천천히 걸어 돌아왔다. 이토록 부조리한 계단을 내려오는 벌거벗은 남자라니. 그의 잘못도 아닌데, 정말 이렇게 죽을 수밖에 없단 말인가? 거의 웃음이 나올 지경이었다. 아래층에서 무슨 일이 생겼든, 그건 워너와 전혀 상관없는 사고였지만, 그는 그 결과에 휘말릴 운명이었다.

이런 식으로 죽을 거란 예상을 하지 못했던 건 아니다. 애초에 죽음 자체를 예상하지 못했다. 워너의 삶은 몰입도가 굉장히 높았다. 어두운 배경에서 이미지를 끌어내기 위해 스튜디오에서 기나긴 하루를 보내야 했다. 그 생활에서 벗어난 지금, 배경은 희미해졌고 물건들은 덜 독특하고 자잘하며 어딘가 더… 달라 보였다. 워너는 그 종착지가 어딘지 알고 싶었다. 계속해서 일을 좇고 싶었다.

워너는 서른여섯 살이었고, 은유적으로나 말 그대로나 어중간했다. 뉴욕에 마련한 그의 첫 스튜디오는 코헨 카펜트리 소유 건물에 있었는데, 톱밥 냄새와 전동 공구 소리가 다른 창조적 행위의 소리, 이를테면 붓 통 안에서 붓의 털들이 은색 페인트 통과 맞닿는 소리, 페인트를 부으려 통을 들어 올리면 그 안에서 울려 퍼지던 금속 소리와 하나되는 곳이었다. 워너는 보조금을 받아 4개월 동안 유럽을 여행한 적이 있는데, 방문한 도시마다 기어다니는 듯한 건축 구조물에 마음이 끌렸다. 일꾼들은 마치 기어다니는 거대한 곤충의 집게발을 움직이는 존재들 같았고, 두껍고 울퉁불퉁한 케이블은 근육질 팔 같았고, 도르래는 기다란 말 얼굴 같았고, 한데 묶여 있는 철 기둥은 불쏘시개 더미 같았고, 콘크리트에서 뿜어져 나오는 철근은 거대한 곱슬머리처럼 굽이쳤다. 외로움과 황홀경에 젖은 워너는 그 모든 것을 그림에 담았다.

집에 돌아온 워너는 그림의 폭을 넓혀 단순한 사물을 넘어선 무언가를 그렸다. 그는 계속해서 원양 정기선의 캠축을 그렸다. 마치 너무나 반복해서 말한 나머지 완전히 새롭고 어색하게 들리는 단어처럼.

케이터링업에 종사하는 동료들이 피부가 푸석해지고 동공이 커지며 쟁반 든 손이 흔들리는 등 삭막해져가는 모습을 지켜봤으면서도, 워너는 죽음이 목전에 다가왔을 때 상상조차 할 수 없는 일이 일어났다는 사실을 알아차리지 못했다. 그것이 발목을 타고 올라와 나무뿌리처럼 다리를 감으며 그의 일부가 되는 대신, 그가 그것의 일부가 되도록 만들었던 사실을.

월계수 생울타리 안에서 워너는 오래된 탄산음료 병이 넝쿨에 완전히 에워싸여 공중에 매달려 있는 것을 발견한 적이 있다. 생울타리가 촉수로 병을 통과해 바닥으로 뒤틀려 들어갔다가 다시 병을 통과해 올라오며 병목까지 휘감은 것이었다. 경이로우며 아름다운 광경이었다. 워너는 병을 빼내려 했지만, 생울타리 덩굴은 마치 트로피를 쥔 승자처럼 병을 놓지 않았다.

워너는 갑자기 모든 것을 놓아버리고 싶었다. 빽빽한 생울타리를 통과해 텅 빈 직사각형 상자 안으로 들어가 몇 번 크게 심호흡한 다음 잠들고 싶어졌다. 그저 쉬고 싶었다. 가끔은 작은 갈색 새가 틈새로 들어와 가지 사이를 뛰어다닐지도 몰랐다. 잎이 흔들릴 때면 워너는 잠시 절단기 작동을 중단했다가 사다리 위로 무게 중심을 옮기며 다시 일을 시작하곤 했다.

이제 워너는 자신이 어떤 모습으로 발견될지 상상했다. 고양이를 안고 있을 테고, 속상해하는 사람들에 둘러싸일 수도 있겠지. 당장은 누가 속상해할지 떠오르지 않았지만. 최선을 다해 짜내도 그가 할 수 있는 상상은 희미한 인상에 불과했다. 워너의 주변 인물들을 표현한 점묘화 같다고나 할까. 누나들, 부모님, 여자 친구 제이엠, 그가 사랑한 친구들, 피터, 제프. 예전에 룸메이트였고, 무릎에 투를 앉혀 편안히 쉬게 해주었던 크리스. 투는 크리스 무릎 위에서 골골거렸고, 크리스는 가끔 자기 입속에 투의 머리를 넣곤 했다. 투의 수염은 가시철사처럼 두꺼웠다. 한번은 워너가 잠든 사이 투가 벌거벗은 그의 배 위에 살아 있는 쥐를 올려놓는 바람에 배에서 목까지 쥐가 달려 올라가는 것을 느끼며 잠에서 깬 적이 있다. 워너와 투가 함께한 세월은 9년이었다.

자기 대신 투라도 구할 수 있을까. 워너는 투를 그릇처럼 안아 들고 투가 숨 쉴 수 있도록 창문 밖으로 내밀었다. 마치 마약에 취한 기분이었다. 온 세상은 파도 풀처럼 워너를 감쌌고, 모든 것이 유의미하고 다채로워 보였다. 손 거죽의 색, 굴절된 빛의 소용돌이, 증폭된 사이렌 소리까지. 제발. 그는 생각했다. 버티기만 하면, 소방관들이 진입해 우리를 구해줄 거야.

투를 안아 든 워너는 투와 함께 창문 밖으로 고개를 내밀고는 아래를 내려다보았다. 불은 4층까지 번진 상태였다. 연기는 더 짙어졌고, 산소는 더 부족해졌다. 구조는 없을 터였다.

바람이 멈췄다. 투를 안고 있는데도 투를 볼 수 없었다. 바람의 방향이 바뀌자 연기가 분수처럼 위로 솟아올랐고, 워너의 창문은 깔때기처럼 검은 연기구름을 안쪽으로 빨아들였다.

투는 필사적으로 몸부림쳤다. 등 뒤를 흘깃 쳐다보니 불과 두 뼘 거리에 있던 침대 기둥이 사라져 있었다. 그의 주변에서 소용돌이치는 입자 때문에 연기는 알갱이와 유분이 가득한 젤리처럼 보였다.

이제 입자들 사이에 산소는 전혀 없는 듯했다. 아무것도 나올게 없었다. 오히려 그 반대였다. 산소가 생명이라면 무산소는 죽음일 테고, 연기는 독이 섞인 무산소였다.

멈춘 채로 숨이 막혀오는 바로 그 순간, 또 다른 생각이 불현듯 터져 나와 소용돌이치는 검은 기둥에 창백하게 걸렸다.

뛰어내려야 했다.

5층은 떨어지기에 너무 높았다. 살아남을 리 없었다. 아주 오래전 딱 한 번 14미터 높이에서 떨어져본 적이 있긴 하지만, 착지점은 콘크리트가 아닌 깊고 잔잔한 물속이었다. 유진 시 동쪽, 폴 크릭 다리 위, 기반암에 지어진 나무 가대에서 내려다본 반짝이는 수면은 워너를 긴장시켰다. 양옆에 거대하고 매끈한 바위가 있었고, 그중 한 바위에 워너의 줄무늬 수건과 하얀색 티셔츠가 걸쳐져 있었다. 워너 다음 차례인 남자가 허리를 굽히며 뛰어내릴 준비를 할 때, 점프를 마친 워너는 수건과 셔츠를 챙기러 갈 터였다. 워너는 자기 발을 내려다보았다. 그 높이에서 보니 물에 젖어 축 처진 운동화를 신은 발이 그렇게 연약해 보일 수가 없었다. 누군가가 "이봐, 워너" 하고 고함치더니 외설스러운 몸짓을 해 보였고, 다른 사람들은 웃었다. 고함 속에서 동정의 목소리가 들리는 것 같기도 했지만, 인간의 동정은 애초에 소용없는 것이었다. 어쨌든 해내야만 했다. 워너는 멈칫하는 실수를 저지르는 바람에 지루한 푸른 하늘 밑에 잠시 발이 묶이고 말았다. 연약해 보이는 발로 가대를 지지하고 선 워너, 그리고 햇볕에 탄 우둘투둘한 윗무릎. 오후의 바람이 워너를 거세게 쳐댔고, 가대를 그러쥔 워너는 자기 자신을 사랑한다는 사실을 깨달았다. 하지만 자신을 사랑하든 사랑하지 않든 뛰어내려야 한다는 사실에는 변함이 없었다. 그래서 그렇게 했다.

투는 안겨 있기 싫어서 발광해대고 있었다. 검은 연기 기둥은 이제 그들을 완전히 에워쌌다. 워너는 연기를 들이마시지 않으려고 애썼다. 워너는 투의 흉곽을 감싸쥔 채 창문을 통해 2미터쯤 떨어진 바로 맞은편의 옆 건물을 흘깃 바라보았다.

네 개의 유리판으로 나뉜 창문이 있었다. 창문 바깥에는 돌로 된 창틀이 있었다. 오렌지빛의 붉은 블라인드가 쳐져 있었고, 그 뒤에선 램프가 강렬한 불빛을 뿜어내고 있었다.

아마 우리 집 창문과 똑같겠지. 오래되었고, 튼튼하며, 유리는 잔물결 같고, 나무는 100년에 걸쳐 덧칠한 페인트로 두꺼울 터였다. 먼저 자기 집 창틀에 올라갈 용기는 없었다. 생각하는 데 시간이 많이 드니까, 단 한 번의 동작으로 성공해야 했다. 수영 경기에서 다이빙하듯 창틀 위로 뛰어 올라가야 했다. 일곱 살 때부터 열두 살 때까지 워너는 수영 선수였다. 꽉 끼는 고글과 경기용 수영복을 입은 채 떠는, 팔다리가 긴 소년이었다. 워너의 몸에는 도약 자세, 몸의 구부림, 코어의 긴장에 대한 기억이 새겨져 있었다. 올바른 각도로 앞을 향하려면 발가락으로 창틀을 휘감아야 했다.

워너는 어떻게 할지 처음부터 끝까지 고민했다. 그러다 더는 고민할 시간이 없다는 사실을 깨달았다. 아드레날린이 머리끝까지 솟구친 상태였다. 워너는 투를 왼팔에 끼운 후 상체를 최대한 바짝 붙여 안전하게 고정하고는, 오른손 관절을 아래로 향하게 한 다음 열린 창문의 나무 창틀 위에 놓았다.

워너는 투에게 말했다.

"가야 할 때가 된 것 같아."

그러고는 한 번에 올라가 밖으로 나왔다.

그는 발가락이 창틀을 휘감을 때까지 잠시 기다렸다. 창틀 위에 발가락이 올라오긴 했지만 제대로 휘감지는 못한 상태였다. 발가락이 창틀을 완전히 휘감은 후, 워너는 도약했다.

워너의 두개골은 나무를 부러뜨렸고, 창문 유리는 기다란 단검 모양으로 산산조각이 났다. 그는 무릎 높이까지 곧장 안으로 들어갔다. 워너의 무릎은 돌로 된 창틀에 착지했고, 몸은 낯선 이의 아파트 안 침대까지 통과해 들어갔다. 모든 방에 불이 켜져 있었던 만큼 환하게 빛났다.

놀랍게도 이제 모든 것은 삽시간에 지나가는 영화 장면처럼 빨리 감기 됐다. 이쪽에서 보니 오렌지빛의 붉은 블라인드는 조잡하게 짜여 있었고, 바닥으로 떨어진 램프는 하얀 불빛을 내뿜고 있었다. 올록볼록한 이불은 끈적하게 워너의 어깨에 달라붙었다.

두려움과 난처함이 섞인 워너의 외침이 울렸다.

"아무도 안 계세요?"

아무 대답도 돌아오지 않았다. 워너는 더 큰 목소리로 같은 질문을 반복하고는 집 안 소지품과 가구 들을 재빠르게 지나쳐 문으로 걸어갔다. 문을 잠그지 않은 채 나오려니 찌릿한 혼란이 느껴졌다. 복도에서 망설이는 워너의 머릿속에 흐릿한 순간들이 빠르게 스쳐 지나갔다. 그 건물 사람들은 불이 나지 않았는데도 대피하고 있었다. 사람들이 계단에서 이쪽저쪽으로 달리고 있었다. 워너는 아래쪽에서 몇 번 봤으나 대화는 한 번도 나눠본 적 없는 익숙한 남자를 아래쪽에서 발견하고는 그에게 소리를 질렀다.

남자는 놀란 듯 위를 올려다보더니 곧 서둘러 계단을 내려갔다. 손에는 아마도 피규어가 가득 든 상자를 들고서. 다른 사람들은 텔레비전과 컴퓨터를 챙기는 중이었다. 나이트가운에 스키 재킷을 입은 한 여자는 스웨덴 아이비 화분이며 플랜트 행거를 움켜잡고 있었는데, 어깨에는 플랜트 행거의 두꺼운 공예 매듭을 걸친 채였다.

거리는 왁자지껄했다. 소방 트럭, 뛰는 사람들, 온갖 희미한 혼란들이 플래시처럼 터지고 있었다.

피로 물든 목욕 가운만 덜렁 걸친 워너는 맨발로 소방관을 향해 걸어갔다.

"다쳤어요." 그는 말했다.

소방관은 워너가 불이 나지 않은 건물에서 나오는 것을 봤다. 점멸하는 빨간 불빛 사이로 소방관은 혼란스러운 눈을 하고 워너를 유심히 바라보았다. 얼마 후, 소방관은 사라졌다.

워너는 억제할 수 없을 정도로 심하게 몸을 떨기 시작했다. 달리 뭘 해야 할지 몰랐던 워너는 사람들의 얼굴을 응시하며 그 소방관을 따라갔고, 문득 정신을 차렸을 때는 트럭 운전석에 앉아 있었다.

"도와줄 거예요, 말 거예요?"

워너가 물었다. 자기 팔이 피로 뒤덮여 있다는 사실을 깨달은 것이다. 아니, 모든 게 피로 뒤덮여 있었다. 워너는 유리 때문에 엉망이 됐고, 찢겼다. 그런데도 남자는 그를 쳐다보지도 않았다.

어둠 속에서 또 다른 유령이 나타났다. 정신이 온전하지 못해 보이는 깡마른 남자 노숙자였다. 코트 비슷한 겉옷 안에 잔뜩 더럽혀진 빨간 운동복 상의를 입고 있었다. 머리는 기름졌고, 수염은 푸 만추* 같았다. 그는 워너를 유심히 보더니 워너에게 다가와 그를 다른 곳으로 보내려 했다.

워너는 움직이려 하지 않았다.

"블록 아래에 구급차가 있어요."

푸 만추가 말했다. 남자는 얼굴에 때가 잔뜩 묻어 강한 인상은 주지 못했지만, 목소리만큼은 권위적이었다.

워너는 뒤로 물러서며 저항했다. 이런 혼란스러운 긴급 상황 중에 불빛에서 먼 곳으로 유인된 사람은 으레 강도를 당하기 마련이었다. 일어난 적 있는 사건이었다. 어떤 사건이든 일어날 수 있었다.

노숙자는 한숨을 쉬고는 더러운 운동복 상의 밑으로 손을 집어넣더니 배지를 꺼냈다.

---

* 영국의 작가 색스 로머의 소설에 등장하는 대표적인 악당으로, 간신처럼 보이는 길고 가는 수염이 특징이다.

뉴욕 경찰, 잠복근무 중.

구급차 문에는 밥차 트럭처럼 알루미늄 패널 조각 같은 게 있었다. 내부에는 캠핑카처럼 모든 필요한 물건이 칸칸이 정리된 채 끈으로 고정돼 있었다. 워너는 간이침대 중 하나에 앉았고, 구급대원들은 그에게 질문을 하기 시작했다.

"제가 사는 건물에 불이 나서 다른 건물로 뛰어넘어 들어가야 했어요."

워너가 애써 침착하게 설명했다. 자신이 꼭 누군가의 손에 흔들리는 마네킹처럼 느껴졌다.

구조대원들은 서로를 마주 보다가 워너를 바라보았다.

동이 트기 전이었고, 구급차 안은 따뜻했다. 풀밭에서 깨어난 사슴들이 숲으로 이동하고 있을 시간이었다. 사슴들은 머리에 보따리를 인 여자들처럼 조심스럽게 뿔을 움직이고 있을 터였다.

"상처 좀 살펴보게 가운을 벗어주셔야겠어요." 구급대원 한 명이 그에게 말했다.

워너가 몸을 웅크린 채 앉아 있는 동안, 그들은 푹 젖은 가운을 그의 등과 옆구리에서 벗겨 어깨 위로 들어 올렸다. 여느 사냥꾼들처럼 워너도 보았다. 아직 살아 있는 사슴이 점점 까매지는 세상을 올려다보는 그 얼어붙은 순간을. 그렇게 조심스럽던 워너조차도 가까운 거리에서 사냥감을 마무리해야 했던 적이 있었다. 앞이 아니라 아래쪽을 향해 방아쇠를 당기는 낯선 감각, 그리고 밀려오는 후회. 왜 그랬지? 내가 왜 그랬을까? 그 순간이 끝나고 모든 것이 다시 원래대로 움직이기 전까지, 그의 조끼는 형광빛으로 빛났고, 머리 위에는 초록빛 숲의 차양이 있었다.

워너는 왼쪽 어깨를 내려다보았다. 크고 선명하게 절개된 부분이 세 군데 있었다. 분홍빛 안이 보일 정도였다. 기절할 정도로 비슷한 그의 오른쪽 어깨에는 벌그죽죽하고 복잡하며 끔찍한 상처가 있었다. 상체까지 길게 갈라진 상처 사이로 울퉁불퉁하고 번들거리는 무언가가 선명히 드러나 있었다. 근육이었다. 어깨에 망토처럼 둘린 넓은 삼각근. 워너는 울기 시작했다.

투가 안기는 걸 정말 싫어했다면, 투를 안을 도리가 있을 리 없었다.

"무슨 일이 있었던 건지 모르겠어요." 워너는 말했다.

슬픔의 파도가 밀려오며 워너를 새롭고 낯선 어딘가로 밀어넣었다. 무언가가 안에서 움직이고 있는, 실패라는 이름의 끝없는 검은 호수로.

워너의 서럽게 우는 소리는 거의 목이 졸리는 소리처럼 들렸다. 그런데도 구급대원들은 그다지 동요하지 않았다. 워너의 상처에 거즈를 대며 그의 얼굴을 훔쳐볼 뿐이었다.

"좋아요."

마음을 진정시킨 워너는 똑바로 앉으며 말했다. 그의 손등은 살해당한 후 자기 피에 흠뻑 젖어버린 피해자의 손등 같았다.

"제 눈을 똑바로 보고 무슨 일이 일어난 건지 말씀해주세요."

워너의 말에 구급대원들은 그에게 거울을 건네주며 그가 직접 자기 모습을 살필 수 있게 해줬다. 베인 곳도 없었고, 얼굴도 멀쩡

했다. 하지만 너무 창백한 데다 콧구멍과 입 주변을 맴도는 동그란 검은 그을음 자국 때문에 그 자체로 응급 상황처럼 보였다. 워너의 모습은 꼭 일본 공포 영화에 나오는 귀신 같았다. 섬광 속에서만 보이는 심령 같은 것 말이다.

연기 흡입, 폐 화상 가능성 있음.

구급대원들은 무전기를 작동시켜 병원 응급실에 연락했다. 무전기의 달칵거리는 소리와 잡음 속으로 돌아온 경찰은 워너에게 연락할 사람이 있는지 물었다.

"제 여자 친구에게 연락해주시겠어요?" 워너는 대답했다. "여자 친구에게 제가 어느 병원으로 가는지 알려주세요."

워너가 이동 침대에 실리는 동안 경찰은 전화번호를 받아 적고는 여자 친구에게 가져오라고 부탁할 물건이 있는지 물었다.

워너는 생각을 쥐어짰다.

"담요를 가져와주면 좋을 것 같네요." 그는 대답했다.

구급차는 사이렌을 요란하게 울리며 뉴욕의 거리를 달렸다. 워너는 항상 구급차에 실려 가는 게 어떤 기분일까 궁금했다. 엄마는 워너가 어디에 있는지 몰랐다. 그가 사랑하는 사람 중 그 누구도 그가 지금 어디에 있는지 몰랐다. 워너가 삶의 터전에서 나와 무엇인지 알 수 없는 상황 속으로 뛰어 들어와야만 했다는 사실도 전혀 몰랐다.

워너는 산소마스크를 쓴 채 잠시 훌쩍였다. 구급대원이 손을 뻗더니 산소마스크의 위치를 바로잡아줬다. 마음이 진정된 워너는 눈을 감았다. 구급대원들은 깊은 운하를 따라 노를 젓는 곤돌라 사공처럼 그를 끌어당기며 몸 상태를 돌보아주었다. 검은 물결을 따라 앞으로 미끄러지듯 항해하는 동안 워너는 편안하게 쉴 수 있었다. 중요한 일들은 주머니 밖으로 떨어지는 동전처럼 빠져나 갔다. 워너는 다시 울기 시작했다.

새벽 5시의 응급실에는 개미 한 마리 없었다. 뚜렷한 침묵이 지나간 후, 여덟 명의 사람들이 워너를 보기 위해 몰려들었다. 그들은 그를 찔러대고 만져대며 무슨 일이 있었는지 물었다.

구급대원은 워너가 불타고 있던 건물에서 불이 나지 않은 다른 건물로 뛰어 들어간 덕분에 스스로 목숨을 구했다고 말했다. 그러자 사람들은 동요했다.

"뉴스에 제보해야겠네요." 의사가 말했다.

"아뇨." 워너는 그중의 누군가를 쳐다보는 대신 그저 앞을 바라보며 말했다. "상처나 치료해주세요."

젊은 레지던트는 헛소리를 지껄이기 시작했다. 병원에서 일한 지 꽤 오래됐다, 극한의 상황들을 겪어봤다, 안 좋은 상태의 환자들을 봤다, 머리에 총을 맞은 환자도 봤다, 기타 등등. 응급실에 실려 온 환자에게 무슨 얘기까지 들어봤는지 상상도 못 할 거다.

"하지만 당신 얘기가 가장 놀라워요."

레지던트는 감탄했다. 프로의 모습이라고는 찾아볼 수 없었다.

"저 사람 좀 여기서 내보내주세요." 워너가 말했다.

의료진은 차가운 소독제로 워너의 얼굴을 닦아줬지만, 얼굴을 뺀 나머지 몸은 여전히 그을음과 흙과 말라붙은 피로 뒤덮여 있었다. 그들은 의약품 카트를 끌고 왔고, 엑스레이를 촬영했고, 워너의 가슴에 별자리를 수놓듯 조심스레 심장 박동 측정기를 붙였다.

"힘 좀 빼주시겠어요?"

간호사는 워너의 오른손을 향해 고갯짓하며 말했다. 그녀는 살균 튜브가 든 패키지를 열어 워너의 팔에 정맥주사를 놓아 수액과 항생제를 맞힐 준비를 했다.

워너의 왼손은 펼쳐져 있었지만, 오른손은 주먹을 쥔 상태였다. 그는 간호사의 지시대로 오른손을 펼쳤다.

워너의 손바닥에는 침실에 있던 오래된 마호가니 옷장의 열쇠가 놓여 있었다. 속옷을 넣어둔 그 옷장을 끝내 열지 못하고 열쇠만 들고 나온 거였다. 짧은 순간, 워너의 머릿속에 희미한 회상이 스쳐 지나갔다. 공황에 휩싸인 채 바보처럼 높고 어두운 문을 더듬던 자신의 모습. 워너는 열쇠를, 이전 삶에서 가져온 물건을 빤히 쳐다봤다.

"투를 떨어뜨렸어요." 워너는 말했다.

간호사는 잠깐 멈추더니 자기 발을 내려다봤다가 이동 침대 밑을 흘깃 봤다.

"거의 끝나가요." 그녀는 워너를 안심시켰다.

간호사는 정맥주사를 연결한 후 손톱으로 튜브를 튕겼다. 다른 간호사가 들어오더니 사과나 야단법석 없이 이불 밑으로 손을 집어넣고는 도뇨관을 삽입했다. 신속하고 잔인한 움직임이었다. 마치 불타는 나뭇가지로 콘센트를 쑤시는 느낌이었다. 워너는 수치스러움에 비명을 질렀다.

모두가 떠났다. 그는 이동 침대 위에 기대어 누워 있었고, 온몸에 이것저것이 꽂혀 있었다. 스스로조차 자신을 알아볼 수 없었다. 그는 발가락을 상하좌우로 움직였다. 여전히 잘 붙어 있었다. 발가락을 굽히려 하니 굽혀졌다.

워너 옆 바퀴 달린 테이블은 병원 침대 밑이나 위로 미끄러지듯 움직일 수 있게 설계돼 있었다. 테이블의 라미네이트 표면 위에는 이 하나가 녹이 슨 황동 열쇠가 놓여 있었다. 워너는 죽었어야 했지만 죽지 않았다. 그 부분은 여전히 이해가 가지 않았다. 이동 침대 밑 아래쪽에 그의 발가락이 있었다. 그는 레버를 움직이듯 또다시 발가락을 앞뒤로 움직였다.

작은 볼 베어링에서 거들먹거리며 움직이던 분홍색 커튼은 이제 조용히 워너와 세상 사이를 가르는 얇은 막 역할을 하고 있었다. 워너는 기다렸다.

"회플리치 씨." 의사가 말했다.

워너는 눈을 떴다. 책임자 같기도 했고, 아니면 그냥 키가 가장 큰 남자 같기도 했다. 머리는 멋있게 벗겨지는 중이었고, 살짝 운동선수 느낌이 나기도 했다. 응급실이 조용할 때면 뒷문으로 나와 훌라후프를 하는 텔레비전 속 의사 같은 모습이었다.

"언제 치료를 끝내고 갈 수 있을까요?" 워너는 그에게 물었다.

"중환자실로 가셔야 합니다." 의사는 대답했다.

"연기를 들이마셔서 극심한 폐부종이 올 수 있어요."

의사는 워너가 그의 말을 받아들일 수 있도록 잠시 멈췄다가 계속했다.

"만약 그렇게 되면 아주 위험합니다. 폐에 물이 차기 시작하면 숨도 못 쉬게 될 거예요."

기절할 것 같았다. 자가 익사가 가능하다니. 그는 성배를 들 듯 창밖으로 투를 들어 올렸다. 이제 보니 모든 것이 순간의 연속 같았다. 그 순간과 바로 그 전 순간, 연기는 옆으로 퍼져나가며 건물을 휩싸고 있었다. 마치 검은 천이 풀리는 것 같았다. 그러다 연기가 멈췄고 찰나의 공허함이 지난 후에 검은 기류가 위로 솟아올랐다. 그제야 그는 깨달았다. 그것은 천 같은 게 전혀 아니었다. 그것은 쓰고 버려진 엔진오일처럼 검고 끈적거렸다. 그러니까 그들은 기체가 아니라 액체를 들이마셨던 것이다.

텔레비전 따위를 구하려 하다니, 정신 나간 놈들. 그는 자기 고양이조차 구하지 못했는데.

그를 둘러싸고 있다고 생각했던 검은 호수는 이제 천천히 몸속으로 스며들어, 그의 폐를 마치 포도주 부대처럼 부풀게 만들고 있었다.

"그냥 폐매기나 해주셨으면 좋겠어요." 워너가 말했다.

"그러게요, 왜 아직도 안 했는지 모르겠네요." 의사는 그렇게 대답하고 사라졌다.

그는 거기 웅크린 채 더 누워 있었다.

커튼이 살짝 열리더니 한 청소부가 워너를 힐끗 보고 나갔다. 잠시 후, 그는 제이엠을 데리고 돌아왔다. 제이엠은 마음의 준비도 없이 이동 침대 위 피투성이가 되어 있는 그를 바라봐야 했다. 그녀는 단지 워너를 데리러 오라는 말만 들었을 뿐이었다. 워너는 제이엠을 보고 무너져 내렸다. 그녀는 파란 청바지와 울코트를 입고 있었고, 금발 머리는 스카프에 감춰져 있었다. 제이엠은 워너에게서 시선을 떼지 않으며 스카프를 풀었다. 그녀의 얼굴, 사랑스러운 비대칭 입술이 보였다. 어떤 알 수 없는 방법으로 워너와 함께 이 새로운 세계로 뛰어든 것 같았다. 황동 열쇠가 그랬듯 말이다. 그는 한 손으로 눈을 가리며 울었다.

"투는 죽었어. 내가 떨어뜨렸어."

"워너." 제이엠은 그를 다독였다. "내가 어떡하면 좋을까?"

"투를 찾아줘." 워너는 말했다.

"같이 가 달라고 부탁할 사람을 찾아. 건물 뒤쪽 우리 집 창문 밑으로 가." 워너는 제이엠에게 안경, 지갑, 책상 서랍 속 500달러를 가져와 달라고도 부탁했다.

제이엠은 자리에 앉아 한동안 워너와 조용히 대화를 나눴다. 그리고 일어나 다시 목에 스카프를 감았다. 이번에는 머리카락을 스카프 밖으로 뺐다. 그녀는 워너에게 몸을 기울였다. 그녀는 곧 돌아오겠다며, 워너의 친구인 피터도 데려오겠다고 말했다. 워너의 가슴에 부드러운 캐시미어 매듭이 닿는 게 느껴졌다. 제이엠이 병실을 나가자 다른 누군가가 나타났다. 또 다른 유령이었다. 분홍색 수술복을 입은, 흐릿하지만 아름다운 필리핀 여자로, 손에는 새로 뽑은 차처럼 광택이 나는 산호색 매니큐어를 발랐다.

"아직 상처를 안 꿰맸네요." 그녀는 워너의 상처에서 거즈를 들어 올리며 말했다. "꿰매드릴게요."

워너의 근육이 드러났다. 근육으로 이어지는 울퉁불퉁한 상처 입구가 응고된 채로 부어올라 있었다.

"누구시죠?" 그는 그녀에게 물었다.

그녀는 외상 전문 외과의였다. 그녀는 가위와 주사기가 하나로 되어 있는 듯한 도구를 사용해 워너의 어깨와 몸통에 여러 번 마취제를 놓았다. 워너는 천장을 올려다봤다. 성 세바스찬이 등장하는 그림 속 인물들의 시선은 언제나 하늘을 향해 있었다. 위에 있는 게 뭐든 그걸 향해 활시위를 당기고 있는 밤하늘의 오리온자리처럼. 워너의 상체 곳곳에서 작은 통증들이 별처럼 타올랐다. 참는 게 가능할는지 의문이 피어오를 때쯤 무감각이 퍼지기 시작했고, 그는 괴로움 속에서 무덤덤해졌다.

의사가 워너의 상처를 꿰매기 전, 한 간호사가 머리를 들이밀었다.

"11층에 계셔야 하잖아요."

간호사의 말에 의사는 마치 복도에서 감시하는 선생님을 마주친 학생처럼 서둘러 병실을 나갔다.

워너는 기다렸다.

30분 후, 의료진은 워너를 평평하게 눕힌 뒤 그의 침대를 밀며 타일로 덮인 복도를 지나갔다. 병원은 마치 오래된 우주선처럼 미래 지향적이면서도 낡아 빠진 모습이었다. 워너의 위에서는 플라스틱 패널로 감싼 형광등 전구가 빛났다. 빛의 조각들이 하나둘 지나갔다. 마침내 워너는 포기하는 심정으로 고개를 옆으로 돌렸다. 워너의 시선에는 들어오지 않는 남자가 이동 침대의 고무바퀴를 능숙히 조종하며 출입문에 부딪히듯 밀며 지나갔다. 그러다가 한번은 부드럽게 밀어 조용한 복도를 따라 미끄러지게 두었다. 이동 침대는 저 혼자서 간호사 스테이션을 지나쳤는데, 거기 앉아 있던 흑인 여성이 무표정한 얼굴로 워너를 쳐다보았다.

어쩌면 워너는 이미 죽었지만 스스로 그 사실을 알아차리지 못한 것일 수도 있다는 생각이 들었다. 허무맹랑한 생각이 아닌 것 같았다. 이동 침대를 밀고, 주사를 놓고, 피로 얼룩진 신발을 신은 채 속삭이는 사람들 모두가 실은 죽었고, 그 사실을 알아차리지 못하는 것뿐 아닐까? 그의 폐는 가득 차고, 무겁고, 가슴속에서 불길하게 부풀어 있었다. 마치 젖소의 부푼 젖통처럼.

의료진은 그를 이동 침대에서 내려 가장자리에 스테인리스 물받이가 있는 침대로 옮겼다. 워너는 일어나려 했지만, 누군가가 그를 밀어 눕혔다.

"제가 환자분을 담당할 겁니다."

다른 누군가가 말했다. 의료진에게 둘러싸인 아주 쾌활한 이탈리아 남자였다. 의료진은 다 같이 워너를 내려다봤다. 그리고 워너의 어깨에 갈색 액체를 부었다. 차가운 액체가 스테인리스 물받이에 고였다. 의사는 말에게 주사해도 될 만큼 커다랗고 휘어 있는 주사를 들고 있었다. 그는 넥타이를 어깨 너머로 넘기고는 가장 깊게 파인 상처부터 안에서 밖으로 꿰매기 시작했다.

의료진은 저들끼리 워너가 한 건물에서 다른 건물로 뛰어든 이야기를 나눴다. 감탄 섞인, 약간의 과장이 포함된 내용이었다.

워너의 일산화탄소 수치가 너무 높았기 때문에 10초라도 더 지체했다면 다른 건물로 뛰어 들어가지도, 스스로를 구하지도 못했을 거라면서.

난 스스로를 구한 적이 없는데. 워너는 생각했다. 어떻게 그런 말을 한담.

체조 링이나 철봉에서 회전을 하거나, 매일 아침 7시 차가운 물에서 수영 경기를 대비해 다이빙을 연습하며 평생을 보냈더라도, 연기가 다른 방향으로 올라가 맞은편 건물 창문의 시야를 가렸거나, 그 창문 앞에 침대가 아닌 커다란 서랍이 있었더라면 그동안의 운동은 그저 장례식 조문객끼리 나눌 일화에 지나지 않았을지도 모른다.

이 깨달음은 실패감처럼 워너에게 새로운 것이었다. 부끄럽고, 마음을 더럽히는 감정이 신의 손가락처럼 그의 갈비뼈를 쑤시고 있었다. 워너는 쿡 찔리는 느낌과 무언가가 위로 잡아당겨졌다가 놓아지는 느낌을 받았다. 마취제를 주사한 지 30분은 족히 넘은 상태였다.

"처치하시는 게 느껴지는데요." 그는 의사에게 말했다. "어깨에 감각이 돌아오고 있어요."

워너는 불안해졌고, 환각이 보이기 시작했다. 신이 미끄러운 근육을 뽑는 듯한 느낌이었다. 제이엠이며 그의 지인들은 어디 있단 말인가? 글로리어스 푸즈로 일하러 가야 하는데, 너무 오래 걸리는 거 아닌가.

"회플리치 씨, 모르핀 놔드릴까요?"

이탈리아인 의사가 물었다. 그는 잠시 테이블에서 멀어졌다가 다른 주사기를 가지고 돌아왔다.

대답은 필요 없었다. 하지만 주사를 맞은 후에도 워너의 감각은 여전했다. 다시 한번 주사를 맞고 나서야 평소와 비슷한 기분이 들었다.

"폐가 아파요." 워너가 말했다.

"기관지 내시경을 할게요." 이탈리아인 의사가 대답했다. "상처 치료가 끝나는 대로요."

몇 분이 지났다.

"아플까요?" 워너가 물었다.

"기분이 좋지는 않을 거예요." 의사는 쾌활하게 말했다.

———

워너 곁에 서 있던 의료진 중 크리스마스트리 모양의 귀걸이를 한 간호사는 글로리어스 푸즈에 전화해 워너가 아파서 출근할 수 없다는 소식을 전하러 떠났다. 워너는 전화번호가 기억나지 않는다고 했지만, 간호사는 기꺼이 찾아보겠다고 말했다.

"제프를 바꿔 달라고 하세요." 워너가 말했다. "제프에게 말씀하셔야 해요."

워너는 잠시 눈을 감았다. 다시 눈을 뜨니 간호사가 돌아와 있는 게 보였다.

"환자분이 화상을 입으셨을까 봐 걱정하시더라고요."

간호사는 그렇게 말하고는 휴대용 기계에서 빨대 크기의 유연한 강철 튜브를 풀기 시작했다. 그 끝에는 카메라가 달려 있었다. 의사는 마치 워너의 뇌에 말뚝을 박듯 그것을 워너의 콧속으로 조금씩 밀어 넣기 시작했다.

테이블 위에서 워너의 몸이 활처럼 휘자 사람들은 마치 새 떼가 날아올랐다가 다시 내려앉듯 잠시 흩어졌다가 돌아왔다. 이번에는 세 명의 남자가 워너의 몸 위로 올라타 그의 몸을 고정하려했다. 워너가 몸부림치며 빠져나오자 남자 하나가 나타나 또 올라탔다. 워너는 그의 뇌로, 그의 가장 사적인 영역으로 파고드는 말뚝에 조용히 맞서 싸웠다.

"진정제 주사해!" 누군가 숨을 헐떡이며 말했다. 그러자 곧 더는 몸을 움직일 수 없었다.

강철 튜브는 워너의 폐 깊숙한 곳까지 밀려 내려갔다. 익사하는 듯한 느낌이 들었다. 불 속에 갇혀 이미 죽은 사람처럼 꼼짝 못하는 것보다 더 기분이 나빴다. 그는 호수 바닥에, 미끄러운 수초 속에 잠겼다. 카메라는 워너의 기관지를 향해 빛을 반짝였다.

"괜찮아 보이네요." 이탈리아인 의사의 목소리가 들렸다.

중환자실로 올라가 이동 침대에서 침대로 옮겨질 때도 워너는 반쯤 잠겨 있었다. 마치 물에 잠긴 채로 이리저리 말뚝에 치이는 것만 같았다. 중환자실은 환했고, 실용적이었다. 나눠진 각각의 구역에는 전담 간호사 스테이션이 있었다.

"걸레들 같으니라고." 한 남자가 천장을 향해 말했다. "걸레 같은 창녀들."

그는 거즈와 시트로 덮여 있었다. 눈에 보이는 건 검게 그을린 팔뚝과 창백한 돌기가 있는 발뿐이었다. 어디를 돌아봐도 기괴하고 거대한 일들이 일어나고 있었다. 밤새도록 미로를 헤매는 흔한 악몽 같았다. 한쪽 다리를 손으로 잡아당겨 침대 위로 올린 뒤, 다른 쪽 다리도 끌어올렸다. 그리고 차가운 난간 사이로 몸을 정리하며 누웠다.

"엿 먹어." 남자가 잇새로 내뱉었다. "엿이나 처먹을 엿 같은 것들."

"노숙자예요." 간호사가 말했다. "애들이 단체로 저분에게 불을 질렀지 뭐예요."

"유감이네요." 워너가 말했다.

"괜찮아요." 간호사는 자동응답기처럼 대답했다.

간호사는 워너에게 주사할 모르핀을 준비했다. 그녀가 모르핀을 주사하는 동안, 가운을 입고 마스크를 쓴 사람 두 명이 워너의 침대 양옆으로 안내됐다. 그들은 종이로 만든 모자를 쓰고 있었고, 신발에는 덮개가 씌워져 있었다. 워너는 제이엠의 눈을 먼저 알아본 후 피터의 눈을 알아봤다. 그는 또다시 무기력하게 울었다. 아주 오래된 과거에서 온 사람들을 본 것처럼.

"워너." 두 사람은 워너의 다리를 만지며 말했다.

그들은 지갑과 돈, 안경은 물론 워너의 냉장고에 있던 좋은 샴페인 두 병을 가져왔다고 했다. 그 외에 구할 수 있는 건 없었다고 했다.

그들은 매우 유감스러워했다.

워너는 눈을 감은 채 모르핀 뗏목을 타고 멀어져갔다. 창문을 향해 계속해서 야구공을 던지며 점점 더 큰 구멍을 만드는 자신의 모습이 보였다. 그다음에는 창문을 향해 고양이를 부드러운 언더핸드 스로우로 던지는 자기 모습이 보였다. 만화 같은 풍경 속에서 그는 투가 다리에서 떨어지는 모습, 길고 긴 팔을 뻗어 물에 닿기 직전 웨이터의 쟁반으로 투를 깔끔하게 받아내는 모습을 봤다.

그는 몸을 일으켜 제이엠과 피터에게 말했다.

"글로리어스 일은 취소했어. 그런데 세라 대타도 하기로 했거든. 그건 할 수 있을 것 같아."

두 사람은 눈썹을 치켜올렸다.

그때 스테이션에 있던 간호사가 방문객을 내보내러 다가왔고, 워너는 다시 만화 같은 풍경 속으로 빠져들었다. 그 안에서는 거인이 모래색의 외딴 산에 등을 기댄 채 앉아 있었다. 워너는 팔을 뻗어 차가운 난간을 그러쥐었다. 거인 동작은 공중 체조를 하던 시절 워너가 가장 좋아하던 동작이었는데, 철봉을 놓는 순간을 대비해 가속도를 모으는 준비 동작이었다. 워너의 오르기 동작은 흠잡을 데가 없었다. 곧게 뻗은 자세로 앞으로 회전했다가, 살짝 손을 짚었다가, 몸을 휘었다가, 치솟았다가, 물구나무로 마무리까지. 이제 워너는 폴 크릭 위 높은 곳에 있는 기반암 다리의 난간에서 균형을 잡고 있었다.

"망할 의사놈 같으니라고." 새까맣게 탄 남자가 고함쳤다.

아주 오래전 그때, 가대에서의 낙하는 후회라는 감정을 느끼게 할 만큼 길었다. 하지만 워너의 낙하는 완벽했다. 방향은 수직이었고, 주먹을 꽉 쥔 팔은 옆구리에 바짝 붙였고, 턱은 아래로 당겼다. 아래에서부터 폭발이 터지는 듯한 충격이 느껴졌다. 발바닥을 널빤지로 맞는 동시에 턱을 강타당하는 느낌이었다. 워너는 물속으로 쏜 총알처럼 계속해서 하강했다. 그러자 저절로 팔이 올라갔다. 하강의 마지막 순간, 자연스럽게 떠오르기 시작하며 발차기를 하기 직전, 워너는 위를 올려다보며 수면으로 향하는 녹색 빛줄기를 찾았다.

———

정신을 차렸을 때는 모든 것이 달라져 있었다. 여자 간호사 대신 남자 간호사가 있었고, 욕을 내뱉던 남자 대신 삽관된 채 한숨을 쉬고 있는 산소 호흡기를 단 환자가 있었다. 워너의 침대 옆에는 작고 하얀 피규어가 있었다. 거즈로 칭칭 감은 아기였다. 아기는 워너 쪽으로 고개를 돌렸지만, 눈은 감겨 있었다.

워너는 자신이 유리로 만들어진 듯 실체가 없고 거미줄처럼 얇고 가볍게 느껴졌다. 여전히 약에 취해 있었지만 충분치 않았다. 아프지 않은 곳이 없었다. 잇몸까지 아팠다. 고통이 사라지려면 오래 걸릴 터였다. 중환자실과 중간 치료실 복도의 길이보다, 소리를 잔뜩 키운 채 텔레비전을 시청하는 수염 난 남자들로 가득한 병동 복도의 길이보다 더 긴 시간일 터였다. 본질적으로 구조적인 듯한 통증과 잔류 통증은 일종의 날것 그대로의 강제적인 행복처럼 수개월 동안 워너를 괴롭힐 터였다. 그가 자신의 감정으로부터 완벽히 분리될 수 있을 때까지. 두개골 위쪽에 가해진 타격으로 인한 이명은 오래도록 워너 안에서 덜커덩거리며 잠시라도 워너가 현재의 자신과 과거의 자신을 혼동하게 두지 않을 터였다.

2주 후, 건물 관리인 프랭크는 워너를 데리고 건물 뒤쪽으로 가서 화재의 잔해를 헤치고 건물 사이 틈으로 들어갔다. 워너는 무릎을 꿇고 프랭크가 발견한 고양이를 살펴보았다. 폐쇄된 출입구의 그림자 속에 숨어 있었다. 고양이는 몇 미터나 되는 자갈과 잔해를 뚫고 안전한 장소까지 자기 몸을 끌고 가 그곳에서 죽었다. 워너는 회색과 갈색이 띠를 이룬 꼬리를 알아보았다.

그걸로 끝이었다.

셰리

여름날 눈부신 오후, 두 소년이 나란히 자전거를 타고 거리를 따라 천천히 내려오고 있었다. 그녀는 커브길 위에 있다. 태양이 너무나도 환하고 뜨거워 머리카락이 타들어갈 것만 같다. 흘깃 아래를 내려다보니 고무로 된 운동화 앞코와 자신이 입은 여름용 원피스의 루트비어 색 치맛자락이 눈에 들어온다. 두 소년은 자전거 위에서 검고 기다란 뱀의 양 끝을 잡고 팽팽하게 줄다리기를 한다. 서로 반대 방향으로 몸을 기울이며 잡아당기니 앞바퀴가 흔들린다.

두 소년의 창백한 머리카락은 붓털처럼 꼿꼿이 서 있고, 활짝 열려 있는 입에선 소리 없는 환호성이 터져 나온다. 뱀은 먼지에 뒤덮인 채 축 늘어져 있다. 하지만 두 소년이 휙 지나치는 순간, 그녀는 뱀의 눈과 혀를 본다. 눈은 또렷이 깨어 있고, 소년의 하얀 손목과 대조되어 더 빨갛게 보이는 혀는 납작한 리본 모양으로 펼쳐진다.

셰리의 눈앞을 스쳐 지나가는 삶은 항상 이런 식이다. 아무 관련 없는 기억들이 하루에 한두 개씩 무작위로 떠오른다. 그 장면들은 뇌의 밑바닥에서 난데없이 나타나, 저프루더 필름*처럼 강렬하고 고요하게 상영된다. 그녀는 그 장면들을 그냥 지켜볼 뿐이다. 그날 아침 오트밀을 먹고 있는 와중에 그녀의 눈앞을 스친 건 첫 남편이었다. 그는 푸른 하늘 아래에서 웃통을 벗은 채 토마토 줄기를 묶고 있었다. 그리고 오늘 밤 침대에 누울 때 떠오른 장면이 바로 강가에서 뱀과 함께 자전거를 타던 라일리네 소년들이었다. 아마 1955년쯤이었을까.

침대는 일렁이는 파도 위의 배 같다. 셰리는 침대의 균형을 맞추기 위해 이불 밑에서 발을 꺼내 바닥으로 내려놓는다. 술에 취해 눈앞이 빙빙 도는 것 같을 때면 그렇게 하라고 배웠다. 거실에서 전화가 울리고, 텔레비전 소리를 배경으로 사라의 목소리가 들린다. 예전 드라마와 영화에서는 베드신 내내 부부 모두 한쪽 발을 바닥에 두고 있어야 했다. 그것이 그들을 관능적인 대신 다정하게 보이게 했다. 어쨌든 오늘 밤은 그 방법이 먹힌다. 메스꺼움이 가라앉고 있다.

한 줄기 빛이 나타나더니 커진다. 본의 머리가 출입구에 틀어

---

* 에이브러햄 저프루더가 촬영한 무성 영화로, 의도치 않게 케네디 대통령의 암살 장면을 포착했다.

박혀 있다. 본은 고양이 특유의 벨벳 같은 발바닥으로 방을 가로질러 걷다가, 바닥에 놓인 셰리의 맨발바닥을 보고 얼어붙는다. 본은 어둠 속에서 두려움으로 커다래진 눈동자로 셰리의 발바닥을 쳐다보다가, 침대 발밑 님부스 옆에 자리 잡는다. 오후 내내 딸들이 나뭇잎 태우는 걸 도와준 덕에 두 고양이에게서는 마리화나연기 냄새가 났다. 아침에 본 장면에서 셰리의 첫 남편은 어느 방치된 정원 한가운데, 허리까지 풀 속에 잠긴 채 서 있었다. 머리는 포니테일로 묶고 귀에는 마리화나를 꽂은 채 살짝 찡그린 표정이었다. 뉴욕에서 살던 시절, 셰리의 항암 치료 담당 의사는 메스꺼움을 해결하는 방법으로 조심스럽게 마리화나를 제안했다. 그러자 친절한 누군가가 마리화나 브라우니를 한 접시 선물했고, 셰리는 약을 먹듯 그 브라우니로 매일 아침 식사를 해결했다. 그렇게 그녀는 소리 죽인 평온한 상태로 브루클린의 아파트를 돌아다녔다. 침대보와 행주를 정리했고, 입을 헤 벌린 채 창문 밖을 응시했다. 그러다 배 속에 잠들어 있던 괴물이 깨어나면, 그 괴물은 그녀를 화장실 안으로 찔러 넣고 그녀의 머리를 변기로 처박았다.

셰리는 반사적으로 발가락을 쭉 뻗어본다. 아직 발가락이 제대로 움직이는지 확인하기 위해서다. 그녀는 언젠가 자신의 척추 사진을 본 적이 있다. 네모난 판독 조명 위에 놓인 희미한 음영의 엑스레이 필름. 그 속의 암은 무언가를 꼭 쥐고 있는 아기 손가락처럼 아주 작아 보였다. 의사는 깨문 자국이 난 연필로 전이된 곳을 가리켰다. 여기랑 여기, 그리고 여기 조금이요. 몸이 완전히 이완된 덕분에 이제 침대가 마치 기차 객실처럼 부드럽게 좌우로 흔들리는 느낌이 든다. 풍경이 흐르듯 지나간다. 바위 더미와 작은 언덕들, 그 위에 듬성듬성 자리 잡은 짙은 초록빛 나무들. '여기랑 여기, 그리고 여기 조금이요.' 한 농장, 기찻길 옆을 성큼성큼 달리는 콜리 한 마리, 그리고 갑자기 나타난 예전에 죽은 삼촌의 놀랍도록 선명한 얼굴. 삼촌이 뭔가를 외친 것 같았는데, 셰리는 알아듣지 못했다.

"뭐라고?" 그녀는 어둠을 향해 말한다.

"아무것도 아니에요." 사라가 문가에서 속삭인다. "잠깐 여기서 있었어요."

어쩌다 이런 이국적인 산발 머리를 한 딸을 둘이나 키웠지?

딸들은 잠시 아이오와 시티로 돌아와 셰리의 작은 집을 각자의 개성으로 가득 채웠다. 아침마다 침침한 눈으로 시리얼 한 그릇을 먹어 치우곤, 낙엽을 갈퀴로 쓸어 한 곳에 쌓아놓거나 꽃밭을 뒤엎으며 하루를 보냈다. 남는 시간에는 담배를 보관해둔 앞 베란다에 느긋하게 앉아 쉬면서 담배를 피웠고, 오래도록 중얼거리며 시시한 말다툼을 벌였다. 가을 오후의 온도가 오르고 내릴 때마다, 딸들의 옷차림은 플란넬 셔츠에서 민소매로, 민소매에서 다시 플란넬 셔츠로 바뀌었다. 매일 저녁 두 딸 중 하나는 바이크 부츠 차림에 선명한 립스틱을 바르고는 인근의 술집까지 쿵쾅대며 내려갔다. 딸들은 돌아가면서 같은 행동을 반복했다. 한 명이 맥주를 마시고, 당구를 치고, 부끄러울 정도로 오래된 주크박스로 노래를 틀면, 다른 한 명은 미망인처럼 창백한 얼굴로 텔레비전 앞에 널브러져 향긋한 차를 연거푸 마시고 몰트 밀크볼을 한 주먹씩 먹어댔다.

오늘 밤은 사라가 문가에 기대 서 있다. 조용히, 바닥을 뚫어져라 바라보며 팔꿈치를 꼭 움켜쥔 채 엄마의 숨소리를 듣고 있다. 셰리는 폐 깊숙한 곳에서 기침이 올라오려 하는 것을 느낀다.

그것은 지하실에 갇힌 괴물이다. 하지만 결국, 계단을 쿵쾅거리며 올라와 문을 박차고 튀어나올 것이다. 그리고 이 집의 주인인 셰리의 가슴을 향해 망치를 휘둘러대며 공격할 것이다. 다시 숨을 쉴 수 있게 되면 셰리는 이렇게 농담한다. 나는 버디 해킷이야. 나는 진 핵크만*이야. 이제 그 농담에는 누구도 웃는 척조차 하지 않는다. 그러기엔 다들 너무 지쳤다.

"주무시는 줄 알았어요." 사라가 말했다. "엄마한테 온 전화였어요."

셰리는 엉덩이 옆에 있는 고양이를 살짝 밀어내 자리를 만든다. 사라가 침대 위로 올라와 셰리 옆에 눕는다. 재미없는 파자마 파티 같다. 셰리는 깨어 있었으므로 그녀가 전화를 받을 수도 있었다.

"그가 엄마는 쉬어야 한대요." 사라가 말했다.

그가 누구지?

'말기'와 '암'만큼 끝을 암시하는 단어는 없다. 아니, 하나가 더 있다. 잭 케보디언. 휴식을 권한 사람은 바로 그였다.

---

* 둘 다 미국의 유명 코미디 전문 배우.

그리고 결국, 그들은 자신들도 모르게 순간적으로 황홀감에
사로잡힌다. 저녁 뉴스에서나 보던 그 기운 넘치는 유령 같은 남
자가 미시간에서 직접 아이오와로 전화를 걸었다는 사실에. 윤이
나는 나무 바닥과 기이한 안락의자가 놓인 셰리의 작은 집에 말이
다. 복도의 역광 때문에 고양이들의 귀는 마치 양피지로 만든 등
갓처럼 거의 투명하게 보인다. 고양이들은 들떠서 어쩔 줄 모르는
인간들을 무표정하고 날카로운 얼굴로 바라본다.

쟤들은 살아서 또렷이 깨어 있을 텐데 나는 죽겠지. 셰리는 문
득 그런 생각이 들었다. 고양이만 그런 게 아니라 다들. 사라, 케
이티, 셰리의 절친인 린다와 웨인도. 린다와 웨인의 자녀들, 그녀
를 셔리라고 부르는 약국 여자, 브루클린에 살던 시절 가끔 그녀
의 집 현관에서 잠들곤 했던, 흙과 절망에 뒤덮인 남자도. 그녀의
첫 남편, 두 번째 남편, 그녀의 엄마, 그 모든 의료 전문가들도.

잭의 별명은 '죽음의 의사'다. 그러나 이 모든 것이 끝난 후에
도 그는 여전히 살아 있겠지.

종양은 2년 반 전 유방 정기 검진에서 발견됐다. 셰리는 인생
에서 마지막으로 평범했던 오후를 볼티모어에서 펜 역까지 가는
기차 안에서 검표를 하며 보냈다. 그녀는 핸드백에 강아지를 넣고
기차에 탄 노인을 애써 못 본 척했다. 암트랙은 동물 동반 탑승을
금지했지만, 불평하는 탑승객이 있지 않은 이상 셰리는 동물과 함
께 탄 사람을 일부러 찾아내려 하지 않았다. 펜 역에 도착하면 그
노인에게 경고를 줘야 하나 생각했지만, 퇴근 시간이 가까워지니

기분이 좋아져서 그것마저 하지 않았다. 그때쯤이 되자 치와와의 작은 얼굴은 거의 가방 밖으로 나와 뽐내듯 주변을 응시했다.

검진을 받기 전, 셰리는 헬스장에서 달리기를 했고, 땀을 뺐고, 사우나를 했고, 샤워를 했고, 머리를 살짝 부풀려 올리려 애썼다. 유방 조영술보다 미용실이 더 급했고, 그것보다 그녀의 마스터카드를 찾는 것이 더 급했다. 집 옷장에 있는 게 분명했다. 거기가 아니라면 대체 어디에 있단 말인가. 운동화를 신고 영상의학과로 걸어가는 동안 그녀는 머릿속으로 지난 사흘간 카드의 행방을 되짚어봤다. 식료품 가게, 올리스에서의 저녁 식사, 엘엘빈 카탈로그에 잠깐 혹하다 도로 지갑에 넣었던 순간까지. 대기실은 좌절할 정도로 북적였고, 셰리는 이름이 불릴 때까지 잡지 속 패션모델을 보다가 다른 환자들을 구경했다.

고양이 눈 모양의 안경을 쓴 엑스레이 촬영기사는 프로답지 못한 유머를 구사하는 젊은 여성이었다. 그녀는 밝은 노란색 신발을 신고 있었다. 촬영 기기가 유방을 조여오자 그녀는 말했다. SM 플레이 시간이에요. 찰칵, 번쩍, 반대쪽. 촬영기사는 트레이를 챙겨 의사에게 촬영본을 보여주러 자리를 떴다. 금방 올게요. 그렇게 말하고 방을 나간 그녀는 돌아오지 않았다.

셰리는 앉아서 기다리는 동안 계속해서 카드의 행방을 되짚었고, 검은색 청바지 뒷주머니에 넣어뒀던 것까지 기억해냈다. 아마 그 바지는 빨래 바구니에 처박혀 있을 터였다. 시간이 흐르면 흐를수록 셰리의 귀는 민감해졌고 손은 차갑고 축축해졌다. 그녀는 빳빳한 셔츠 위로 손을 문질렀다. 사람들이 복도를 오가는 게 보였고, 문이 열리고 닫히는 게 보였으며, 흘러나오는 목소리가 들렸다. 26분이 지나자, 셰리는 촬영기사가 돌아오지 않기를 바랐다. 복도에서 발소리가 들릴 때마다 그녀는 그 소리가 다른 방향으로 향하기를 바랐다. 꺼져라, 꺼져버려라. 그녀는 혼잣말을 중얼거렸다. 그러면 발소리들은 사라졌다. 하지만 결국 그중 하나는 사라지지 않았고, 누군가가 문고리를 돌렸다. 실내는 예의 바르지만 냉담한 거리감이 감도는, 뻣뻣하게 풀 먹인 공기로 가득 차 있었다.

"선생님께서 추가 촬영을 해보자고 하시네요."

그러자 모든 것이 변했다. 그 선언 때문이 아니라 그 여자의 무감정한 표정 때문에. 그녀가 마치 마네킹을 다루듯 셰리의 자세를 잡고, 스테인리스 강철 위에 셰리의 몸을 접고, 그녀의 팔은 여기에, 그녀의 가슴은 저기에 올려놓았다. 셰리를 집에 보낼 때까지 실내는 불편한 고요함에 파묻혔다. 아주 오랜 시간이 지난 어느 날, 셰리의 눈앞으로 삶의 장면들이 스쳐 지나갈 때, 그녀는 다시 그 장면을 봤다. 엑스레이 촬영기사의 만화처럼 밝은 노란색 발, 그녀의 벌거벗은 왼팔이 기계를 끌어안기 위해 느릿하고 소리 없이 순순히 올라가던 모습을.

———

엑스레이에서 종양은 몽롱한 얼룩에 불과했다. 거의 보이지 않았고, 별 느낌도 없었다. 말할 때마다 목에서 무언가가 느껴지는 것만 빼면 말이다. 셰리는 늦은 밤 린다에게 말해주었다. 두 사람은 각자 브루클린과 아이오와의 어두운 부엌에 서서 대화를 나눴다. 종양, 종양 절제술, 항암. 셰리가 말했다. 응. 린다가 말했다. 그게 두 사람의 대화 방식이었다. 침묵 속에서 두 사람은 미운 일곱 살로 돌아가고 싶다고 생각했다. 기차 검표원과 간호사, 엄마, 섹시한 유니폼을 입은 여자가 된 현재를 벗어나고 싶다고. 두 사람은 다섯 살 때부터 절친이었다. 두 사람은 동시에 같은 일을 겪는 것처럼 느낀다. 전화 통화 내내 두 사람은 침착함을 지킨다.

질병은 칼, 흉터, 치료받는 사람들, 그리고 식물로 가득한 좁은 방의 궤도를 따라 진행된다. 셰리는 등을 대고 똑바로 누운 자세로 굽이진 플라스틱에 토하는 방법을 배운다. 6개월 후 또다시 창백한 종양이 발견된다. 종양은 커지지는 않았지만 단단하다. 흠씬 두들겨 맞은 후에도 다시 운동장으로 돌아오는 일진 같다. 린다는 전화를 기다리고, 마침내 전화가 울리자 자리에 앉는다. 종양, 유방 절제술, 2차 항암. 셰리가 말한다. 그래. 린다가 말한다. 린다는 한 손으로 얼굴을 감싸 쥔다.

이번에는 트레이에 칼이 가득하다. 마취로 정신이 흐려지기 전에 분명히 본다. 잠에서 깨니 가슴이 진물 가득한 상처 속으로 녹아들어 사라졌다. 처음에는 이상한 무감각을 느낀다. 충격을 느껴야 할 자리에 부드러운 공허함만 들어찬다. 다음 날에는 수치심이 너무 깊고 요란하게 몰려와, 그녀는 자기 자신과 단절할 수밖에 없었다. 마치 상대방이 소리를 지르면 수화기를 내려놓는 것처럼. 셰리의 딸들은 한 치의 망설임 없이 거즈를 접고 테이프를 뜯고 붕대를 간다. 지금처럼 쪼그라들고 보니 딸들이 더 커 보인다. 마치 거인들이 그녀를 씻기고 감싸주러 온 것 같다. 난 괜찮아. 하루에도 마흔 번씩 말한다. 그러다 정말 셰리 스스로 그 말을 믿게 되자, 딸들도 마음을 놓는다. 케이티는 학교로 돌아가고, 사라는 계획대로 돌아가는 대신 근처 스타벅스에 취직한다. 그들은 이 결정을 둘이서 내렸다. 2차 항암 치료라는, 희미한 보랏빛 그림자에 잠식된 셰리에게는 비밀로 한다.

고통은 발톱과 부리를 세운 채 그녀를 덮쳐온다. 첫 번째 치료 후, 셰리는 정맥주사를 맞은 채 응급실의 커튼 친 좁은 방으로 실려 간다. TV 드라마의 한 장면이지만, 현실이기도 한 소리가 들린다. 늙은 여인의 도와 달라는 비명, 부하직원에게 크고 신경질적으로 말하는 의사의 목소리, 규칙적으로 울어대는 아기 울음소리, 스페인어로 가차 없이 아내를 질책하는 남편의 목소리. 이 모든 소리가 마치 합창처럼 뒤섞인다. 새벽 6시, 셰리와 사라는 택시로 기어들어가 눈을 감은 채로 일출을 지나치며 집으로 돌아온다.

상태는 계속해서 나빠진다. 몹쓸 피로와 고통으로 인해 자기 자신이 죽어가는 동물처럼 느껴진다. 이 모든 것이 마치 축사와도 같다. 더러움, 냄새, 그리고 소의 몸 안에 갇혀 침대에서 화장실까지 비틀거리며 터벅터벅 걸어가는 느낌까지. 사라가 일하러 나가고 없는 어느 날, 몸이 특히 더 나쁜 오후, 셰리는 마치 먼 곳에서 들려오는 것 같은 자기 목소리를 듣는다. 겁에 질린 소 울음소리 같은 것이 깊고 길게 울린다.

그러던 셰리가 차츰 나아진다. 철 수세미로 샅샅이 문질러 닦아낸 괴물은 슬그머니 물러나 먼발치에서 셰리를 지켜본다. 상관 없다. 괴물이고 뭐고 엿이나 먹으라지. 셰리는 다시 달리기를 시작하고, 텅 빈 가슴에 수건을 꼼꼼히 묶고는 사우나의 따뜻한 습기를 세포 구석구석 빨아들인다. 그러나 결국 사람들의 시선을 견디지 못한 셰리는 유방 재건술을 받기로 결심한다. 사타구니 조직으로 새로운 가슴을 만드는 것은 아담의 갈비뼈로 이브를 만들 듯 통상적인 절차다. 하지만 이번 건설을 주관한 건 신이 아니라, 슬론 케터링 병원이었다.

수술대에서 뭔가가 잘못된다. 셰리는 다시 여자의 몸으로 수술방을 나오지만 걸을 수가 없다. 한쪽 다리가 느슨하게 처져 몸의 무게를 지지하지 못한다. 결국 셰리는 목발을 짚고 퇴원한다. 그녀는 거실 한가운데 의자에 앉아 부엌 조리대 위에 놓인 차 한 잔을 응시한 채 린다에게 전화를 건다. 병원비는 안 내도 된대. 셰리는 말한다. 신경 손상 때문이구나. 린다가 대답한다. 아마 수술대에서 뭔가 잘못됐나 봐. 그들에게 책임지라고 해.

하지만 병원 관계자들은 문제를 해결하기는커녕 진단조차 하지 않으려 든다. 그들은 입을 굳게 다물고 침묵을 지킨다. 셰리는 목발, 보행기, 부목까지 다양하게 시도한다. 절뚝거리면서도 찻잔을 쏟지 않는 요령은 익히지만, 서거나 걷지 않고 기차에서 일하는 방법은 영영 배우지 못한다. 장애 사유로 쓸 수 있는 휴가는 동이 나고, 암트랙은 셰리를 해고한다. 그녀는 월급뿐만 아니라 연금 등 각종 혜택까지 잃는다. 셰리는 재건한 유방에 목발을 댄 채

다리를 끌어올리고 내리기를 매일 좀비처럼 반복한다. 그러는 동안 보행자들은 그녀 주변을 빠르게 지나치고, 조깅하는 사람들은 7월 더위에 땀을 흘린다.

살아 있는 다리들의 밤*이야. 셰리는 린다에게 말한다.

집으로 와. 린다가 말한다.

그래서 친구들이 둘씩 짝을 지어 그녀를 찾아온다. 뽁뽁이와 상자, 그리고 접시와 책과 함께 포장할 작지만 뜻깊은 선물도 들고 온다. 모두 종양, 항암, 유방 절제술, 2차 항암에 대해 같은 감정을 느끼면서도 현실로 받아들이지 못한다. 하지만 장애는 암이 아니기에, 친구들은 모두 이에 감사해한다. 그들은 아이오와가 아름답다고 들었다 했다. 셰리의 전 직장 동료 중 한 명인 브롱크스 출신의 남자는 그곳에 가면 이웃처럼 지낼 사람이 있는지 묻는다. 그녀는 마지막으로 병원을 방문한다. 다양한 재건 수술 중인 여성들로 가득한 대기실을 절뚝거리며 지나친다. 의료진은 재건된 유방의 모양에 아주 흡족해하면서도 그녀가 떠난다는 사실에 살짝 놀란 기색이다. 하지만 그들은 암이라는 게 으레 사람을 180도 바꾸곤 한다는 걸 알고 있었다.

못 걸어요. 그녀는 단호하게 말한다. 직장도 연금도 잃었어요.

셰리가 도착한 9월의 아이오와는 정말 아름답다. 그녀는 린다와 웨인이 사는 집의 남는 방으로 이사하고, 말 그대로 다시 일어설 준비를 한다. 셰리는 무감각과 발이 처지는 증상을 완화해주는

---

* 〈살아 있는 시체들의 밤〉이라는 좀비 영화의 패러디.

물리치료를 받는다. 동네 의사들이 경피성 신경 자극기로 치료해주는데, 그것이 천천히, 그러나 기적처럼 효과를 발휘한다.

다리 보조기와 멜빵바지를 입으니, 마치 '강화 인간'이 된 듯한 기분에 희망이 차오른다. 밤마다 린다와 웨인, 그리고 그들의 아이 한둘과 함께 어두운 베란다에 앉아 끝없이 수다를 떤다. 그러는 동안 고양이들은 그들 발목에 와서 몸을 비빈다. 마침내 예전의 아이오와에 살던 자신으로 돌아온 듯하다. 낮에는 지팡이를 짚은 채 걷고 스트레칭하고 균형 잡는 연습을 한다. 다리 재활은 그녀가 거의 회복될 때까지 계속된다. 폭풍우가 오기 직전에 낙엽을 치워도 다음 날 아침이면 마당 전체에 낙엽이 흩뿌려져 있는 모습을 발견한다. 그들은 바비큐를 해 먹고 카드 게임을 한다.

셰리와 린다는 열심히 집을 구하러 다니지만, 볼 때마다 경악한다. 그러던 어느 날 대븐포트 스트리트의 작은 집이 부동산에 나온 것을 보고, 그들은 신나서 어쩔 줄을 모른다. 웨인도 집을 살펴보고, 세 사람은 계획을 세운다. 셰리는 엄마에게 전화한 후 대출을 얻고, 안경사 사무실에 일자리도 얻는다. 그곳에서는 일어서거나 걸을 필요가 없고, 종일 등 뒤 벽에 지팡이를 세워둔 채 의자에 앉아 일할 수 있다. 아이오와에 도착한 지 석 달 만에 그녀는 집도, 직장도, 그리고 새로운 삶도 갖게 된다.

이제는 이곳이 셰리의 동네다. 1월의 창백한 햇볕이 쏟아지는 곳, 학생들과 생기 발랄한 여성들이 넘치는 곳, 가끔은 흥미로운 남자들도 찾아볼 수 있는 곳. 셰리는 부엌 창문 주변에 하얀색 줄 조명을 달고, 잎이 무성한 키 큰 홍콩야자수를 사서 주황색 유약을 바른 화분에 옮겨 심은 후 거실에 둔다. 저녁이면 그녀는 전화 통화를 하거나 TV를 보며, 아늑함과 미국 중서부 특유의 가정적인 분위기에 취한다. 어느 날부턴가 셰리는 밤마다 땀을 흘리기 시작한다. 잠옷은 흠뻑 젖고 이불은 축축해진 상태로 잠에서 깬다. 증상은 아이오와의 전형적인 코감기로 발전한다. 숨쉬기 힘들 정도지만 그녀는 대수롭지 않게 생각한다. 증상이라곤 콧물과 두통뿐이니까. 건강식품 가게에서 사 온 허브 약재, 과일, 채소, 말랑말랑한 건강빵, 그리고 뜨거운 수프를 잔뜩 챙겨 먹는다. 감기는 결국 사라지지만, 그녀의 목 오른쪽에는 큼직한 혹이 남는다.

작은 집으로 이사할 때 셰리의 두려움은 그녀를 따라와, 더는 못 쓰는 새털 이불과 함께 저 옷장 안쪽에 자리를 잡는다. 밤중에 땀 흘리는 증상은 더 심해지고, 결국 침대에서 일어난 셰리는 거실로 나가 혹을 만지고 싶은 충동을 억제하기 위해 뜨개질을 한다. 혹 자체가 쓰린 건지, 아니면 너무 자주 건드려서 쓰린 건지 분간하기 어렵다. 하지만 확실히 혹이 크다. 린다는 감기 후유증일 거라고 이성적으로 생각해보려 하지만, 걱정은 좀처럼 지워지지 않는다.

의사는 손바닥을 모으고 눈썹을 찡그리며 신중한 태도를 취한다. 호흡기 전문의가 호출되고, 보리스 칼로프 영화에 나올 법한 긴 주사기가 목으로 삽입된다. 그녀는 프랑켄슈타인의 신부다. 괴물이 창문을 들여다보고 있어 얇은 잠옷을 입은 채 몸을 웅크리고 있어야 했던 소녀 말이다. 하지만 그녀는 무엇보다도 여전히 케이티와 사라의 엄마였다. 두 딸은 다시 힘을 합친다. 케이티는 전화를 걸어 두려움에 찬 목소리로 남자들과 옷에 관한 이야기를 떠들어대고, 비교적 근처에 사는 사라는 직접 그녀를 찾아온다.

시술을 마친 후 셰리는 사라와 함께 히커리 힐 공원을 산책한다. 나무는 여전히 앙상하고, 하늘은 우윳빛이다. 축축한 바람이 두 사람의 얼굴을 할퀴듯 불어대지만, 딱히 갈 만한 다른 곳도 없기에 그들은 계속 생각에 잠긴 채 말없이 그냥 걷는다. 모든 일이 시작된 지 정확히 2년째 되는 날이다. 집으로 돌아가는 길, 두 사람은 등하교하는 아이들처럼 서로의 손을 잡는다. 물이 다 끓기도 전에 전화벨이 울린다. 의사가 셰리를 진료실로 부른다.

유방암이 림프계로 전이됐다. 통계적으로 봤을 때 남은 수명은 공격적인 치료를 하면 길어야 2년, 치료조차 안 하면 그보다 훨씬 짧다.

그들은 의사 책상 앞에 놓인 푹신한 안락의자에 앉는다. 마치 대출 심사에서 거절당한 은행 고객들 같다. 사라는 허리를 앞으로 숙여 얼굴을 무릎에 묻고는 두 손으로 발목을 붙잡은 채 오열한다. 어릴 적, 잘 시간인데도 파티가 계속되면 사라는 저런 식으로 울었다. 얘는 내 딸이지. 셰리는 생각한다. 다른 딸은 케이트고.

의사는 책상 너머로 휴지를 건네며 셰리를 유심히 바라본다. 마침내 의사가 시선을 돌릴 때, 셰리는 사라 쪽을 보며 그녀의 팔을 만진다. 사라는 똑바로 앉아 휴지를 받은 뒤 얼굴을 닦는다.

울지 마. 괜찮아. 셰리는 저도 모르게 말한다. 언젠간 죽는다는 거 알고 있었잖아.

의사는 무정하게도 그 말을 부정하지 않는다. 한편으로 다정하게도 그들을 재촉하지도 않는다. 두 사람은 진료 의뢰서를 받아들고 대기실을 지나 문으로 향한다. 사라는 여전히 울고 있지만, 셰리를 차분하게 이끌고 나온다. 우울한 오후 햇볕이 내리쬐는 밖으로 나온 순간, 셰리는 무중력의 느낌과 현기증에 압도된다. 고층 건물을 오르는 킹콩의 손바닥 안에 갇힌 것 같다.

5학년 때 에임스 연못에서 열린 스케이트 파티. 셰리는 빌리메이필드의 맨손이 벙어리장갑을 낀 자기 손을 잡고 끌어주는 모습을 떠올린다. 털방울 장식의 스케이트를 신은 그녀의 발은 얼음 위에서 가위질하듯 움직이며 빌리의 속도에 맞추려 애쓴다.

땀이 흥건한 아이들이 손을 잡고 줄을 선 채, 채찍 놀이(crack the whip)*를 한다. 셰리는 그 줄의 맨 끝에 있다. 선두가 손을 놓자 풍경이 소용돌이친다. 쓰레기통, 듬성듬성 서 있는 상록수, 난로 주변에 모인 얼굴들, 셰리 머리에 쓴 줄무늬 털모자의 꼬리. 그러다 셰리가 손을 놓치며 줄이 끊기고 몸이 내동댕이쳐진다. 그녀의 등은 얼음 위를 미끄러져 나가고, 구름이 빙글빙글 도는 사이 슬로모션처럼 몸이 한 바퀴 회전한다. 그리고 얼음이 갈라지는 끔찍한 소리.

셰리는 얼음을 뚫고 어두운 물속으로 고꾸라진다. 스케이트는

---

* 아이들이 얼음 스케이트를 타면서 하는 놀이. 앞뒤로 손을 잡고 한 줄로 스케이트를 타다가 맨 앞사람이 갑자기 방향을 바꾸거나 속도를 높이면 뒷사람들이 줄줄이 손을 놓치고 넘어지게 된다.

단번에 진흙 바닥에 박혔다가 셰리의 머리가 얼음의 밑면에 부딪힐 때까지 천천히 회전하며 떠오른다. 그 짧지만 비현실적인 순간, 누군가의 팔이 얼음 틈으로 뻗어와 그녀가 입은 코트의 모자를 붙잡고 끌어올리기 전까지, 셰리는 뒤틀린 얼음 천장 아래에 멈춰 서 있다. 웅웅거리는 물속의 침묵 가운데 그녀는 위를 올려다본다. 얼음 위에 모여든 흥분한 아이들의 스케이트가 시야를 가득 채운다.

이제 회상은 셰리가 부엌에서 멍하니 컵을 씻거나 냉장고 안을 들여다볼 때 찾아온다. 어제는 꽃병에 포도 소다 색깔의 붓꽃 한 송이를 꽂고 있었는데, 갑자기 소리를 지르며 주먹을 흔드는 사람들 모습이 떠올랐다. 셰리는 몇 시간 동안이나 괴로워하다가, 그것이 치어리더로 활동하던 때의 회상이라는 것을 깨달았다.

에임스 연못의 기억은 36년 동안 깊이 묻혀 있었다. 그런데 오늘 밤 셰리가 와인병 코르크를 따는 순간, 그 기억은 마치 램프 요정 지니처럼 전혀 예상치 못한 방식으로 떠올랐다.

그녀가 오랫동안 기억해왔던 것은 사실 그 사건의 일부에 불과했다. 셰리가 선택적으로 떠올렸던 기억은 다음 날 학교에서 빌리 메이필드가 파란 벙어리장갑을 돌려준 장면이었다. 빌리의 손을 놓치고 튕겨 나갈 때 끼고 있던 바로 그 장갑이었다. 그는 그것을 갈색 종이 도시락 봉투 안에 넣어주었다. 봉투에는 셰리 엄마가 파란 볼펜으로 쓴 셰리의 이름이 거미줄처럼 얇고 흐릿하게 남아 있었다.

그들은 저녁 식사를 함께할 웨인을 기다리며 와인을 마신다.

추운 날씨지만 그들은 겉옷을 걸치고 테라스로 나간다. 또 다른 붓꽃 한 송이가 차고 근처에서 자라고 있는데, 그 꽃은 이상하게도 연한 노란색이다. 셰리의 정원은 여전히 엉망이지만, 차츰 정리해나가고 있다. 퇴비와 라일락 향이 사방에 가득하다.

지금 단계에서 공격적인 치료란 골수 이식을 의미한다. 깡패 둘이서 셰리를 가운데 두고 마구 때리는 격이다. 그녀는 치료를 받지 않을 것이다.

다른 사람들도 다 잘 버티잖아. 린다가 말한다. 우리가 다 도와줄게.

더는 못 하겠어. 셰리가 답한다. 전에도 그렇게 말했잖아.

뒤편 울타리의 조팝나무 덤불은 여러 줄의 주름 장식으로 꾸며져 있다. 제각각의 조팝나무 꽃은 작은 부케 같다. 린다와 웨인, 셰리와 데이브는 1970년대에 결혼했다. 머리에 화관을 두른 히피 지식인, 진지하면서도 가벼운 유희. 서로의 집을 자연스럽게 드나들고, 매듭 공예 프로젝트를 하고, 남자들도 초대받는 파격적이고 멋진 출산 축하 파티를 열던 시절. 린다는 딸 둘을 낳은 후 아들을 출산했다. 셰리는 첫째 딸 사라를 낳았다. 사라는 공상적이며 사교적이었다. 둘째 딸 케이트는 검은 머리에 수줍은 미소가 인상적이었다.

남는 시간마다 셰리는 사회당의 이념에 깊이 빠져들었다. 그들은 실제로 실천하는 문제와는 별개로, 이론적으로는 의견을 같이하는 사람들이었다. 그렇게 그녀는 정치적 이상주의자에서 정치적 활동가로 변해갔다. 셰리는 점점 더 자기 목소리를 내었다.

"한 사람이 다치면 모두가 다치는 거나 마찬가지라고 생각해. 계급 타파가 이 문제의 핵심이야. 생각대로 살려고 노력하고, 행동으로 옮기고, 필요하다면 그걸 위해 싸우는 게 중요한 이유지. 그러지 않는다면 충분히 감내할 수 없어."

그런 말들은 충분히 경고가 될 수 있었다. 하지만 셰리가 그들을 떠났을 때, 그들은 모두 예상치 못한 충격을 받았다. 그녀는 자신에게 더 의미 있는 삶으로 완전히 흡수되어갔다. 처음에는 시카고에서, 이후에는 더 남쪽에서, 셰리는 공장과 제분소에서 일하며 그녀의 신념을 실천에 옮겼고, 자신의 인생이 단단해질 때까지 찰흙을 빚듯 빚어냈다. 이후 그녀는 뉴욕으로 이사해 기차 위에서 검표하는 삶을 즐겼다. 셰리는 보통 혼자 심사숙고하는 사람이었다. 그래서 결혼생활을 청산하고 아이오와를 떠나기로 결심한 당시, 셰리는 단순히 선언하고 바로 실행에 옮겼다. 다른 사람의 애원과 설득은 고집스러운 셰리의 귀에 전혀 들어오지 않았다. 몇 주 후, 셰리는 눈을 동그랗게 뜨고 입을 굳게 다문 케이티를 뒷좌석에 태운 채 살던 집을 떠났다. 사라는 멀어지는 차를 향해 손을 뻗으며 아빠의 품 안에서 흐느꼈다.

항암은 하지 않을 것이다. 처음부터 그렇게 말했고, 그 다짐을 지킬 작정이다. 점점 좁아지는 빛에 비친 셰리의 얼굴은 흔들림 없이 확고해 보인다. 린다에겐 익숙한 얼굴이다. 모든 아름다움과 슬픔 바로 뒤에는 실용주의라는 강철 기둥이 버티고 서 있었다.

당연하게도 셰리는 데이브에게 사라를 맡기겠다는 결정을 고수하지 않았다. 딸이 없어 상실감에 빠진 셰리는 결국 사라를 되

찾아왔고, 그때부터 수년간 속죄의 과정을 거쳤다. 이번에는 그럴 수 없을 터였다. 항암 거부에 대한 처벌은 대체로 사망이니까.

그들은 조용히 앉아 웨인이 뒷길로 올라오는 것을 지켜본다. 둘의 얼굴을 보자마자, 웨인은 어떤 결정이 내려졌는지 알아챈다.

"똥 냄새가 나네." 웨인은 그렇게 말할 뿐이었다. 마침 막 비료를 뿌린 정원을 지나치던 참이라.

이제 셋이 된 그들은 어두워지는 하늘 아래서 와인을 마신다. 그중 한 명은 이미 알아채지 못하는 사이 지워지는 중이지만. 그들은 논의 끝에 인도 음식이나 중국 음식을 먹기로 한다. 웨인은 매운 음식만 있다면 어느 쪽이든 상관없다. 린다는 맛있고 건강한 채소와 현미밥이 생각난다. 린다는 일어나 그들에게서 걷은 와인잔을 자기 팔에 끼운다. 셰리는 조용히 손을 뻗어 집 안으로 향하는 린다의 소매를 만진다. 그녀에 대한 감사 표시다. 시들어가는 햇볕 아래에서 그들은 모두 찢어진 청바지를 입고 운동화를 신었던, 그리고 웨인은 야구 모자를 썼던 20대로 돌아가고 싶다고 생각한다.

한 사람의 상처는 모두의 상처다. 셰리는 결정을 내렸고, 그들 모두는, 아니, 정확히 그중 두 명은 그것을 감당해야 했다.

한 달 뒤, 또 다른 밤하늘. 이번에는 멕시코의 밤. 구름이 떠다니고, 커다랗고 노란 달에는 움푹 들어간 자국이 선명하다. 상관없다. 모든 게 아름답다. 아즈텍 타일로 장식된 모텔의 안뜰도, 거대한 테라코타 항아리 화분에 심긴, 잎사귀가 옥수수처럼 바스락대는 야자수도. 케이티는 다른 환자의 딸과 함께 밤바람을 쐬고 있다. 셰리는 수영장 옆에 기대앉아, 머리 위로 깜빡이는 위성들을 바라보며 병원에서 받은 약물을 홀짝이고 있다. 사실, 생각 없이 마시면 꽤 맛이 좋다. 마치 쇳가루를 첨가한 피나 콜라다 같다.

대체 요법에 대한 의견이 어떻든, 셰리에게는 지금껏 받았던 항암 치료보다 훨씬 도움이 됐고, 구토도 나오지 않았다. 오전 시간에는 레이어트릴* 치료를 받는다. 전형적인 간호사 모자를 쓰고 온갖 발찌로 치장한 멕시코인 간호사들이 정맥주사로 레이어트릴을 주입한다. 오후 시간에는 의료진과 상담한다. 그들은 셰리의 병력을 기록하고, 그녀의 괴물을 다시 우리 안으로 유인할 방법을 조언한다. 가느다란 의자를 든 사자 조련사들.

대기실에서 셰리는 진정으로 절박한 사람들의 희망으로 빛나는 얼굴에 둘러싸여, 몇 시간이고 뜨개질을 한다. 오늘은 수척하면서도 어쩐지 통통해 보이는, 할리 데이비슨 오토바이 그림 위에 '사랑해주오, 내 걸레여, 날 사랑해주오'라고 쓰인 티셔츠를 입은 남자가 셰리에게 말을 걸어왔다. 그는 체중이 270킬로그램을 넘었는데, 6개월이 지난 지금까지도 술을 마시고 있다고 고백했다.

"처음에는 간이 제 기능을 못 했어요." 그는 공허한 눈으로 몸을 떨며 말했다. "그러더니 암에 걸린 거예요."

평범한 펜테코스트 종파** 사람처럼 보이는, 여름용 원피스와 테니스 신발 차림의 딸이 가까이 다가와 그의 이마 위에 손등을

---

* 살구나 복숭아의 씨에서 얻는 항암제.

78

댔다.

"체온이 또 떨어지네요."

그녀는 조용히 말하고는 병원 복도를 헤매다가 휠체어와 간호
보조원을 데리고 돌아왔다. 두 사람이 그를 휠체어에 태우자 남자
는 유감스러운 듯 셰리에게 손을 흔들어 보였다.

"이렇게까지 내가 고통받는 걸 보고 싶어 하지 않는다니까
요." 그는 딸을 올려다보며 말했다.

두 사람이 사라지자 설사약 세미나에서 알게 된 레스라는 남
자가 셰리를 향해 몸을 기울였다.

"그는 차라리 컵에다 커피를 마시는 게 나을 거예요." 그는 말
했다. "세상에 저걸 치료할 수 있는 관장약은 없을 테니까요."

그는 체구가 작았고 대머리였으며 하늘색 바지를 입은 흑색종
환자이자 골퍼였다. 그의 아들은 정장 차림으로 서류 가방을 여닫
기를 반복하고, 업무 차트를 엑스레이 조명에 비춰보고, 한 손가
락으로 노트북에 타이핑을 하면서 대기실과 복도 주변을 돌아다
녔다.

"쟤는 어딜 가든 일만 해요." 그의 말에 셰리는 정중한 위로의
몸짓을 해 보였지만, 그는 고개를 저었다. "어쩔 수 없죠. 직급이
제일 높거든요. 제가 알기로는 상사가 없어요."

그는 굳이 자기 손으로 자기 머리를 쓰다듬고는 손바닥을 내
려다봤다. 손에는 아무것도 없었고, 너무나 깨끗했다.

** 성령의 힘을 강조하는 기독교 종파.

"대단하네요."

셰리는 그렇게 말하고는 존중의 표시로 잠시 가만히 있다가 도로 뜨개질을 시작했다. 겉뜨기, 안뜨기, 겉뜨기, 감치기. 대기실에서 시간은 빙하처럼 느리게 물러가고, 그 자리에 남는 건 빈 병과 포장지뿐이다. 셰리는 이상하게도 그 모든 것에 감동한다. 아픈 사람들과 그들의 동반자들, 깨끗한 소독약 냄새, 벽마다 걸려 있는 영감을 주는 메시지가 쓰인 캘리그라피 액자들. 얼굴을 가리고 슬퍼하는 여인들과 함께 치료실에서 강연장으로 이동하는 아랍 왕자 같은 남자. 몸, 마음, 영혼 강연에서 셰리 옆에 앉아 한 시간 내내 그녀의 손을 붙잡은 구릿빛 가발을 쓴 노부인. 두 사람은 앞을 뚫어져라 바라보며 마치 공중그네 바에 매달리듯 연사의 말 한마디 한마디를 놓치지 않고 붙잡았다.

강연은 성경의 인용구로 마무리되었다.

"너의 하나님 여호와를 섬겨라. 그러면 내가 너희 양식과 물에 복을 내리고 너희 가운데 병을 없애리라."

공산주의 선언문처럼 들리기도 했지만, 셰리가 뭐라고 감히 판단하겠는가. 노부인은 열심히 듣더니 셰리의 손에서 자기 손을 빼내어 낡고 작은 노트를 꺼냈다. 그리고 할 일 목록의 맨 아래에 '출애굽기 23장 25절'을 적었다.

"당신은 전혀 아파 보이지 않네요."

그녀는 셰리에게 말했다. 그녀의 눈은 크고 황량했고, 치아는 삐뚤었다. 셰리는 샌들을 신은 자기 발을 내려다봤다. 케이티가 빨간 매니큐어를 발라준 갈색 발가락들이 제각기 다른 개성을 뽐내고 있었다.

"그렇지만 전 아픈걸요." 셰리는 대답했다.

"저는 유방암에 걸렸어요." 노부인은 셰리에게 속삭였다.

셰리는 오늘 복도에서 우연히 마주친 그녀와 자연스럽게 포옹을 나눴고, 가발이 흐트러지지 않도록 조심했다. 노부인의 남편은 멀리서 밀짚 가방을 든 채 그들의 어깨 너머를 조용히 바라보고 있었다.

오후에는 바로 이 안뜰에서 레스의 아들인 사업가와 마주쳤다. 그는 바위 턱에 웅크려 앉은 채, 무성하게 자란 부겐빌레아 덤불 속에 반쯤 파묻혀 있었다. 정장 차림이었지만 넥타이는 옆으로 느슨하게 풀려 있었고, 평소에 단정했던 머리도 흐트러져 뾰족하게 솟아 있었다. 그가 손으로 헝클어트린 탓이었다. 취한 사람을 패러디한 듯한 모습이었지만, 그를 취하게 한 건 술이 아닌 슬픔이었다. 거대한 무표정의 보라색 꽃에 둘러싸인 그는 눈을 감고 입을 크게 벌린 채 아이처럼 일그러진 표정으로 휴대폰을 향해 흐느끼고 있었다.

이제 안뜰은 텅 비고 어두우며, 오직 야자수와 고사리 사이에 숨은 은은한 조명들만이 빛나고 있다. 한가운데에 있는 수영장은 아쿠아 벨바*처럼 제 몸을 반짝인다. 셰리는 가운을 벗고 시원하고 상쾌한 물속으로 미끄러져 들어간다. 그녀는 지칠 때까지 천천히 배영을 하다가, 몸을 돌려 잠수한 후 물 위로 올라온다. 그녀

---

*   미국의 대표적인 애프터셰이브 제품으로, 특유의 푸른색이 특징.

의 머리카락은 물개처럼, 혹은 스스로가 아름다운 걸 아는 여자처럼 얼굴 뒤로 넘겨져 있다.

이 모든 것은 셰리의 엄마 덕분이다. 셰리는 그저 부탁했을 뿐이었다. 야자수와 이국적인 꽃들, 습한 아마존 숲 같은 안뜰을 위한 15,000달러. 모두 엄마와 엄마의 남편에게서 나온 돈이었다. 엄마의 남편은 눈 하나 깜짝하지 않고 수표를 써줬다. 진짜 미래는 아니더라도 적어도 미래에 대한 약속을 사준 셈이었다. 그리고 기적적이게도 셰리는 이제 건강하다고 느낀다. 몸속은 씻기고 말끔해지고, 겉은 마사지를 받아 광이 난다. 혈관 구석구석에 마치 탄산이라도 흐르는 듯한 기분이다. 항암 치료 덕분이 아니라, 단순하고 자연스러운 삶 덕분에 나아진 것이다. 과일, 커피, 산소, 그리고 다정한 말들. 당신은 사랑받고 있다. 우리는 당신을 사랑한다. 당신은 살 수 있다. 다른 이들도 살았다.

수영장 물은 이제 공기보다 따뜻하게 느껴진다. 꼭 양수 같다. 익숙한 소리가 돌담 너머로 들려온다. 조용하지만 전염성 있는 케이티의 웃음소리다. 다른 환자의 딸과 산책하고 돌아와 문 바로 밖에서 이야기를 나누고 있다. 문이 살짝 열려 있고 거리도 가까워 두 사람의 목소리가 잘 들린다는 걸 전혀 모르는 모양이다. 셰리는 몸을 뒤로 맡겨 잠시 가라앉다 다시 수면으로 떠오른다. 불분명한 목소리들이 셰리의 귓가를 때리는 물소리에 묻힌다. 셰리는 눈을 감은 채 케이티의 모습을 떠올린다. 그녀의 환한 미소와 높낮이 없는 브루클린식 억양, 링 귀걸이, 요란한 머리. 케이티가 있으면 모두 그녀에게만 집중했다. 다음은 사라. 아름답지만 속내를 알 수 없는 평온한 얼굴의 그녀. 머리는 대충 올려 묶고, 언제나 신중히 단어를 골라 중서부 특유의 차분하고 또렷한 억양으로 말하기 시작한다. 흥미로운 아이들이라고 셰리는 생각한다. 매력적인 아이들이라고. 셰리는 자기 집 앞마당 진달래 덤불 속에 웅크리고 앉은 케이티와 사라의 모습을 상상한다. 레스의 아들이 부겐빌레아에 파묻혀 울고 있었던 것처럼.

이제 달은 하늘 높이 떠 있고, 더 작고 덜 명확해 보인다. 다리가 긴 작은 도마뱀들이 인도를 따라 달린다. 며칠 후면 그녀는 집으로 돌아가 정원을 돌볼 수 있을 것이다. 정원에는 아이오와를 대표하는 튼튼한 꽃들이 피어 있다. 나팔꽃, 백일홍, 루드베키아, 그리고 키 큰 보라색 에키네시아. 그 꽃들은 태양을 향해 녹슨 심장을 들어 올리고, 꽃잎은 팔처럼 뒤로 펼쳐져 있다. 당신은 살 수 있다. 비이성적으로 길게 느껴지는 짧은 순간, 희망이 날개가 큰 왜가리처럼 안뜰을 맴돈다. 수영장과 잔디 의자, 어두운 나뭇잎 위로 천천히 선회하다가 밤하늘로 날아간다. 사라졌다.

다른 사람은 살아남았다. 그녀는 그러지 못할 것이다. 그런 생각이 뼛속 깊이 사무친다. 말 그대로.

그 후에 찾아온 여름은 길고 눈부시다. 그들은 카누를 타고 왑시피니콘강을 따라 내려간다. 시끌벅적한 사람들과 아이스박스들의 행렬. 그들은 갈대가 우거진 강둑을 따라 캠핑을 한다. 햇볕에 그을린 얼굴, 모닥불에 비친 실루엣. 나뭇가지 끝에서 마시멜로가 녹으며 까맣게 타들어가고, 텐트 안에서는 녹색 나일론 천을 통과

한 손전등 빛이 은은하게 번진다. 린다, 웨인, 셰리는 브라우니 한 판을 챙겨 차에 오른다. 그렇게 로드 트립이 시작된다. 무릎 높이 옥수수밭을 열네 시간 동안 지루하게 운전하던 그들 앞에 압도적인 로키산맥의 절경이 갑작스레 나타난다. 텔루라이드의 야외 음악 축제. 익숙한 밴드도, 처음 듣는 밴드도 무대에 오른다. 늘어지고 낡은 타이다이 티셔츠를 걸치고 가느다란 회색빛 포니테일을 한 나이 든 히피들, 그리고 빛나는 얼굴과 몽롱한 눈빛을 하고 펠트처럼 엉킨 머리를 한 새로운 세대의 히피들. 그들은 브라우니를 포기하고 가파른 산길을 오른다. 웨인이 탁 트인 전망을 보여주려고 셰리를 바위 위로 끌어당길 때, 그녀는 딱 한 번 비틀거린다. 몸 때문이 아니라 마음 상태 때문이다. 눈앞에서 모든 것이 아래로 쏟아져 내리는 듯한 현기증. 남은 것은 저 멀리 아래에 드리운 구름의 낯선 그림자뿐이다.

새로운 집은 예상했던 것보다 덥다. 그래서 완두콩은 셰리의 기대만큼 잘 자라지 못한다. 하지만 햇빛 쏟아지는 방과 열매 대신 꽃을 피우는 덩굴에게 누가 불평할 수 있겠는가? 어느 날 오후 셰리는 아미시* 마을로 운전해 가서 새끼 흑곰 같은 강아지를 데려온다. 그리고 그 강아지에게 '우르사'라는 이름을 지어준다. 그들은 함께 묘지로 이어진 길을 통과하며 길고 초현실적인 산책을 한다. 강아지는 목줄을 끌며 묘비들 사이를 뛰어다니고, 셰리는

---

* 전통적인 기독교 신앙을 유지하며 현대 문명을 거부하는 공동체를 이루고 사는 미국의 종교 집단.

그 뒤를 느릿하게 걷는다. 그리고 묘비문을 읽으며 계산을 해본다. 마흔여섯. 어떻게 보면 긴 시간이다. 우르사는 그녀의 일곱 번째 강아지다.

그녀의 눈앞으로 스치는 과거의 장면들은 온화하고 흥미롭다. 데어리 퀸 창문에 비친 아름다운 소녀의 뚱한 얼굴, 오래된 비틀 자동차의 얼룩덜룩한 금속 계기판, 마르디 그라** 구슬 목걸이가 걸려 있는 백미러, 닭들이 파헤친 땅 한가운데에 서 있는 뒤틀리고 이끼가 긴 활엽수, 그리고 한번은 놀랍게도 붉은 흙이 깔린 마당에서 기저귀를 갈 때처럼 들어 올려진, 그녀 자신의 것이 틀림없는 작은 발. 이상했다. 그녀는 이런 별 의미 없는 이미지들을 자기만의 것으로 간직한다. 점차 시작되는 통증도 셰리는 자기만의 것으로 간직한다. 9월이 되자 암은 이주하는 원주민처럼 뿔뿔이 흩어져 간, 폐, 척추로 퍼져나갔다.

셰리는 고개를 끄덕이며 이 소식을 담담하게 받아들인다. 가을이었으니 이듬해 봄까지는 살 수 있을 터였고, 방사능 치료를 받으면 척추 종양을 줄일 수 있을지도 모른다. 그러면 마비를 조금 늦추고 한동안은 스스로 움직일 수 있을 터였다. 의료진은 셰리에게 사진을 보여준다. 그녀는 그림자 같은 괴물의 손가락에 붙잡혀버린 자기 척추의 완벽한 곡선을 가만히 응시한다.

여기랑 여기, 그리고 여기에는 작게 있네요. 셰리는 의사가 책상에 내려놓은 연필을 바라보며 마음을 가다듬는다. 지난여름 답

** 미국 남부에서 열리는 미국 최대 규모 축제 중 하나. 사순절 전에 열린다.

답했던 기억들, 실패한 수술, 브루클린의 소용돌이치는 열기 속에서 다리를 질질 끌며 걸었던 일, 감각 없는 발이 인도를 끌었던 기억을 떨쳐내려 애쓴다. 좀비, 되살아난 시체. 겨우 이렇게 되려고 그 고생을 했다니.

"그러지 않을 수도 있어요." 의사는 말했다. "다른 일이 먼저 생길 수도 있고요."

그녀는 '다른 일'이라는 말을 '죽음'으로 받아들인다. 전신마비보다는 그게 더 나을 것 같다.

"그 순간이 오면 환자분을 편하게 해드릴 수 있어요." 의사는 위로하듯 말한다.

"그렇지만 진통제는 도저히 못 견디겠어요." 셰리가 답한다. "무슨 진통제든 맞으면 죄다 토하거든요."

의사는 셰리의 차트에 뭔가를 적고 덮은 뒤 손을 내민다.

그리고 당연하게도, 바로 그 순간 세상이 눈부시게 아름다워진다. 그녀의 딸들은 골반에 걸친 바지와 창백한 가을빛 안색으로 인해 영화배우처럼 보인다. 동네 거리의 나무들은 오후 햇살 아래 생기가 넘치고, 시들어가는 나뭇잎조차 너무나 찬란하다. 전에 한 번도 본 적 없다고 생각하게 할 만큼의 광경이다. 가을, 형형색색으로 물드는 풍경, 그리고 오후마다 마시는 우유와 꿀을 넣은 녹차 한 잔. 두껍고 하얀 머그잔에 담긴, 그 단출한 차 한 잔조차도. 따뜻하다. 머그잔을 감싼 그녀의 손, 그 옆에 놓인 반으로 접힌 신문, 또 그 옆에는 파란 접시에 올려진 반쪽짜리 오렌지. 모두 말로는 다 표현할 수 없을 만큼 사랑스럽다.

통증조차도 마치 골반에 박힌 다이아몬드처럼 날카롭고 반짝이는 현실감을 띠고 있다. 그녀는 통증을 무시한 채 정원을 가꾸고, 죽은 잎을 잘라내고, 호박 덩굴을 정리한다. 그리고 여전히 매일 산책한다. 차가운 돌무덤 대신 눈부신 히커리 힐 숲으로 향한다. 공원을 지나던 반짝이는 머리칼의 컵스카우트 아이들이 껌 포장지와 담배꽁초를 줍다가 우르사를 쓰다듬기 위해 멈춰 선다. 그러더니 서로를 밀쳐가며 강아지가 무는지 묻는다. 그들은 우르사라는 이름을 들어본 적 없지만, 애초에 들어보지 못한 말이 워낙 많기에 그냥 받아들인다.

　"우리 집 개는 뇌종양이 생겨서 안락사시켰어요." 한 어린 소년이 셰리에게 말한다. "이름은 피트였는데, 농약 묻은 풀을 먹은 게 원인일 수도 있대요."

　소년은 우르사의 귀를 들어 안쪽을 들여다보고 머리도 살피더니 일어선다.

　"이 개는 괜찮은 것 같네요."

　소년은 약간 김이 샌 듯 말한다. 그는 다른 아이들보다 작고 단단한 체격에 눈은 초록색이다. 그리고 검은 머리는 어수선해 보인다. 셰리가 사랑했던 모든 남자의 초기 버전 같달까.

　소년이 성큼성큼 걸어간 후 셰리는 이상하게도 외로움을 느낀다. 하지만 기분 나쁜 외로움은 아니다. 오늘은 마치 하늘이 동반자 같다. 구불구불 이어지는 주황색과 노란색의 산책로도 그렇다. 골반에 박힌 다이아몬드가 갑작스레 반짝이며 셰리를 숨 막히게 하고 눈을 찌푸리게 한다. 통증은 때로 요란하고 두려움을 불러일으킨다. 그리고 다른 날에는 가슴속에 희미하게 빛나는 불빛처럼 느껴진다. 마치 불씨를 들이마신 것처럼. 셰리는 자기 척추에 대해 생각하지 않을 수 없다. 죽은 몸에 기생하는 자신의 이미지가 반복해서 떠오른다. 우르사가 집을 향해 몸을 돌리고, 셰리는 조금 떨어져 그 뒤를 따른다. 그녀는 자신의 무릎이 걸음마다 구부러지고 펴지는 모습을 인식한다.

딸들은 길가에서 낙엽을 태우고 있다. 커다란 낙엽 더미가 타닥타닥 소리를 낸다. 셰리는 현관 앞에 앉아 애프터눈 티를 마시며 그 모습을 지켜본다. 누군가 말을 걸어와도 대답하지 않는다. 그녀는 그저 모든 것을 쉽게 하고 싶다. 몸도 마음도. 하얀 찻잔을 입술로 가져가는 순간, 불현듯 기억 한 조각이 머리를 스친다. 남쪽 어느 아파트에 있던 그녀의 냉장고. 비행기 공장에서 부품을 닦으며 일하던 시절, 셰리는 하루 종일 독성 물질에 팔꿈치까지 담그며 일했고, 그 일이 너무나도 싫었다. 그런 그녀를 안타깝게 여긴 한 친구가 스즈키 선사의 말씀을 보내줬는데, 셰리는 그것을 흠집 난 냉장고 문 위에 붙여두고 저녁마다 읽었다.

무언가를 할 때는 자신을 온전히 태워버려야 한다.
활활 타는 모닥불인 듯, 흔적 하나 남기지 않고.

딸들은 낙엽 모으던 것을 잠시 멈추고 갈퀴에 기대어 선다. 사라는 뭔가 말하고 있고, 케이티는 머리카락을 흔들며 다시 묶는다. 불길은 줄어들어 이제 담배 연기처럼 가늘고 희미하게 흩어진다. 그 사이에도 낙엽은 계속 천천히 하늘에서 떨어진다.

'자신을 온전히 태워버려야 한다.'

그렇게 해야겠다. 그녀는 자리에서 일어나 사그라지는 불길 속 숯을 긁어모으는 딸들을 바라본다.

"이제 그만해야겠어." 그녀가 딸들에게 말한다.

셰리는 이것이 자살이라고 생각하지 않는다. 괴물을 죽이는 것이다. 그러니 총을 사용하면 아주 만족스러울 것이다. 하지만 자신의 상황을 생각하면 불가능한 일이다. 창문에서 뛰어내리면 구경꾼이 많을 것이다. 아이오와 시티라면 개중에 지인 한두 명이 있을 수도 있다. 익사는 불가능하다. 시도해봐서 안다. 욕조에서, 그저 실험 삼아, 과연 그럴 용기가 있는지 알아보려는 목적으로.

누구도 셰리에게 그러지 말라고 말하지 않는다. 그녀는 그런 말을 들을 사람이 아니니까. 대신 모두 조용해지고 조심스러워진다. 두 딸은 오랜 시간 집을 비웠다가 식사 시간에 맞춰 돌아온다. 찐 채소와 즉석밥, 그리고 시내 식당에서 사 온 음식들. 접시에 대충 올려진 부리토와 그릇에 담긴 멕시코식 졸인 콩 요리. 케이티는 음식을 접시에 나눠 담고, 사라는 접시에 담긴 음식을 이리저리 흩뜨리기만 한다. 셰리는 얼음물을 홀짝이며, 오후 내내 했던 연구의 장단점 속에 깊이 빠져 있다.

"나 정도 체중의 사람이 목이라도 부러지려면 적어도 4.5미터 위에서 떨어져야 한다는 거 알고 있었어?" 그녀는 갑자기 묻는다.

그래서 사람들이 헛간에서 목을 매는구나. 서까래에서 발을 떼기만 하면 되니까. 그게 더 효과적이겠지. 그렇지 않으면 질식할 때까지 계속 매달려 있어야 할 테니까. 불행히도 근처에 헛간은 없지만, 대신 차고는 있다. 셰리는 질식사가 나을지 계속해서 고민한다.

케이티와 사라는 포크를 멈춘 채 눈도 깜빡이지 않고 셰리를 쳐다본다.

"아뇨, 몰랐어요." 사라는 겨우 입을 뗀다.

저녁 식사를 계속하기는 글렀다. 딸들은 말없이 식탁을 치우고 거실로 가서 저녁 뉴스를 본다. 셰리는 거기 그대로 앉아 얼음을 씹으며 린다를 기다린다. 린다는 요즘 저녁마다 들른다. 약이 아마 가장 좋은 방법일 것이다. 하지만 약은 항상 '자살 시도'라는 단어와 함께 나왔다. 그와 달리 '자살'이란 단어는 총알, 밧줄, 다리에서 반짝이며 떨어지는 긴 추락처럼 그보다 확실한 단어와 함께 나왔다.

기침이 마치 그녀에게 미리 대비할 시간을 주듯, 천천히 올라오기 시작한다. 자갈로 채운 페인트 통을 바닥에 굴리는 것 같은 덜컹거리고 혼란스러운 소리가 난다. 기침이 끝나갈 무렵, 그러니까 자갈 소리가 서서히 모래 소리로 작아지며 셰리가 다시 숨을 쉴 수 있게 되었을 때, 그녀 옆에는 린다가 와 있고, 문간에는 딸들이 서 있다. 우르사는 이리저리 뛰어다니며, 입에 문 개껌을 차례로 내민다.

"밥은 먹었어?" 린다가 싱크대에 쌓인 접시를 보며 묻는다.

"물 먹고 있어." 셰리가 얼음이 든 유리잔을 들며 말한다.

거실에서는 바나 화이트*가 수의처럼 얇고 몸에 딱 맞는 드레스를 입고, 퀴즈 보드에 공개된 글자 사이를 거닐고 있다. 텔레비전은 항상 켜져 있어 한 프로그램이 끝나면 다음 프로그램으로 넘어가기를 반복하지만, 그걸 진짜로 보고 있는 사람은 아무도 없다. 그런데도 누구도 텔레비전을 끄지 않는다. 밤이 깊어갈수록, 그들은 조용히 깜빡이는 화면을 바라본다. 처음에는 사라와 케이티가, 그다음엔 사라와 셰리가, 그리고 마지막엔 사라만 남아. 밤 11시가 되자 전화가 울린다. 셰리 트렘블을 찾는 남자다.

"침대에 있어요." 사라가 그에게 말한다. "하지만 아직 깨어 있을지도 모르겠네요."

"아니, 괜찮습니다." 그가 말했다. "가능하면 쉬게 두세요."

셰리는 불과 며칠 전, 자신의 상황과 의도를 설명하며 그에게 도움을 요청하는 편지를 보냈다. 그는 쌓여 있던 수많은 요청서 중에서 셰리의 편지를 골라 곧바로 답한 것이었다. 당장이라도 마비가 올 수 있고, 진통제를 견딜 수 없다는 점이 결정적 요인이었다. 케보키언은 셰리가 말한 내용이 의료 기록으로 확인된다면 도울 의향이 있다고 말한다.

전부 사실이에요. 사라는 속삭인다.

어둑한 거실에 텔레비전 화면만이 달빛처럼 빛난다. 갑자기 영화 세트장에 온 듯 모든 것이 낯설고 임시적으로 보였다. 케보키언은 평범한 의사와 다를 바 없다. 그저 공감을 더 잘해줬을 뿐.

---

* 미국의 배우이자 미국의 유명 퀴즈 쇼 〈휠 오브 포춘〉의 사회자.

그는 사라에게 셰리의 지원 시스템, 그녀가 필요로 하는 돌봄 정도, 현재 통증 수준 등에 대한 여러 질문을 던진다. 전화를 끊기 전, 그는 환자가 직접 와야 한다고 설명한다. 그가 환자를 보러 갈 수는 없다.

그는 그 사실에 쓸쓸하게 웃고, 사라는 이유도 모른 채 따라 웃는다.

복도 끝 어두운 침실에서 셰리는 의식 없이 떠다닌다. 수면 열차는 이제 막 역을 떠났고, 선로는 그로그랭* 리본처럼 풀어진다. 암트랙의 익숙한 풍경이 흔들리며 지나간다. 듬성듬성한 숲, 길고 찬란한 물줄기, 델라웨어 마을의 끝자락, 창문에 테이프로 쓰레기봉투를 붙인 연립 주택들. 어린 시절에 봤던 이웃집 여자가 실내복을 입고 남자 구두를 신은 채 이불을 너는 모습이 보인다. 침대칸 열차가 지나가자 그녀는 뒤로 돌아 손으로 햇빛을 가린 채 열차의 움직임을 바라본다. 선로에 지나치게 가까이 붙어 달리는 농장 개, 그리고 한때 알았을 법한, 삼촌일지도 모를 사람이 야위고 그늘진 얼굴로 뭐라 말하고 있지만, 잘 들리지 않는다.

"뭐라고요?" 그녀는 어둠 속을 향해 외친다.

진료 날짜는 셰리의 결정에 달려 있다. 케보키언은 일정을 맞출 수 있다고 했다. 지금은 10월이고, 셰리는 적어도 크리스마스는 넘기고 싶다고 말한다.

---

* 표면에 고르지 않은 가로줄 무늬가 있는 튼튼한 질감의 리본.

"아, 그보다는 훨씬 오래 살아야죠." 그가 말한다.

케보키언의 공감 어린 반응과 셰리가 가능한 한 오래 살기를 바라는 그의 희망은 어딘지 모르게 그녀의 마음을 깊이 건드린다. 자신과 전혀 모르는 사이면서도 그렇게 얘기하다니! 전화 너머로 들리는 그의 목소리는 위로가 되고, 친절하다. 의사보다는 목사 같지만, 그가 던지는 의학적 질문들은 날카롭고 명석하다. 처음으로 셰리는 통증을 숨기지 않고 있는 그대로 설명할 수 있다. 안도감에 눈물이 뺨을 타고 흐르지만, 셰리의 목소리는 여전히 침착하고 사무적이다.

이제 날짜만 정해 그의 비서인 닐에게 연락하면 된다. 그러면 닐이 무엇을 해야 하는지 지시사항을 알려줄 것이다. 지금은 그저 마음을 편안하게 하고, 남은 날 동안 할 수 있는 것들을 하고, 필요한 정리를 하면 된다. 그리고 꼭 알아야 할 사람들에게만 소식을 전하면 된다.

케이트, 사라, 린다, 웨인.

셰리는 할로윈 분장을 따로 하지 않아도 된다. 극도로 마른 몸에 불필요한 살이 깎여나간 얼굴과 목과 손목. 그녀는 띄엄띄엄 찾아오는 디즈니 캐릭터들과 붕대를 풀어 헤친 미라들에게 초콜릿 바를 나눠준다. 송곳니를 달고 깊게 파인 M자 머리를 한 소년이 포카혼타스 복장을 한 작고 금발인 여동생 손을 잡아끌며 현관으로 올라선다. 소년의 여동생은 마스크를 머리 위에 올린 채, 멍하니 가방을 벌리며 서 있다. 그리고 셰리 뒤의 거실을 유심히 바라본다.

"전에 여기 사셨던 아주머니는 돌아가셨어요." 여자아이가 말한다. "그분 앵무새는 저희가 키우게 됐고요."

소년은 셰리를 흘끗 올려다보고는 재빨리 시선을 피한다.

"거짓말이에요."

소년은 사과하듯 말하며 현관에서 어둠 속으로 여동생을 끌고 간다. 개는 잠시 아이들을 따라가다가 다시 현관 조명 아래로 돌아와 사탕 바구니를 향해 꼬리를 흔든다.

케이티가 따로 말하지 않는 한, 우르사는 사라가, 고양이는 린다가 맡을 것이다. 이 집은 집을 사준 셰리의 어머니에게 돌아갈 것이다. 그녀는 다음 한 주 동안 생각에 잠긴 채 소지품을 정리한다. 그리고 유언장을 작성해 옷장 맨 위 서랍에 넣는다. 피터슨 가족에겐 이렇게 쓴다.

린다, 네게는 텔루라이드에서 내가 썼던 정원용 모자를 남길게. 웨인, 너는 좋은 코르크 따개가 필요하니, 내가 아끼는 황동 코르크 따개를 줄게(적어도 나는 그게 황동이라고 생각해). 17년 동안 가지고 있었던 거야. 브랜디스, 너는 가장 마음에 드는 스웨터를 가져가도록 해. 케일리, 너는 제일 좋아 보이는 액세서리를 골라. 슈일러에겐 내 낚싯대를 남길 테니 큰 물고기를 잡아줬으면 해. 티제이에게는 내가 뉴욕 기차에서 일할 때 썼던 부기관사용 모자 핀을 남길게. 이 유언장과 같은 데 넣어둘 거야.

딸들의 경우에는 더 어렵다. 셰리는 남길 물건들을 이리저리 재보며 균형을 가까스로 맞춘다.

사라에게는 내 비취 목걸이, 은으로 된 티 세트, 암실 장비, 캠핑용품, 크리스털 꽃병, 책, 그리고 운동용 자전거를 남길게. 또 가보로 내려온 은과 황동이 섞인 장식품들, 맥그리거 사진, 멕시코에서 가져온 담요를 남길게.

케이트, 네게는 내 은 목걸이, 루비 반지(할머니가 갖고 계셨던 거), 카메라와 액세서리, 흔들의자, 자전거, 원형 거울, 워드프로세서, 오디오, 정치 관련 책, 멕시코에서 가져온 도자기를 남길게.

11월 초가 되니 정원 단장도 끝이 난다. 그녀에게 내년이 주어진다면, 몇몇 식물들의 위치를 옮겼을 것이다. 작약은 집 가까이에, 작은 주목은 더 멀리. 하지만 지금은 모든 것이 정리된 상태다. 땅은 거름으로 덮었고, 도구들은 깨끗이 닦아 지하실에 보관했다. 집 안 정리를 마쳐갈 즈음 셰리는 극도로 피로해졌다. 마치 사지에 모래주머니가 매달려 있는 것 같다. 때로는 머리를 뒤로 넘기는 것조차 힘에 부친다.
전에 여기 사셨던 아주머니는 돌아가셨어요. 몸은 썩어 퇴비가 되지만, 우리는 앵무새가 되어 계속 살아간다. 그녀는 어두운 잎사귀 사이로 형광 깃털이 어렴풋이 스치는 모습을 꿈에서 본다. 그녀는 낮잠을 잘 때마다 불안하고 땀이 나기 시작한다. 이제 통증은 끊임없이 그녀를 감싸다가 사라지기를 반복한다. 마치 도플러 효과*를 불러오는 공습경보처럼. 셰리는 골절이나 위장염을 앓았을 때처럼 증상이 나아지는 상상을 한다. 하지만 그럴 리가 있나! 당연히 지금보다 계속 더 나빠질 수밖에.

셰리는 린다, 웨인, 그들의 가족, 그리고 자기 딸들과 함께 추수감사절을 보낸다. 그들은 오랫동안 식탁에 앉아 이야기를 나누고 커피를 마신다. 셰리는 똑바로 앉아 있는 것만으로도 너무 지쳐서 거의 듣기만 한다. 따뜻한 불빛 아래 익숙한 얼굴들을 바라보며, 부엌에서 들려오는 딸들의 속삭임과 수돗물 소리의 편안함에 귀를 기울인다. 셰리가 떠날 때가 되자, 딸들이 그녀의 양쪽에서 부축하고, 린다는 남은 음식을 트렁크에 실으려고 뒤따라온다. 그 순간 셰리는 너무 기진맥진해서 위험한 생각들을 막아낼 수가 없다. 질투와 분노, 그리고 이 모든 게 불공평하다는 생각에 그녀의 속이 다 메스껍다.

진정으로 그녀를 이해하는 사람은 아무도 없다. 하긴 이해한들 무슨 소용이랴. 모래주머니와 줄어든 폐활량, 요란한 통증. 이 모든 건 극도로 개인적이고 숨 막힐 듯 답답하다. 현재의 강렬한 순간과 평범했던 과거가 뒤섞인다. 오늘 아침만 해도 셰리는 오래된 단풍나무 옷장이 오르내리는 어지러운 광경에 거의 기절할 뻔했다. 침대 기둥은 마치 피스톤 운동을 하는 듯했고, 줄무늬 셔츠를 입은 셰리의 오빠, 션은 그녀의 침대에서 뛰었다 착지하기를

* 물체가 다가올 때 소리가 점점 높아지고, 지나가면 낮아지는 물리학적 현상.

반복했다. 어젯밤의 수면은 겨우 조는 수준에 그쳤다. 셰리는 침대에서 안락의자로, 다시 침대로 옮겨 다니며, 칠면조 농장, 블라우스 목선의 지그재그 장식, 길을 건너는 비틀즈 앨범의 이미지가 무작위로 섞인 꿈을 꾸었다. 한번은 동이 트기 직전 꿈속에서 아래를 내려다봤다가, 팔과 손에 내려앉은 형광빛 곤충들을 보기도 했다.

크리스마스까지 못 버티겠어. 그녀가 말한다. 버틸 수 있을 줄 알았는데 안 되겠어.

그 말을 들은 사람들은 큰 충격에 빠진다. 지금까지 현실을 진심으로 받아들인 사람이 없을 수도 있겠다는 생각이 든다. 딸들은 그녀에게 무너지듯 기댔다가 이상하리만치 차분해지더니 집 안을 멍하니 돌아다닌다. 그들은 희미하게 울리는 목소리로 대화를 나눈다. 린다는 소식을 듣자마자 움찔하더니, 곧 얼굴을 손으로 가린 채 오열하고 만다.

셰리는 그들에게 마음의 준비를 할 시간으로 3주를 허락한다. 셰리는 고민 끝에 일주일 중 가장 평범한 날인 화요일을 선택한다. 그녀는 케보키언의 비서 닐에게 전화를 걸고, 12월 16일에 출발하는 디트로이트행 항공편과 블룸필드 모텔에서의 1박을 예약한다. 자살은 모텔에서 이루어질 계획이다. 셰리의 시신은 모텔에서 병원으로, 그리고 영안실로 옮겨질 것이다. 그곳에서 누군가, 아마 검시관이 부검할 예정이다.

셰리는 화장을 원하고, 장례식은 꽃 없이 간소하게 치렀으면 한다. 케이티가 셰리와 함께 장례 준비를 하러 간다. 너무 비현실적인 감정에 휩싸이지 않으려 애쓰지만, 결국 계속 목록을 확인해야만 한다.

장례 지도사는 눈빛에 진심이 어려 있으며, 뚜렷하게 연민을 드러내는 순수한 젊은 남자다. 셰리는 그의 앞에서 졸다가 몇 가지 확인할 사항을 잊어버리고 만다.

"다른 데서 죽으면 시신 운반은 어떻게 하죠?" 그녀가 물었다.

"화장하신다면, 돌아가신 곳 근처 화장터에서 진행할 수 있습니다." 그는 조심스레 대답한 후 잠시 말을 멈춘다. "그 후에는 저희가 직접 거기로 연락해서, 그, 어, 그것을 받아오면 됩니다."

장례 지도사는 한동안 자기 손등을 바라보며 결혼반지를 이리저리 돌리기만 한다. 셰리가 그의 말뜻을 알아차리기 충분한 시간이다. 그녀의 시신은 비스킷 통에도 담길 고양이 모래 수준으로 줄어들 것이다.

"네, 그렇게 해요."

셰리의 말에 모두 엄숙하게 자리에서 일어나 서로를 바라본다. 케이티의 얼굴에는 우울하게 파상풍 주사를 맞길 기다리면서도 간호사를 위해 용기를 내려고 애쓰는 사람의 표정이 떠올라 있다. 장례 지도사는 셰리의 팔을 가볍게 잡고 그녀의 눈을 들여다본다. 그가 눈시울을 붉혀 셰리를 놀라게 한다.

사람들은 이렇게도 다정하다! 때로 그녀는 소리 없는 연민과 너무나 미묘해서 거의 알아차리지도 못할 지지와 배려의 몸짓들에 휘청인다. 처음으로 셰리의 목욕을 돕던 날, 케이티는 그저 한가로이 시간을 보내는 것처럼만 보였다. 그녀는 변기 뚜껑 위에 다리를 꼬고 앉아 옛날이야기를 했다. 눈동자는 방 구석구석을 천천히 둘러보고 있었다. 셰리가 목욕을 마쳤을 때, 케이티는 아무렇지 않게 계속 재잘대며 그녀를 물에서 들어 올렸고, 수건으로 몸을 감싸주었다. 셰리가 발을 넣을 수 있게 속옷을 잡아주고, 건조기에서 갓 꺼낸 따뜻한 운동복 바지를 건네고, 두꺼운 면양말을 발에 끼워주는 순간까지, 누구도 20년 전 두 사람이 수행했던 역할을 서로 바꿔 하고 있다는 사실을 내색하지 않았다.

린다는 주변 지인들에게 전화를 걸어 기회를 놓치고 싶지 않다면 당장 방문할 것을 권한다. 몇몇 친구들이 오후 그리고 저녁에 냄비 요리나 빵을 들고 찾아온다. 그들은 부엌에 음식을 놓아두며 마음의 준비를 한다. 물론 미리 얘기를 듣긴 했지만, 그래도 시간이 필요한 일이다. 요 며칠 사이 셰리의 상태는 급격히 나빠진다. 몸은 망가졌지만, 얼굴만큼은 여전히 서리 낀 유리처럼 투명하고 고요하다. 그들은 떠나기 전에 그녀의 흔들의자 옆에 무릎을 꿇고 감정을 추스르며, 며칠 뒤 전화를 걸어 안부를 묻겠노라고 약속한다.

친구들이 다녀가면 셰리의 호흡은 더욱 거칠어진다. 이야기하고 웃느라 힘이 들어서, 또 작별 인사할 때 밀려오는 공포를 억누르느라 그런 모양이다. 셰리는 자기 계획을 털어놓을 수도, 친구들과 제대로 작별 인사를 할 수도 없다. 그녀는 방으로 돌아와 침대 위에 그대로 눕는다. 베개를 팔로 감싸 안아 새어 나오려는 기침을 막는다. 그녀의 몸은 투명한 튜브를 통해 산소통에 연결되어 있다. 이제 암은 셰리를 완전히 장악했고, 셰리를 몸 밖으로 밀어

내고 있다. 가슴에 손을 얹으면 괴물만 느껴질 뿐이다.

11일 후면 다 끝난다. 11일! 방 안에 혼자 남겨진 셰리는 끔찍한 슬픔에 신음한다. 이제 그녀는 불타는 배를 버리듯 자신을 버려야 한다. 셰리는 자신이 존재하지 않는 건 상상할 수 없다는 걸 깨닫는다. 상상하기 위해서는 존재해야 하기 때문이다. 그녀가 할 수 있는 최선은 자신이 떠나고 없는 지금의 세상을 그려보는 것뿐. 하지만 그걸 그리는 사람도 여전히 그녀 자신이다.

죽기 9일 전 아침. 소파에 누운 셰리는 전봇대 오르는 남자의 모습을 넋을 놓고 지켜본다. 허리에는 공구가 가득 매달려 있고, 한쪽 손에는 커다랗고 빨간 수화기를 들고 있다. 안전 장비로 위치를 고정한 그는 형형색색의 전선 뭉치를 풀어내기 시작한다. 빨간 수화기를 귀에 대고 무슨 말을 하느라 바빠 보이지만, 수화기 너머의 상대가 누구인지는 상상이 안 된다. 그러다 그는 벨트에서 펜치를 꺼내더니 무언가를 세게 비틀고, 그러자 잘린 전선 조각 하나가 허공을 가르며 잔디밭으로 떨어진다. 거실 창문을 통해 보이는 이 장면에는 그녀가 이해하려고 애써온 어떤 진실이 담겨 있다. 마치 스쳐 지나가는 별똥별처럼, 너무나 찰나의 일이라 눈으로 볼 수는 없지만 기억해야만 하는 번뜩이는 통찰의 순간. 날카로운 장화 밑창을 박고서 전신주에 매달린 남자, 가죽 안전장치에 실린 그의 무게, 안전모의 밝은 노란색과 대비되는 전화기의 어두운 빨간색, 그리고 남자의 펜치에서 떨어지는 전선 조각. 이것이 바로 그녀가 없는 세상의 모습이다.

죽기 8일 전. 셰리는 눈을 뜬 채 죽은 자기 모습을 상상한다.

그 벌거벗은 취약함을. 무슨 일이 있어도 눈만큼은 계속 감고 있어야 한다는 걸 기억해둬야 한다. 다가오는 케보키언을 보고 셰리가 발작하거나 눈물을 터뜨린다면, 그는 그녀에게 마음을 진정시킬 시간을 줄까? 아니면, 그녀가 망설이고 있으며 마음의 준비가 안 되었다고 판단해 진행을 멈출까? 그녀는 마지막 순간이 영성체 같은 하나의 의례로 느껴질 때까지 억지로 계속 상상한다. 막판에 마음을 바꾸지도, 히스테리를 부리지도 않으리라. 그저 케보키언에게 인사하고, 차분한 어조로 자기 생각을 이야기하고, 감사를 표현하고, 주사 맞을 팔을 내밀고, 눈을 감을 것이다.

죽기 7일 전. 그녀는 비행기를 타는 것이 불가능하리라는 것을 깨닫는다. 지금의 쇠약해진 몸 상태로는 도저히 감당할 수 없을 것이다. 그래서 새로운 계획이 나온다. 웨인이 밴을 빌려 셰리, 린다, 사라, 케이트를 데리고 디트로이트까지 운전해서 가는 것이다. 당연한 말이지만 다른 이들은 셰리가 죽는 순간에 함께할 수 없다. 그녀의 죽음은 불법적인 일이니까. 그렇더라도 그들은 아홉 시간을 달려 그녀를 그곳까지 데려다줄 것이다. 그녀는 자신이 사랑하는 사람들이 자신의 운명에 휘말려야만 한다는 사실에 순간적으로 불안감에 휩싸인다. 하지만 그런 감정에 계속 붙들려 있을 수는 없는 노릇이다. 너무 아팠고, 이제는 자신의 마른 손을 붙잡고 끌어당기기에 바빴으니까. 거의 하룻밤 사이에 셰리는 다른 이들로부터 점점 분리되어가는 것을 느낀다. 그러고 싶어서가 아니라, 이제는 자신에게 온전히 집중해야 하기 때문이다. 그저 자연스러운 과정일 뿐이다.

저녁이 되자 린다가 다른 사람들과 함께 기다리기 위해 집에 도착한다. 그녀가 들어오자 상쾌하고 차가운 바람이 실내에 스친다. 다른 사람들이 린다가 가져온 음식을 먹는 동안, 린다는 주방 조리대에 기대어 서서 수다를 떤다. 그런 다음 홍콩야자수에서 떨어진 잎을 쓸고, 깨끗한 수건을 개고, 우르사를 쓰다듬으며 최선을 다해 바삐 움직인다. 린다가 집으로 돌아간 뒤, 남은 이들은 다시 조용히 셰리 곁을 지킨다. 양말을 신은 채 발소리를 죽이며 집 안을 조심스럽게 돌아다니고, 텔레비전을 응시하거나, 어두운 창문에 비친 희미한 자기 얼굴을 멍하니 바라본다.

웨인은 떠나기 며칠 전에 들러 셰리 곁에 앉아 조용한 대화를 나눈다. 그녀가 지쳐 보이자 작별 인사를 하고는 잠시 손을 꼭 쥐고 자리에서 일어선다. 사라와 케이티가 뒷마당에서 웨인을 부른다. 고양이 한 마리가 우르사에게 쫓겨 나무 위로 올라간 것이다. 두 사람은 울기 직전의 얼굴로 주변을 빙빙 돌며 높고 다급한 목소리로 고양이를 달래 내려오게 하려 애쓴다. 웨인은 몇 발짝 나무를 타고 올라가, 가지 위의 고양이를 들어 올리고, 발톱 하나하나를 떼어내 사라에게 건넨다. 웨인이 뒤를 돌아보자, 부엌 창가에 선 셰리가 고마움의 표시로 손을 흔들고 있다.

마지막 날 밤, 린다는 여행에 가져갈 샌드위치를 만든다. 양상추를 곁들인 에그샐러드 샌드위치다. 그동안 웨인은 도로 지도와 컴퓨터를 이용해 이동 경로를 계획한다. 사라와 케이티는 저녁으로 요거트와 남은 수프를 먹은 뒤, 셰리의 침대에 고양이들을 데려다놓는다. 두 사람은 셰리가 쓰다듬는 손길에 고양이들이 가르랑거리는 모습을 지켜본다. 셰리는 이불 위로 코를 들이민 우르사의 귀를 빗겨주고 얼굴에 입을 맞춘다. 두 사람은 셰리의 말을 귀기울여 듣는다. 우리 예쁜 아가씨들, 이 엄마가 사랑한다는 걸 절대로 잊지 마.

그리고 마지막 밤을 맞이한 셰리는 마침내 혼자 남게 되자 안도의 눈물을 흘린다. 5분여간 이가 딱딱 부딪칠 정도로 두려움을 느낀다. 그녀는 과거에 키웠던 모든 개의 얼굴들을 떠올리고 그들의 이름을 속삭이며 자신을 진정시킨다. 그러고는 품속에 베개를 꼭 안은 채 조용히 누워, 슬라이드 필름처럼 켜졌다 꺼지는 머릿속 장면들을 바라본다.

새벽이 밝아올 때쯤 잠깐 잠이 든 셰리는 부활절 달걀을 모으는 꿈을 꾼다. 현관의 하얀 울타리 사이에 자리 잡은 보라색 달걀, 철조망 옆 잔디에 놓인, 분홍색과 초록색을 섞어 칠해 위장 군인같아 보이는 달걀, 수도꼭지 위에 아슬아슬하지만 완벽하게 균형을 잡은 하늘색 달걀이 보인다.

그들은 마치 오리 사냥꾼이나 범죄자라도 된 듯 속삭임조차 거의 없이 칠흑 같은 어둠 속으로 출발한다. 그들은 셰리를 밴 중간의 벤치 시트에 앉힌 다음 산소통을 그녀 옆에 둔다. 셰리의 딸들은 그녀 뒤에 앉는다. 밴 문이 털컥하고 부드럽게 닫히는 소리가 들린다. 웨인이 밴에 올라타 커피를 자리에 고정시키는 동안, 린다는 창밖으로 희미한 빛 속에서 모습을 드러내는 동네를 바라본다. 단풍나무와 참나무로 둘러싸인 모서리가 반듯한 초원의 방갈로들, 독특하게 어두운 바닐라색에 흰색 장식을 더한 셰리의 작은 모퉁이 집. 셰리의 현관 주변에는 낮은 상록수들이 빽빽이 자리 잡고 있다. 모든 것이 너무나 평온하고 담백해 보인다. 부엌 창 아래 심긴 구근들처럼 숨겨진 희망으로 가득한 것 같다.

마지막으로 한 번 더 뒤돌아보는 일 따위는 하지 않는다. 그때는 그때고, 지금은 지금이다.

여기까지 오는 것만으로도 셰리는 벌써 더 많은 산소가 필요하다. 린다는 실내등을 켜고 산소통의 다이얼을 조절한다. 셰리는 메스꺼움을 견디려 고개를 숙인 채 깊은숨을 들이마신다. 사라는 뒷좌석에서 소리 없이 울기 시작하고, 케이티는 몸을 앞으로 기울여 셰리의 어깨에 손을 얹는다. 마을은 점차 광활한 시골 풍경으로 바뀌고, 그들은 정동향으로, 일출을 향해 똑바로 달린다. 솜털 같은 12월의 구름이 살굿빛으로 가장자리를 물들인다. 린다는 케이티에게 체온계를 건네고, 셰리는 잠시 고개를 들어 다시 산소 주입을 높여 달라고 부탁한다.

일리노이주를 반쯤 지날 때, 셰리는 산소통이 바닥나고 보충할 수 없으면 병원에 가야 할지도 모른다는 생각에 갑자기 공포에 휩싸인다. 여행에 필요한 모든 것을 계획할 때 필요한 산소의 양도 계산해뒀건만, 최근 며칠 사이 필요한 산소의 양이 급격히 증가했다. 병원에 가게 된다면 주치의에게 연락이 갈 테고, 주치의는 상황을 뻔히 파악할 것이다. 눈을 감은 셰리는 눈꺼풀 뒤의 어둡고 비좁은 공간 속에서, 꽉 쥔 주먹을 하늘로 치켜드는 자신의 모습을 바라본다.

웨인은 졸리엣에 있는 약국을 찾아내고, 린다는 어떻게든 산소통을 채운다. 그들이 아는 건 단 하나, 린다가 빈 산소통을 들고 들어갔다가 가득 채운 채 나왔다는 것뿐이다. 의지와 25달러만 있으면 돼. 그녀가 말한다. 이후 두 개의 주를 더 지나는 동안 셰리는 구역질을 참으려 양손에 고개를 묻는다. 사라와 케이트는 번갈아 셰리를 다독이고, 멍하고 무거운 얼굴로 앞좌석 등받이에 이마를 기댄다. 차에 오래 갇혀 있으니 미칠 것 같다. 담배 한 개비가 간절하다.

셰리는 잠깐 고개를 들고는 백미러로 웨인의 얼굴을 찾아내 그에게 말한다. "화장실 가고 싶어."

웨인은 화장실 문 바로 앞에 차를 댈 수 있는 클라크 주유소를 발견한다. 주유소는 구식이지만 개성 있고 독특하다. 두 사람이 셰리의 화장실 사용을 돕는 동안 다른 두 사람은 밴에 기대어 담배를 피운다. 셰리는 살면서 이 정도로 겁에 질려본 적이 없다. 정말이지 이건 보통 일이 아니다. 한 가지 셰리가 배운 사실이 있다면, 현재에 집중하는 게 중요하다는 것이다. 단 15분이라도 앞서가지 않을 것. 지금 그녀는 어두운 화장실 거울에 비친 자기 모습을 바라보고 있다. 그리고 지금은 차 옆에서 차가운 바람을 맞으며 장갑을 끼려 애쓰고 있다. 이제 차 문이 옆으로 열리고, 셰리는 한 걸음 물러나 딸의 얼굴을 바라본다. 그리고 그녀는 자리에 앉아 산소 튜브를 받아 들고, 주유 중인 남자와 눈이 마주친다. 얼어붙은 옥수수밭, 무너진 헛간, 어렴풋한 고가도로, 그다음으로 보이는 고속도로. 셰리는 차갑고 축축한 자기 손바닥에 고개를 묻는다. 이제 식당차와 요란한 소리를 내는 대형 트럭이 지나가고, 차 안에서는 누군가의 떨리는 한숨 소리가 들린다. 차가 콘크리트 이음새 위를 지날 때마다 타이어는 규칙적으로 덜컹거리는 소리를 낸다.

셰리는 가끔 눈을 뜨고 자기 무릎을 응시한다. 그저 정신을 붙잡고 지금 어디에 있는지 기억하기 위해서다. 밴을 구한 이유가 셰리를 눕히기 위한 것이었는데도 그녀는 도무지 누울 수가 없다. 폐는 가득 차 있고, 메스꺼움이 그녀를 압도한다. 가쁜 숨을 헐떡이며, 셰리는 머릿속에서 구불구불한 흰색 복도를 달린다. 사이렌 소리가 벽을 타고 울려 퍼진다. 그러다 갑자기 좁은 복도가 교외 뒷마당으로 연결되더니, 바닥은 잔디로 변하고 그녀는 그네 위에 앉아 있다. 그녀는 깡마른 무릎을 구부렸다 펴며 케즈 운동화를 신은 발을 하늘로 뻗는다. 그네가 맨 위로 솟구칠 때마다 그네의 체인은 한순간 느슨해진다. 그녀는 아찔한 희열을 느끼며 가쁜 숨을 몰아쉰다.

"산소량 높일까?" 린다의 목소리가 희미하게 들린다. 괴물이 아주 조금 물러선다. 셰리의 숨이 편해진다.

"고마워." 그녀는 여전히 손바닥에 머리를 묻은 채 속삭인다.

이제 그네가 멈춘다. 그녀는 그네에 그대로 앉아 두 발로 빙글빙글 돌며 체인을 꼰다. 그러다 발을 들어 올려, 머리카락이 흙에 닿을 정도로 몸을 한껏 뒤로 기울여 빙그르르 돈다. 늘어지는 8월의 하늘 아래에서 그녀는 숨이 차고 어지럽다. 그때 누군가가 손을 뻗어 라디오 소리를 키우고, 동시에 차가운 산소가 코로 흘러

들어와 몸이 활력을 되찾는다. 밴은 출구 쪽으로 방향을 틀고, 좌회전을 하고, 도로의 요철을 미끄러지듯 넘어가 오르막을 오르고, 다시 내리막을 지나 멈출 때까지 누군가가 부드러운 손길로 셰리를 붙잡아 균형을 잡아준다. 손에서 고개를 들었을 때, 밴은 퀄리티 인 호텔의 차양 밑에 정차해 있었다.

다행이다. 그녀는 다시 손바닥에 얼굴을 묻는다.

프런트 뒤에는 크리스마스 화환과 거울이 있다. 거울에는 사라 자신이라고는 믿기 어려운 웬 미친 사람 몰골이 비친다. 직원과 눈을 마주치기 전, 사라는 흐트러진 머리카락을 정리하고, 재킷을 세우고, 목을 가다듬는다. 직원은 안경을 쓰고 있는 백발의 50대 남자다.

"저희 엄마가 방을 예약하셨는데요. 셰리 트렘블이요." 사라가 말한다.

"어머님은 어디 계시는데요?" 그가 빤히 쳐다보며 묻는다.

"제가 체크인을 도와드리려고요. 머리가 아파 차에 계세요." 사라가 천천히 말한다.

직원은 계속 사라를 쳐다보다가 사무실로 들어가 누군가에게 전화를 건다. 그는 작은 목소리로 통화하면서, 프런트에서 겉옷 지퍼를 여닫으며 안절부절못하는 젊은 여자를 주시한다.

사라는 일부러 그에게서 등을 돌린다. 로비는 프랜차이즈 호텔 특유의 삭막한 분위기다. 여기저기 놓인 소파들, 화려한 조화가 놓인 유리 커피 테이블, 그리고 와플 기계와 콘플레이크가 준비된 조식 코너. 직원은 다시 프런트로 돌아온다. 그의 머리 뒤로 보이는 크리스마스 화환에는 인공 눈과 진짜처럼 반짝이는 플라스틱 과일이 장식되어 있다. 그는 지금 무슨 일이 벌어지고 있는지 알고 있다.

"죄송하지만 방을 드릴 수 없겠네요." 그가 말한다.

"왜죠?" 사라는 믿지 못하겠다는 듯 묻는다.

"케보키언 선생님과 문제가 좀 있었거든요."

대답과 함께 짓는 흡족한 표정에 사라는 덜컥 겁이 난다. 상사에게 전화하는 줄로만 알았는데, 생각해보니 경찰에 연락한 걸 수도 있었다. 그는 범인을 체포한 시민 영웅이라도 된 것처럼 흥분과 경건함이 뒤섞인 표정을 짓고 있다.

"말도 안 돼요." 사라는 뒤로 물러서며 말한다. "예약까지 했는데요?"

"네, 안 됩니다." 직원은 큰 목소리로 말한다.

사라는 밴으로 돌아와 웨인에게 어서 시동을 걸라고, 빨리 도망가자고 말한다. 셰리는 이도 저도 못하며 가쁜 숨을 몰아쉬고, 모두 크게 당황해서 주차장을 벗어나 도로로 들어선다. 어느덧 초저녁이다. 그들은 몇 분 동안 같은 곳을 맴돌다 공중전화를 발견하고, 린다는 케보키언의 비서 닐 니콜에게 음성 메시지를 남긴다. 그들은 가능한 한 오래 기다려본다. 춥고 비 내리는 황혼 속에서 밴은 공회전을 계속한다. 산소통은 점점 바닥나고 있고, 셰리는 파도처럼 몰아치는 불안감에 시달린다. 그녀는 깨닫는다. 당장 오늘 밤 죽을 수도 있다는 두려움은 내일 아침에도 여전히 살아 있을 수 있다는 두려움에 비하면 아무것도 아니라는 것을. 그녀는 천천히 몸을 앞으로 기울이다 뒤로 기대길 반복하며 마음을 다스리려 애쓴다. 아무에게도 전화가 오지 않자, 그들은 하는 수 없이 움직인다. 밴은 몇 블록을 더 이동해 오피스디포에 도착한다.

린다와 케이티와 사라는 안으로 들어가 케보키언 박사에게 팩스를 보내기로 한다. 그들은 지금 처한 곤경에 대해 대문자로 적어 내려간다.

수신자: 의사 선생님
발신자: 셰리 친구들

셰리 트렘블은 디트로이트에 있습니다. 퀄리티 인은 셰리의 체크인을 거부했어요. 몇 번이나 닐에게 전화했지만, 연락이 닿지 않았습니다. 산소도 거의 다 떨어져서 이제 작은 산소통 하나뿐이에요. 이 팩스는 블룸필드의 오피스디포에서 보냅니다.

오피스디포는 환하고 따뜻하다. 그들과 가까운 대기 줄에 선 남자는 쓰레기통과 볼펜 한 묶음을 들고 있다. 복사 코너의 직원은 그들이 건넨 팩스를 아무 말 없이 보내고, 곁눈질로 케이티를 흘끔거리며 근처에서 기다린다. 몇 걸음 떨어진 사무기기 코너에서는 같은 스키복을 입은 젊은 커플이 종이 한 장을 파쇄기에 넣고는, 그것이 길고 우아한 종이 가닥이 되어 나오는 모습을 지켜보고 있다.

전화가 울리고, 종이가 팩스 기계로 천천히 들어간다.

다행이다. 린다가 속삭인다.

노을 지는 차 옆에 서서 사라와 케이트는 닐을 기다리며 담배를 피운다. 비가 잠시 멈추고, 주차장의 조명등에 하나둘 불이 들어오더니, 모든 것을 초록빛으로 밝힌다. 자욱한 연기에 가려진 밴의 창문 너머, 셰리는 또다시 손바닥에 얼굴을 묻고 앉아 있다.

"재밌네." 케이티가 말한다.

"그러게." 사라가 대답한다.

낯선 빛에 물든 서로의 얼굴을 바라보기조차 힘들다. 그들은 서로의 기분을 이해하고 있다. 본능적이며 근본적으로 거부감이 드는, 무언가에 절박하게 이끌리는 기분이다. 케보키언이 아니라, 셰리의 죽음이라는 단순한 사실에. 케이티도 사라도 아직 완전히 받아들이지 못했다. 계획이 차질 없이 진행된다면 오늘 저녁부터 셰리는 존재하지 않는다는 사실을. 바로 오늘 저녁부터 말이다! 그들은 주차장을 오가는 사람들 얼굴을 살핀다. 느릿하게 주차 공간으로 들어가거나 빠져나가는 차량과 편지 봉투를 사러 가는 사람들. 슬슬 걱정되기 시작할 즈음 차 한 대가 멈추더니 큰 체구의 남자가 뛰어나와 그들을 껴안는다. 닐이다. 그들은 닐을 따라 케보키언의 집으로 가기로 한다.

그들은 부유한 동네를 구불구불 지나간다. 철제 대문과 앙상하고 위압적인 나무, 그리고 교외의 성채 같은 저택들이 보인다. 밴 안에서는 와이퍼가 움직이는 긴 정적 사이로 산소가 튜브를 통과하며 내는 희미한 숨소리만이 울려 퍼진다. 쓰레기 수거 날이라, 거리에서 얇게 피어오르는 밤안개 사이로 쓰레기통들이 나타났다 사라지기를 반복한다. 그들은 닐의 차를 따라 널찍한 저택들 사이에 자리 잡은 수수한 단층집 진입로로 들어선다. 갑자기 헤드라이트 앞으로 한 남자가 모습을 드러낸다. 차고에서 고개를 내민 채 이쪽을 보고 있던 그 남자는 야윈 얼굴에 눈은 움푹 들어갔고, 군인처럼 짧은 머리를 하고 있다. 그는 생기 넘치는 표정으로 그들을 향해 손짓한다. 차고 안으로 들어오라는 신호를 보내고, 얼른 몸을 비켜 길을 터준다.

텔레비전에서 본 잭 케보키언의 모습 그대로다.

안도감과 두려움이 뒤섞인 채, 모두 웃음을 터뜨린다. 셰리마저도.

그렇게 잠시나마 히스테리가 가시니 이유는 몰라도 부담감이 덜어진다. 카디건 스웨터에 빳빳이 깃을 세운 셔츠를 입은 케보키언에게서는 은퇴한 장교처럼 친근하면서도 권위 있는 분위기가 풍긴다. 그는 이 사건의 명백한 중심인물이자 통제권을 쥔 사람이다. 케보키언은 울림이 있으면서도 친절한 목소리로 닐과 함께 서 있는 정신과 의사 조지 레딩 박사를 소개한다. 오늘 일의 증인이자 조수 역할로 참석한 사람이다.

웨인은 셰리를 부축하다시피 해 거실로 데려간다. 거실에는 플라스틱 의자들이 반원 형태로 배치되어 있는데, 그중 하나에는 담요가 덮여 있어 더 편안하게 보인다. 케이티는 셰리 옆에, 사라는 그 둘의 발치에 앉는다. 아이오와에서부터 이어진 오랜 여정을 견디게 해준 알 수 없는 무감각함은 점점 사라지고 있다. 케보키언의 집은 이동식 주택에 마련된 임시 사무실 같고, 두 의사는 성경 판매원처럼 다정하면서도 수상쩍다.

셰리는 이제 완전히 깨어 있고, 겁도 나지 않는다. 의사들이 친숙하게 느껴진다. 그녀는 이상주의의 역학과 어떤 신념에 강하게 집착하는 사람들의 특성을 이해하고 있다. 그녀는 정신을 가다듬고, 자신의 의학적 상태를 또렷하게 설명한다. 그들은 이것이 온전히 셰리의 결정인지 확인하고 싶어 한다.

"네. 제 결정이에요."

그녀는 분명하게 말한다. 셰리는 와인잔 손잡이를 붙잡듯 산소 튜브를 가볍게 들어 보인다. 그리고 정신을 가다듬고는 다시 말을 잇는다.

"산소가 45분 치밖에 안 남았어요."

"시간은 충분해요." 케보키언은 다정한 목소리로 답한다. "걱정 마세요."

케이티와 사라는 눈을 동그랗게 뜬 채 몸을 떨며 서로를 마주 본다. 15분이 세 번만 지나면 45분이다. 모든 것이 그들이 감당할 수 없을 정도로 빠르게 다가오고 있다.

케보키언은 모두에게 스스로 병리학적 시술이라고 부르는 것의 절차를 설명한다. 셰리를 잠들게 하고 호흡을 잦아들게 하고 심장을 멈추게 할 약을 혼합해 정맥으로 주사할 것이다. 셰리는 그의 말에 귀를 기울이며 고개를 끄덕이고는 서명란마다 거듭 그녀의 이름을 적는다. 그녀의 머릿속에서 셰리 트렘블이라는 말이 구호처럼 울려 퍼질 때까지.

린다와 웨인도 서류에 서명해야 하며, 가장 빠른 경로로 즉시

주를 떠나야 한다고 안내받는다. 절차에 필요한 모든 서류는 이미 인쇄된 상태다. 검시관, 장례식장, 해야 할 일과 그 시점까지 상세히 정리되어 있다. 셰리는 자신의 운전면허증을 케보키언에게 건네며 신원 확인을 맡긴다. 그리고 지갑, 주소록, 안경을 사라에게 넘긴다.

이제 때가 되었다.

사라와 케이티는 울부짖으며 무너진다. 손과 입, 얼굴과 머리카락, 눈물이 뒤엉킨 혼란 속에서 마지막 인사를 건넨다. 어느 순간엔가, 두 사람 모두 셰리의 무릎 위에 몸을 웅크린 채 그녀를 끌어안고 있다. 울음소리가 너무나 격렬하고 절박해서, 다들 두 사람을 조용히 달래려 하지만, 그들을 위로하는 건 불가능한 일이다. 간신히 몸을 떼어내고 문 쪽으로 향하려다가도, 두 사람은 다시 셰리에게 돌아와 매달린다. 셰리는 두 사람의 이마에 입을 맞추고, 조용히 속삭이며, 그들을 진정시키려 한다. 이제 산소통은 32분 치 남았다.

셰리는 린다와 웨인에게 서둘러 작별 인사를 한다. 그녀는 위로 손을 뻗어 약한 힘으로 그들을 끌어안고, 두 사람이 딸들을 데리고 밖으로 나가는 모습을 지켜본다. 케이티와 사라는 차례로 그들에게서 벗어나 다시 셰리에게로 달려온다. 그리고 그녀의 발치에 무릎을 꿇고 흐느낀다.

셰리는 린다를 향해 외친다.

"우리 애들 잘 부탁해!"

"걱정하지 마."

린다는 초췌하고 절망스러운 얼굴로 대답한다. 모든 것이 날카롭게 뒤엉킨 슬픔 속에서 흐려진다. 휘청이는 집, 격렬하게 들썩이는 케이티의 어깨, 충격에 얼어붙은 사라의 얼굴, 그들을 방에서 데리고 나가려고 하는 웨인의 팔, 그리고 가슴속에 갇혀 새처럼 퍼덕거리는, 미처 하지 못한 린다의 마지막 작별 인사.

문 앞에서 사라는 다시 뒤로 돌아 셰리를 향한다. 이런 식으로 떠날 순 없어. 사라가 생각한다. 그럴 수는 없어.

"사라!"

날카로운 셰리의 외침에 사라가 멈춰 선다. 셰리는 담요 덮인 의자에 앉아 있고, 세 남자는 그녀의 뒤편, 어둠 속에 서 있다. 이런 식으로 떠날 순 없는데. 하지만 엄마의 표정을 본 순간, 사라는 이미 늦었다는 사실을 깨닫는다.

셰리는 이미 그들을 떠나고 있다.

———

그들이 떠나고 나자 집 안은 아름답고 기묘한 침묵으로 가득 찬다. 마치 파이프 오르간의 마지막 울림이 사라진 후 찾아오는 공허하고 긴장감 도는 순간 같다. 혼자가 됐네. 셰리는 생각한다. 갑자기 심장이 말발굽 뛰듯 쿵쾅거리고, 머리는 연약한 목으로 견딜 수 없을 만큼 무겁게 느껴진다. 가족도 없고, 친구도 없고, 출구도 없다. 오직 이 길을 통과하는 것뿐. 그녀는 기절할 듯 몸을 앞으로 푹 숙였다가 곧바로 몸을 일으켜 세운다. 마치 술에 취한 사람이 억지로 정신을 차리려는 모습 같다. 제발. 그녀는 마음속으로 되뇌며, 자신이 단정하고 평온하게 앉아 있는 모습을 상상한다. 미안.

처음 그들의 손길이 닿는 순간, 셰리는 움찔하며 비명을 지르지만, 그들이 부드럽게 다독이자 곧 차분해진다. 두 사람은 그녀를 부축해 복도를 따라 작은 침실로 안내한다. 베개를 받쳐 그녀의 호흡을 편안하게 해준 다음, 둥글게 만 이불을 그녀의 무릎 밑에 넣고, 얇고 포근한 파란색 침대보를 덮어준다.

케보키언이 그녀 옆에 앉는다. 그는 현재 산소통이 18분 남았다고 설명한 뒤, 10분 남았을 때 마음의 준비가 되면 절차를 시작하겠다고 말한다. 셰리는 반쯤 눈을 감고 손을 뻗어 낯선 이에 불과한 케보키언의 손을 깍지 껴 잡는다. 셰리는 말로 설명하지 못할 압도감을 느낀다. 그녀는 꼼짝없이 머릿속에 스쳐 지나가는 장면을 응시하며 왼손으로 침대보 주름을 그러쥔다.

처음에는 아무 의미 없고 정신없는 전기 신호에 불과했던 것이 기억의 형태로 나타난다. 점토 벽 위에서 개처럼 헐떡이는 멕시코 도마뱀, 먼지투성이가 된 두 발목, 스포츠 재킷 차림으로 새끼 고양이를 어르는 아버지, 밤하늘 아래 불꽃놀이 막대를 들고 화려한 필기체로 커다랗게 그녀의 이름을 쓰는 션 오빠. 그리고 쓰자마자 사라지는 글자들. 불현듯 통증이 사라진다. 몸에서 통증이 완전히 빠져나가, 속이 텅 비고 몸이 가벼워진 느낌이다. 공중에서 태어난 듯, 머리는 누군가의 팔꿈치 안쪽에 기대고 다리는 태아처럼 구부린다. 누군가의 손바닥이 가벼운 천에 덮인 그녀의 발을 가만히 감싼다. 넋이 나간 듯, 그녀는 마지막 순간을 어머니의 젊은 얼굴을 올려다보며 보낸다.

셰리?

여전히 어머니를 바라보며, 셰리는 고개를 끄덕인다. 누군가 그녀의 팔을 잡는다.

주삿바늘은 차갑고, 순식간에 그녀는 감각을 잃는다. 두꺼운 얼음층이 그녀와 남자들을 분리한다. 셰리는 비좁은 공기주머니 속에서 천천히 호흡하고, 머리 위로 화려한 스케이트를 신은 아이들이 모여든다. 그녀는 얼음 밑에 볼을 댄 채 잠시 거기 머문다. 그러다 곧 누군가의 손이 내려와 그녀를 아래로 밀어 넣는다.

아마 일어났는지도 모르는 일

그녀는 그저 아이였을지 모른다. 그렇게 온순한 편이 아니었을지 모른다. 어느 날 오후 그녀는 온순한 연상의 사촌 둘과 함께 밖에서 놀고 있었는지 모른다. 아기 역할인 그녀를 돌보는 척하는 놀이에 세 아이는 지나치게 빠져들었는지도 모른다. 그래서 그녀는 옹알이를 했고, 그들은 그녀의 매끈한 민머리에 리본을 매주고 그녀를 손수레에 태워 밀었는지 모른다. 용변이 급해졌을 때, 그녀는 어쩌면 양해를 구하고 손수레에서 내려 화장실로 가는 대신 정말로 아기 역할을 충실히 하기로 마음먹었는지 모른다. 그래서 바지에 실례를 했는지도 모른다.

사촌 두 명 중 하나는 아홉 살, 다른 하나는 일곱 살이었을 수 있다. 패션에 민감한 아홉 살짜리 사촌은 셔벗 같은 오렌지색 치마에 주름 장식이 달린 배꼽티를 입어 실제 나이보다 더 세련돼 보였을 수 있다. 다른 사촌은 흰색 민소매 블라우스, 주름진 회색 반바지, 하늘색 테 안경을 써서 일곱 살짜리 선생님 같아 보였을 수 있다. 두 아이 다 다른 사람 집에 처박혀 작은 아이와 놀아주는 것밖에는 아무것도 할 수 없어 지루했을 수 있다. 작은 아이는 두 사촌이 그녀를 강아지처럼 쓰다듬는 동안 거기 앉아서 소변을 누었을 수 있다. 두 사촌은 엄마 놀이를 그만두고 현관 계단에 앉아 눈을 찡그린 채 여름 햇볕을 바라보며 사진 찍히기를 기다렸을 수 있다. 그래서 여러 해가 지난 후에 한 명은 비즈로 만든 팔찌를, 다른 한 명은 비즈로 만든 목걸이를 하고 있는 그날의 모습을 사진으로 보았을 수도 있다.

어쩌면 아기가 아니었던 아기는 아기였을 때처럼 우유 상자 위로 올라가 창문으로 엄마와 이모를 쳐다봤을 것이다. 어쩌면 그녀의 엄마는 부엌 테이블에 앉아 비닐 식탁보 사이로 머리를 내밀고서 이 이야기 속 사람들과 이 이야기를 읽고 있는 사람들보다 더 오래 살아남을 분홍색 멜맥 컵으로 커피를 마시고 있었을 것이다. 어쩌면 엄마는 자주 피우던 담배를 이모에게 내밀었을 것이고, 비닐장갑을 낀 채 염색약을 섞고 있던 이모는 그럴 때마다 담배를 받아 한 모금씩 빨아들였을 것이다. 어쩌면 엄마와 이모가 좋아했던 술이 담긴 납작한 술병이 테이블에 놓여 있었을 것이다. 어쩌면 그들은 '애들이 죽으면 안 되니' 술에 커피를 섞었을 것이다. 어쩌면 그들의 바로 뒤에는 땅딸막한 초록색 가구와 햇빛을 가린 장미 무늬 커튼으로 장식된 작고 깔끔한 거실이 있었을 것이다. 어쩌면 집을 쭉 통과해 정문 근처까지 가면 다이얼이 달린 무거운 검은색 전화기가 놓인 테이블이 있었을 것이다. 어쩌면 전화기는 금속 우유 상자 위에서 축축한 바지를 입고 있는 아이가 옮길 수 없을 만큼 무거웠을 것이다. 어쩌면 엄마도 전화기 다이얼을 돌리려면 뭉툭한 연필을 사용해야 했을 것이다. 어쩌면 전화기는 조그마한 집 안에서 갑작스레 시끄럽게 울려 모두를 놀라게 하고, 우유 상자를 흔들리게 하고, 그래서 엄마는 어두운 갈색으로 머리를 염색하다가 '제기랄' 하고 크게 외쳤을 것이다.

그때 우유 상자가 기울어져 그 위에 있던 아이가 뒷문 옆 흙바닥에 내던져졌을 가능성이 크다. 그 바람에 아이의 오른쪽 무릎에 자갈이 박혀 동그란 모양의 창백하고 파란 상처가 생겼고, 아이는 두 개의 점 근처에 생긴 그 상처를 보며 무릎이 놀란 표정을 짓는다고 생각했을 가능성이 크다. 비닐 식탁보를 어깨에 두르고 있던 엄마가 한쪽 벽을 짙은 녹색으로 칠한 거실을 가로질러 전화기를 향해 걸어갔을 가능성도 크다. 이모는 거기 그대로 앉아서 염색약 그릇과 염색약을 바르던 도구를 내려놓았고, 덕분에 엄마가 전화를 받은 다음 '여보세요'라고 말한 후 상대방의 말이 들리길 기다리는 동안, 장갑을 벗고 뒷문으로 나가 날카로운 돌 위로 넘어져 통곡하고 있는 아이를 안아 들었을 가능성도 크다. 그날 오후 이모는 바지에 실례를 한 아이를 안아 들고, 아이가 무릎의 피가 멎었는데도 여전히 우는 이유를 몰라 아주 오랫동안 혼란스러웠을 가능성이 크다.

아니, 그런 일이 있었던가? 아마도 커피가 여자들을 나른하게 하고, 장미 덩굴 향기가 암모니아 냄새와 섞이고, 소녀들은 엄마인 척하고 엄마들은 완전히 다른 무언가인 척하던 더운 여름날 오후에는 어쩌면 무슨 일이라도 일어났을 수 있다.

하지만 다시 생각하면, 어쩌면 그럴 가능성이 전혀 없었을 수도 있다.

레슬링의 무덤

조앤은 삽으로 침입자의 머리를 내리쳤다. 원래는 고속도로의 방해물을 치우려고 자동차 트렁크에 보관하던 것이었다. 뉴욕 외곽에는 거북이들이 갈대가 우거진 연못을 떠나 느릿느릿 시골을 떠도는 시기가 있었다. 거북이들은 도자기 파편처럼 도로에 흩어져 있었다. 상자거북은 손으로 집을 수 있지만, 늑대거북을 도랑으로 옮기려면 삽이 필요했다. 다행히 마침 트렁크에서 삽을 꺼낸 참이었다. 퇴비 문제 때문이었다. 조앤의 이웃이 퇴비 통에서 나는 악취가 너무 심하다며 불평한 것이다. 토마토와 옥수수 속대, 커피 찌꺼기가 섞여 발효되며 코를 찌르는 악취가 진동했다. 배수로 청소용 호스의 부착물을 빌려주러 온 이웃은 삽을 이용해 음식물 쓰레기와 흙을 조금씩 번갈아 넣으라고 제안했다. 그런 연유로 삽은 부엌으로 난 문 바로 옆에 기대어 세워져 있었다. 삽 끝은 입구가 찢어진 23킬로그램짜리 토탄 자루에 살짝 묻혀 있었다. 자루를 그렇게 찢어서 연 것은 조앤이 아니었다. 그녀는 그런 사람이 아니었다. 그녀는 양서류를 구조하기 위해 트렁크에 삽을 챙겨 다니는 사람이었다. 자루 입구를 찢은 것은 조앤의 남편이었다. 그는 때때로 빵 봉지 끈이 엉켜 있기라도 하면 그냥 봉지 옆을 찢어서 열 만큼 참을성이 없는 사람이었다. 그리 매력적인 성품의 소유자는 아니었지만, 찢어진 자루의 틈새를 본 이 순간만큼은 남편의 것을 보호해야겠다는 본능이 솟구쳤다. 그의 아내, 즉 자신을 구해야만 한다는 본능! 그래서 그녀는 인체공학적인 손잡이가 달린 티타늄 삽을 들고 부엌으로 들어갔다.

낯선 남자는 조앤에게 등을 돌린 채 서서 냉장고 안을 쳐다보고 있었다. 그가 조앤의 인기척을 느끼긴 했지만 아직 돌아서지는 않은 찰나, 벌새가 먹이통을 공격적으로 빨아대는 기계적인 윙윙 소리가 들렸다. 벌새들은 성격이 나빠서 언제나 나팔꽃 덩굴과 먹이통 주변에서 서로를 쫓아내려고 쪼아댔다. 그들의 엄지손가락만 한 몸뚱이는 악의로 번쩍거렸다. 낯선 남자를 얼마나 세게 때려야 하는지 감을 잡을 수가 없었다. 처음에는 그를 때리는 것이 너무 끔찍한 일 같았지만, 한편으로는 멋진 일처럼, 불가피한 일처럼 느껴지기도 했다. 삽으로 내리쳐야만 했다. 그러지 않으면 그녀가 목이 졸린 것만으로는 죽지 않았다는 사실을 알아차리고 다시 그녀를, 아니면 개를 공격하러 돌아올지도 몰랐다. 그는 개들을 싫어하는 것 같았다. 몸집이 큰 필그림은 그를 공격했다가 몇 차례나 발로 차였다. 마치 그저 별 생각 없이 주어진 임무를 수행하는 듯 잔인하고 일상적인 움직임이었다. 필그림은 길게 울부짖으며 어두운 덩굴 안쪽으로 물러났다. 몸집이 작은 스폭은 옆문을 발톱으로 긁어 기다랗게 달아오른 홈집을 내며 낑낑거렸다. 그 홈집은 조앤의 머릿속에 이미지로 각인되었다. 이 순간에도 그녀의 마음 한구석은 집 관리에 머물러 있었다.

조앤은 결심했다. 낯선 남자가 목덜미 털을 눈에 겨우 보일 정도로 곤두세우며 냉장고에서 몸을 돌려 그녀를 향하려는 그 찰나의 순간을 노려 그의 머리를 내리치기로. 그녀는 가냘픈 여자였다…. 정확히 말하면 옛날에는 그랬다. 보는 사람에 따라 다르겠지만, 지금은 중년 같았다. 그녀의 팔다리는 여전히 탄탄했지만, 몸통은 휴지 심 같았다. 조앤의 아름다움은 그녀 자신이 알아차리기도 전에 사라져버렸다. 옛날 사진들을 보던 조앤은 자신이 늘씬하고 감정이 풍부한, 머리칼에 윤기가 흐르는 여자였다는 사실을 깨달았다. 그 시절에는 스스로가 푸석푸석하고 벌레 같은 얼굴에 볼품없이 깡마른 사람이라고 생각했는데 말이다.

온 힘을 다해 내리치기에는 망설여졌다. 그것은 그녀의 본성과 반대되는 일이었다. 우선 그녀가 여자라는 것부터 그랬다. 하지만 선택의 여지가 없었다. 삽은커녕 주먹으로조차도 누군가를 때려본 적이 없었던 그녀는 전력을 다할 경우 혹은 전력을 다하지 않을 경우 어떤 결과가 나올지 알 수 없었다. 그러니 온전히, 철저히 힘껏 내리치는 게 이치에 맞았다. 그러지 않으면 잠시 기절시키거나 화나게 하는 데 그칠 수도 있었다. 그녀는 한 걸음 앞으로 나아가며 수년 전 미술관에서 일할 때 배웠던 지렛대 원리를 떠올리고는 삽의 손잡이 맨 끝을 붙잡았다.

"망치가 네 일을 대신해줄 거야."

로이는 조앤에게 망치의 끄트머리를 잡고 휘둘러서 망치 머리의 무게로 가속도를 붙이는 방법을 알려줬다. 로이는 아이오와 출신 사람치고는 꽤 자유분방했다. 머리카락을 곧게 뻗어 올려 금빛 불꽃처럼 보이게 했고, 상어 가죽 셔츠에 밑단을 접어 올린 헐렁한 바지를 입었다. 그는 주변에서 찾은 재료로 조각상을 만들었다. 야구를 주제로 한 크고 복잡하고 아름다운 집합체였다. 미술관 관장이었던 로이는 흥분할 때면 뛰어올라 벽을 타고 달리곤 했다. 그 바람에 벽에 운동화 자국이 남으면 조앤이 그 위를 페인트로 덧칠했다. 전시회 준비를 마치고 나면 로이는 가장 키가 큰 사다리를 타고 스카이콩콩을 타듯 뛰어다니며 줄줄이 이어진 트랙 조명 밑에서 작품이 제대로 빛을 받을 수 있도록 커다란 전등을 차례대로 조정했다. 로이와 함께 일하는 5년 동안 조앤은 그가 그녀의 집 안에서만큼은 자전거를 타지 못하도록 규칙을 세워야만 했다.

무심코 삽자루를 그러쥘 수도 있었다. 위플볼을 제대로 쳐서 투수(약에 취했지만 품위 있었던 친구 커트)의 얼굴을 맞히려면 방망이를 짧게 잡아야 한다고, 첫 남편이 귀에 못이 박히도록 말한 걸 생각하면 그럴 만했다. 그 대신 조앤은 로이의 충고를 생각했다. 그녀는 미술관의 낡은 망치를 휘두를 때 느꼈던 파괴적이고 안정적인 무게를 기억했다. 조앤은 삽을 귀까지 높이 들어 올리고, 온몸의 무게를 실어 휘둘렀다.

그렇게까지 사소한 것이 눈에 띌 수 있을까 싶었다. 획 돌아선 남자의 손에는 개별 포장된 치즈 한 장이 들려 있었다. 사실 조앤은 그 치즈를 부끄러워했다. 치즈를 쇼핑 카트에 담으며 아는 사람을 마주치지 않기를 바랐다. 만일 누군가와 마주친다면 가끔 너무 귀찮아서 진짜 치즈 대신 가공 치즈를 사 먹는 습관을 들키고 말 것이었다. 조앤은 그저 비닐 껍질을 벗긴 주황색의 사각형 치즈를 빵에 바로 올려 먹는 게 편할 뿐이었다. 남편은 그녀가 그런 형편없는 음식을 먹는다는 사실을 믿기 어려워했다. 어제도 조앤이 그 치즈로 샌드위치를 만들자 남편은 그녀의 어깨 너머로 "이거보다는 더 잘 해 먹을 수 있지 않아?"라고 말했다.

남자가 조앤의 비밀스러운 치즈를 들고 획 돌아서자 냉장고 문은 벽에 부딪혔고, 삽은 땡그랑거리는 소리를 냈다. 그 정도로 그를 세게 때린 것이다.

뼈에 닿은 티타늄 삽은 종의 추처럼 울렸다. 삽으로 머리를 때리면 끽해야 멜론을 칠 때 같은 소리가 날 줄 알았지만, 틀린 생각이었다. 사람의 머리를 삽으로 때렸을 때 날 수 있는 가장 끔찍한 소리는 이런 것이었다. 마치 무덤 파는 사람이 바위를 쳤을 때 날 것 같은, 먹먹한 종소리.

더 불쾌하기는 했겠지만, 차라리 멜론 때리는 소리가 나았을 수도 있었다. 종 울리는 소리라니. 이 사람 머리가 원래 단단해서 삽에 맞아도 끄떡없는 거라면 어쩌지? 언젠가 조앤은 거북이를 뒤집어 들어 올린 적이 있었다. 거북이는 등껍질 속으로 들어가는 대신 조앤을 향해 고개를 축 늘어뜨린 채 주둥이를 계속 열었다

닫았다 했다. 그녀가 키 큰 풀밭에 거북이를 똑바로 내려놓자, 거북이는 번개처럼 발을 내밀더니 삽을 향해 대들었다. 순간적으로, 티타늄으로 된 삽 머리와 나무 손잡이로 그 강력한 거북이의 힘과 분노가 전해졌다. 거북이는 마치 요크셔테리어가 매듭 묶인 양말을 흔들듯이 삽을 흔들었고, 선사 시대 거북이처럼 걸어갔다. 그 움직임에 키 큰 풀들이 몸을 떨었다.

손에 조앤의 피를 묻힌 낯선 남자는 여전히 엄지와 검지로 치즈 조각을 쥐고 있었다. 삽은 관자놀이를 강타했고, 그는 옆으로 날아가지 않았다. 조앤은 내심 그런 상황을 기대했다. 이 남자가 옆으로 날아가서 시리얼이랑 와인잔이 있는 찬장에 부딪히지 않을까. 하지만 조앤은 그런 건 여태껏 만화에서만 보았다. 물론 이런 생각 하나하나가 그녀의 머리를 스치고 있는 것은 아니었다. 신경세포 단위의 인식, 이해의 파동에 가까웠다. 그 이해에 사고(思考)가 없을 뿐. 아무 사고도, 망설임도 없었다. 그 순간, 조앤은 정자나 귀상어처럼 살아남기 위해 프로그램된 단순한 유기체같이 움직이고 있었다.

처음 뉴욕에 왔을 때 조앤은 호숫가에 살았다. 아이오와에서 이혼한 뒤였고, 새로운 남편을 만나 그의 널찍한 농가로 이사하기 전이었다. 그녀가 임대한 복층 건물의 윗층은 언덕 옆에 자리하고 있었다. 집을 둘러싼 느릅나무와 참나무 같은 키 큰 나무들이 울창한 초록 차양을 만들어, 모든 것에 언제나 짙은 그늘을 드리웠다. 그녀는 매일 아침 부두 기둥 저 아래를 때리는 라운드 호수의 물소리에 잠에서 깼다. 아이오와에서의 분주하고 수다스러운 삶 이후, 그 소리가 빚어내는 쓸쓸함은 마치 얼굴에 차가운 화장품을 바르는 것 같았다. 그녀의 곁을 지키는 건 오직 자기 자신, 그리고 머릿속에서 나방이 퍼덕이는 차분한 느낌뿐이었다. 그녀는 이를 우울이나 불안 중 하나로 여기기보다, 두 감정의 균형으로 받아들였다. 몇 시간이고 책상 앞에 가만히 앉아 있거나 니스를 칠한 베란다에 서서 이끼 낀 길이나 흔들리는 푸른 호수를 내려다보는 일종의 정체 상태 말이다.

예전에는 그렇게 멍하니 바라만 보면서 서 있었던 적은 한 번도 없었다. 아이오와에서는 모든 게 그 본질까지 노출되어 눈에 선명히 보였다. 숨겨진 맥락도 없었고, 움푹한 단조로움을 깨는 것이라곤 미묘한 지형적 파동뿐이었다. 새 떼처럼 일제히 기우는 옥수숫대, 멀리 간간이 눈에 띄는 데칼브 씨앗 회사 표지판, 가끔은 노란 고양이가 도랑을 따라 살금살금 걸어가는 모습. 이곳 뉴욕 외곽은 끝없는 그림자와 낮은 천장, 뱀 구멍으로 가득한 음울한 돌담, 도로 위로 굽은 나무로 가득했다. 모든 것이 모든 것 안으로 자라 사육장같이 갇힌 분위기를 자아냈다.

어느 날 집주인이 고용한 남자가 나무와 덤불을 제거하러 찾아왔다. 그는 오전 내내 그루터기에 앉아 낫을 갈았다. 그러고는 전기톱 날 마디마디를 기름칠했다. 남자는 내내 이어폰으로 무언가를 들으며 커다랗고 더러운 컵에 담긴 것을 마셨다. 어쩌면 그 뚜껑 달린 컵에 담긴 건 커피가 아니라 커피에 무언가를 섞은 것일 수도 있었다. 나무를 벨 때 계산을 잘못했기 때문이다. 나무는 오두막과 냇가 사이의 좁고 휑한 골짜기를 따라서 언덕 바로 밑으로 쓰러져야 했는데, 그 대신 비스듬히 쓰러지면서 우렁찬 천둥 같은 소리와 함께 옆에 있던 참나무의 몸통에 부딪혔다. 그 참나무는 다른 나무를 향해 쓰러졌고, 그 다른 나무는 '쩍' 하는 소리를 내며 또 다른 나무에 부딪혔다. 결국 네 그루 전부 페티코트를 입은 거구의 소녀들이 서로의 발에 걸려 넘어지듯 크게 바스락거리는 소리와 함께 땅으로 쓰러졌다.

부엌의 낯선 남자도 꼭 벌목당한 나무처럼 쓰러졌다. 머리 옆에서 당한 일격, 관자놀이를 내려친 삽의 평평한 면, 냉장고와 조리대 사이로 비스듬히 쓰러지는 남자. 조리대에는 그날의 초라한 점심 식사의 잔해가 널려 있었다. 냉장고에 남아 있던 연한 두부 몇 조각이었다. 접시를 식탁으로 가져가는 동안 음식이 흔들리는 바람에 보기 흉해졌지만, 조앤은 신문에 집중하느라 딱히 개의치 않고 먹었다. 하마터면 그게 그녀의 마지막 식사가 될 뻔했다. 부검의가 그녀의 위에서 두부 마카로니를 발견했을 것이었다. 처음부터 끝까지 채식주의자였던 그녀에 걸맞게도.

어린 시절 중서부에 살았던 조앤은 닭들이 긁어낸 자국으로 가득한 조부모님의 마당에서, 음식이 아직 지각이 있는 상태일 때를 알게 되었다. 조앤은 명상하듯 꼬꼬댁 소리를 내는 흰 암탉을 좋아했다. 암탉들은 붉은 볏과 노란 다리를 리듬감 있게 까딱거리며 걸어 다녔다. 닭장에서 6미터 떨어진 곳에는 돼지를 키우는 흙밭이 있었다. 돼지들은 작고 장난기 많은 눈을 빛내며 고무 같은 분홍빛 코를 울타리 사이로 삐죽 내밀었다. 작고 비스듬하게 낸 지붕 밑 공간이 돼지들의 집이었다. 돼지들은 새끼를 낳았고, 조앤의 할아버지는 그녀가 새끼들을 쓰다듬을 수 있도록 잡아주곤 했다. 새끼들을 쓰다듬은 조앤은 당황스럽고 미안해 어쩔 줄 몰랐다. 새끼들은 극심한 공포에 질려 꽥꽥댔고 엄마 돼지들은 코를 킁킁거리며 서로를 물었다. 그 옆 우리에는 소들이 있었다. 소들은 낮은 언덕 같은 거름 더미 위에 서서 잇자국이 난 울타리 사이를 응시했다. 귀에는 밝은 금속 꼬리표가 달려 있었다. 꼬리표의 색깔은 소들이 그 몸뚱이에서 쫓겨나는 날짜를 뜻했다.

가끔 도축업자로 일하는 조앤의 할아버지는 작은 밴을 몰고 농장을 돌아다니며 돈을 받고 동물을 죽였다. 조앤에게는 비밀이었다. 사람 손길을 싫어하는 새끼 돼지를 억지로 쓰다듬는 것조차 힘들어하는 아이였으니까. 하지만 조앤은 언젠가 한 번, 언뜻 무언가 이상한 것을 보았다. 털이 깎인 채 피에 물든, 실의에 빠진 양 떼, 목에 노끈을 두른 채 기다란 다리를 후들거리는 길 잃은 송아지, 북슬북슬한 두 다리가 묶인 채 흙바닥에 옆으로 누워 있는 양. 조앤이 다가가자, 그 양은 고개를 들고 조앤을 쳐다보았다. 바로 그 순간 조앤의 할머니가 다급하게 그녀를 부르기 시작했다. 그녀는 마치 혼잡한 도로에 선 강아지를 부르듯 경쾌한 목소리를 꾸며냈다.

"아가, 이리 오렴!" 그녀는 명랑하게 소리쳤다. "아가, 할머니한테 오렴!"

근처 어딘가에 밧줄이 있을 텐데. 어디였더라? 조앤의 몸에서 아드레날린이 빠져나가는 것이 느껴졌다. 남자는 그녀를 죽이려 했다. 순간, 조앤은 거의 기절할 뻔했다. 할머니는 그녀를 '아가'라고 불렀다. 조앤은 주름 장식이 달린 배꼽티를 입은 작은 소녀였다. 눈을 찡그리고 땅을 바라보는 그녀와 그 옆에서 헐렁한 바지를 입은 누군가가 기다란 물고기를 든 사진이 있었다. 그 사람은 물고기의 아가미를 잡고 있었다. 꼬리지느러미는 살아 있다는 것을 겨우 알아차릴 만큼만 구부러져 있었다. 물고기는 조앤의 키만 했다. 조앤의 엄마는 사진 뒷면에 '보물들'이라 적어놓았다.

남자가 정신을 차리기 전에 그를 결박해야 했다. 밧줄, 밧줄, 밧줄. 차마 밧줄을 찾기 위해 부엌에서 나와 공구 창고까지 갈 엄두가 나지 않았다. 그가 깨어날까 봐, 그녀가 부엌으로 돌아왔을 때 그가 여기에 없을까 봐. 그녀를 포함한 모두가 보았다. 텅 빈 리놀륨 바닥, 끔찍한 현실을 알아차리는 순간 뒷덜미를 잡는 손길, 목 주변을 감싸는 손, 바닥에서 들어 올려지는, 물고기처럼 숨을 헐떡이는 여자. 조앤은 삽을 집어 들고 다시 그를 내리쳤다. 이번에는 삽을 가까스로 들어 올려 어깨를 비스듬히 쳤다.

그는 동요하며 리놀륨 바닥 위로 더 깊숙이 쓰러졌다. 마치 모래주머니 같았다. 어린 시절 금요일 밤마다 보던 싸움이 떠올랐다. 새틴 반바지를 입은 남자들은 주먹으로 상대의 배를 연거푸 치다가 서로 끌어안기를 반복했다. 이 싸움의 열렬한 팬이었던 조앤의 아버지는 초록색 안락의자에 앉아 하얀 테리어를 무릎 위에 앉힌 채 크고 깊은 그릇에 아이스크림을 담아 먹으며 발가락으로 반대쪽 발등을 긁어댔다. 조앤이나 그녀의 형제자매들이 방으로 들어와 가만히 텔레비전을 쳐다보고 있으면, 아빠는 화면 속 남자가 의자를 향해 쓰러지거나, 부은 머리를 가슴께로 늘어뜨린 채 비틀거리거나, 심판이 무거운 글러브를 낀 그의 스파게티 같은 팔을 들어 올릴 때, 무슨 일이 일어나고 있는지 설명해주곤 했다.

"이 남자가 저 남자를 한 방 먹였어." 그녀의 아빠는 말했다.

조앤은 아빠를 사랑했다. 다정한 그는 가망 없을 정도로 술에 절어 살던 주정뱅이였다. 그는 오랫동안 술을 입에도 대지 않아 모두를 헷갈리게 했고, 덕분에 엄마는 명랑했다가도 끝없는 욕설을 퍼붓기를 오락가락 반복했다. 그 시절 많은 가족이 그랬듯 조앤의 가족도 불안정했지만, 적어도 흰 테리어와 파란 앵무새가 있었다. 조앤의 엄마는 딸들과 딸들의 인형들에게까지 똑같은 플란넬 잠옷을 만들어줬고, 일요일 아침마다 파이를 구워줬으며, 매년 12월이 되면 앞마당에 모형 산타를 세웠다. 조앤의 아빠는 술을 마시지 않을 때면 전형적인 취미 원예가로 변신했다. 그는 새 모이통을 만들었고, 토마토 지지대를 세웠다. 양동이는 수도꼭지에 깔끔하게 걸어뒀고, 아이들이나 노래를 듣고 싶어 하는 사람이면 누구에게든 종이 인형과 음주에 관한 노래를 불러줬다. 아빠는 조앤이 자꾸 면도를 방해하자 목에 두른 수건을 꼬아 그녀를 향해 휘두른 적이 있다. 하키 마스크를 쓴 채 정육점 칼을 들고 조앤을 쫓는 것만큼이나 그답지 않은 행동이었다. 조앤은 몸이 아파올 때까지 흐느꼈고, 그날은 학교에 갈 수 없었다. 그녀는 어두운 거실 소파에 웅크리고 앉아 텔레비전 재방송 프로그램을 시청했다.

이 남자를 한 방 먹여 죽였을지도 모른다는 생각이 들었다. 바닥에 쓰러진 자세가 너무 평온해 보였기 때문이다. 그는 위층 서재로 걸어 들어왔다. "여기 있어"나 "이봐, 나 왔어"나 "그래, 왔다"같이 퉁명스럽고 맡겨둔 것이 있다는 듯한 말로 그녀를 궁지에 몰아넣었다. 한동안 조앤은 극심한 혼란에 빠졌다. 그가 누구인지도 기억나지 않고, 무슨 일로 그녀를 찾아온 건지도 알 수 없어 당황스러웠다.

"죄송한데요." 조앤은 멈칫거리며 말했다. "우리가 무슨 얘길 했었는지 기억이 안 나요."

그가 약속한 적이 있던가? 무릎 위에 원고를 올려놓고 안락한 의자에 앉은 조앤에게로 와 씩 웃겠노라고? 그녀가 일어서려 하자, 남자는 앞으로 다가와 그녀를 부드럽게 밀었다. 그의 손가락이 조앤의 가슴뼈에 닿았다. 그녀는 여전히 혼란스러워하며 주저앉았다. 누구더라?

그러다 조앤의 정신이 갑자기 또렷해졌다. 그 남자는 분명 낯선 사람이었으며, 그녀의 집으로 들어와 위층으로 올라왔다. 이제는 그녀에게 말을 걸고 있었고, 그녀가 일어서려 하자 밀어서 주저앉혔다. 상황이 확실해지자, 단단히 조여오는 공황이 찾아왔다. 그녀는 소리를 지른 뒤 남자의 다리를 차며 의자에서 벗어나려 했다. 남자는 조앤의 뒷머리를 잡고 그녀를 벽으로 밀어붙였다. 그녀는 코를 보호하려 손을 올렸지만, 코가 부러지는 것을 막지는 못했다. 전적으로 시각적인 경험이었다. 아무것도 느껴지지 않았다. 파라솔과 장미가 줄지어 그려진 40년도 넘은 벽지가 그녀를 향해 다가오는 것도, 그 이후에 느껴진 밝고 노란 폭발도, 찰나에 힘이 빠져버린 무릎도. 조앤은 그의 앞에서 쪼그려 앉은 채 한 손으로는 코를 잡았고, 다른 손은 수업 중 질문하는 학생처럼 앞으로 치켜들었다.

초등학교 2학년이었을 때, 조앤은 다넬 선생님께 화장실에 가도 되냐고 묻고 싶었지만 차마 손을 들지 못했다. 끝없는 수업, 책상을 열어젖히는 학생들, 책을 들어 올리는 학생들, 책장을 넘길 때마다 바스락거리는 소리, 분필, 그리고 지우개. 수학 교과서가 언어 교과서로 바뀌는 모습, 점심 종이 울릴 때까지 버티는 것은 불가능하다는 냉혹한 현실. 참을 수도, 허락을 구할 수도 없는 상황. 따뜻하고 거센 강물에서 익사하는 기분. 결국 조앤은 포기했다. 조앤이 칠판을 뚫어져라 쳐다보는 동안, 노랗고 흉측한 물줄기는 천천히 그녀의 책상 옆 통로를 따라 조앤의 책상을 지났고 그 앞의 책상까지 흘렀다.

집에서 점심 식사를 마친 그날 오후, 엉망이 된 걸스카우트 단복은 세탁 바구니 안에 구겨 넣었고, 조용히 그녀 곁을 지켜주는 작은 여자 친구들과 함께 운동장을 지나 교실로 돌아왔다. 기적적이게도 그녀 책상 주변 바닥은 깨끗이 청소되어 있었다. 뒤이은 미술 시간, 학생들이 정신없이 돌아다니며 종이를 찢고 서툰 손길로 풀을 발라대는 동안 다넬 선생님은 조앤의 옆에 쪼그리고 앉아 속삭였다.

"절대로 손 드는 걸 두려워하지 말렴."

그는 조앤이 치켜든 팔을 잡고 그녀의 등 뒤로 비틀었다. 그러고는 그녀가 비명을 지를 때까지 팔을 위로 잡아당기며, 그의 두꺼운 부츠로 조앤의 오른발을 밟아 꼼짝 못 하게 만들었다. 조앤은 몸부림쳐 빠져나가려는 충동을 억누르려 애썼다. 남자의 팔과 손은 강철 같았다. 마치 감옥 창살에 몸이 문드러지는 기분이었다. 그는 조앤의 팔 근육을 찢고 있었고, 섬세한 발등뼈를 으스러뜨리고 있었다. 팔을 놓아주기만 한다면, 부츠를 들어 올려주기만 하면 좋을 텐데! 조앤은 숨을 헐떡이며 미친 듯이 몸부림치다가 움직임을 멈췄다.

첫 남편과 조앤은 함께 약에 취하거나, 사탕을 먹거나, 상대가 게임에 도전하도록 부추기는 걸 즐겼다. 가만히 서 있다가 소파를 뛰어넘거나, 양철 지붕 위로 흙덩이를 던지거나, 농가의 식탁 없는 다이닝룸에서 오후 내내 레슬링 시합을 벌이거나. 그 시절 조앤의 남편은 셔츠 없이 멜빵바지만 입고 다녔고, 조앤은 두 개의 스카프를 묶어 만든 유명한 홀터넥 상의에 반바지를 입고 다녔다. 그들에게는 커다란 훌라 치마처럼 생긴 버드나무, 보더콜리, 그리고 파란 물담배가 있었다. 인생은 신선하고 새로웠으며, 그들은 모든 것을 배우고 있었다. 딜 피클이 사실은 작은 오이라는 것, 오레가노는 원래 잎이라는 것, 그리고 자연으로 돌아가는 건 누군가에게 손수건이 필요할 때 상의를 벗어줘야 한다는 뜻이라는 것을.

조앤과 첫 남편은 정신적으로도 감각적으로도 완벽히 어울리는 한 쌍이었다. 서로에게 걸려 넘어지고, 함께 뒹굴고, 서로의 등에 올라타고, 카펫에 쓸려 살에 자국이 남는, 한 배에서 태어난 강아지들처럼. 그들은 때로 어떤 약을 얼마나 먹었냐에 따라 레슬링 시합 중 자제력을 잃어버리기도 했다. 조앤은 남편의 연약한 부위를 잡아당기거나 그를 할퀴었고, 그는 그녀의 머리를 팔 아래 끼워 넣고 손가락으로 그녀의 콧구멍을 쑤셨다. 그러다가 서로를 잡아당기고 욕설을 내뱉으며 강아지가 무서워할 정도로 진심으로 싸웠다. 결국 조앤의 남편은 질려서 그녀를 바닥에 내다 꽂았다. 그렇게 손쉽게. 그는 한 손으로 조앤의 두 손목을 잡고 그녀를 바닥에 짓누르며 그녀 위에 올라탔다.

그 완전한 무력함에 조앤은 언제나 충격을 받았다. 어릴 적 자신이 한참 갖고 놀다가 눕히곤 했던 인형이 된 기분이었다. 그녀의 가슴에서 거대하고 압도적인 나무로 자라나 마침내 그녀를 굴복시키고 만 남편을 보며, 조앤의 내면에는 어둡고 광적인, 억제할 수 없는 두려움이 아주 잠깐 피어올랐다.

결혼한 지 수년이 지난 후, 모든 게 시들해진 그들은 자연으로 돌아가는 대신 학교로 돌아갔다. 남편은 원예를, 조앤은 미술사를 공부했다. 남편은 온실에서 주머니에 가지치기용 가위를 꽂은 채 꽃잎을 조심스럽게 다뤘고, 조앤은 어두운 강당에서 손으로 턱을 괸 채 공책에 명화를 대강 따라 스케치했다. 나무 위에 늘어진 시계들, 부러진 코를 받치고 있는 목발들, 젖꼭지처럼 생긴 손잡이의 서랍장이 가슴에 박혀 있는 여자들. 울퉁불퉁하게 뒤틀린 당근 하나, '이것은 파이프가 아니다'라는 문구 위에 그려진 파이프. 그녀는 남편의 얼굴을 그렸고, 두 사람이 갖고 있던 황동 대마초 파

135

이프를 그렸다. '이것은 결혼이 아니다.' 어두운 강당에 자리한 프로젝터가 새로운 슬라이드를 비추자, 조앤은 공책 위에 볼펜을 멈춘 채 화면을 응시했다. 또 다른 마그리트의 은유였다. 천장, 벽, 바닥에 닿아 꽃잎이 젖힌 거대하고 요란한 장미가 화면을 가득 채우고 있었다. 〈레슬러의 무덤〉이었다.

낯선 남자는 조앤의 다리를 걸어차 넘어뜨린 뒤 그녀의 가슴 위에 올라타 앉은 후 자기 무릎으로 그녀의 팔을 짓눌렀다.

책장, 안락의자 옆 탁자, 전등, 전등의 전선.

그 각도에서 본 첫 남편은 톰 페티*와 닮아 보였다. 축 늘어뜨린 머리카락과 약에 취한 얼굴, 자기 아래에 짓눌려 있는 볼 빨간 아가씨를 향해 다시 차오르는 애정. 하지만 이 남자는 낯선 사람이었다. 어둡고 윤기 없는 머리카락이 그의 이마를 제멋대로 덮고 있었다. 그는 그녀의 폐를 짓누르고 그의 고개를 앞뒤로 흔들며 그녀를 아프게 하고 있었고, 과장된 몸짓으로 방을 둘러보고 있었다. 무엇 때문이었을까? 뭘 찾는 것이었을까?

그는 무엇을 더듬어 찾으려는 듯 몸을 뒤로 기울였다. 그 바람에 그의 정강이뼈가 그녀의 위쪽 팔을 강철봉처럼 짓눌렀지만, 소리를 지를 수는 있게 됐다.

미친 것 같았다. 죽기 전 마지막 한마디가 개 이름이라니.

---

* 하트랜드 록 장르의 대가로, 1970~1980년대 미국 정서에 근간을 둔 음악 활동으로 전성기를 누렸다.

필 그 림!

낯선 남자는 벽에 비스듬히 세워져 있던 자로 그녀의 목을 짓눌렀다.

목구멍은 파이프가 아니다.

필그림은 집 바깥의 뒤편 울타리 옆 마멋 굴에서 머리와 어깨, 앞발, 그리고 몸통을 빼냈다. 필그림은 코를 치켜든 채 여름 저녁을 향해 귀를 기울였다가 흙투성이 얼굴을 레이더처럼 돌려 집을 바라봤다.

그녀의 목을 조른 자는 그날 그녀가 양말을 신은 양발의 크기가 정확히 똑같은지 한 쪽씩 재보느라 쓴 바로 그 자였다. 그녀는 수학자라기보다는 철학자에 가까웠다. 측정할 때마다 다른 결과가 나왔다. 조앤은 꽤 오랜 시간 전념했다. 조앤은 그녀 곁에 있는 개들의 꼬리 길이도 쟀다. 주둥이가 길고 침팬지처럼 영리한 갈색 눈을 가진 거구의 검은 개 한 마리와 스폭이라는 이름의 땅딸막하고 온순하며 온갖 틈새에 세모난 머리를 쐐기처럼 밀어 넣는 작은 개 한 마리였다.

그날 아침, 옥잠화 꽃밭에서 얼룩 다람쥐 한 마리를 잡은 스폭은 찍찍거리는 다람쥐를 입에 문 채 앞마당을 돌아다니고 있었다. 조앤은 창문을 활짝 열고 몸을 내밀어 다급하게 어르는 높은 목소리로 스폭을 불렀다. 스폭은 놀란 듯 주위를 둘러보다가 그녀가 있는 곳을 올려다봤다. 스폭은 조앤이 무엇을 원하는지 알아내려는 듯 귀를 쫑긋 새운 채 엉덩이를 씰룩거리며 꼬리를 흔들기 시작했다.

"스폭, 이리 온!" 그녀는 달래듯 외쳤다. "이리 온!"

오래전, 어린 시절 그녀를 향해 고개를 들어 오래도록 애걸하듯 외로운 소리로 울던 양의 모습이 불현듯 떠올랐다. 내내 잊고 있었던 기억이었다.

"스폭!" 조앤은 노래하듯 외치고 창문에서 달려가는 척했다.

스폭은 다람쥐를 떨어뜨리고는 숨을 헐떡이며 그녀를 향해 정문으로 달려갔다.

―――

조앤은 강둑에 던져진 물고기처럼 몸을 활처럼 휘며 몸부림치다, 목을 짓누르는 장애물을 극복하고 호흡하는 데 집중하느라 조용해졌다. 그녀는 숨을 헐떡이는 데 집중하며 낯선 남자 너머를 응시했다. 그는 조급함을 넘어 거의 지루해 보였다. 그는 조앤이 생각보다 빠르게 질식하지 않는다고 생각했는지 자를 누르며 그의 몸을 살짝 흔들었다.

필그림은 땅에 코를 박은 채 둥둥거리며 집 주변을 돌았다. 필그림은 석회암 벽을 지나고, 라일락 덤불을 지나고, 파헤쳐진 흙더미와 자극적인 고양이 냄새를 지나, 매끄러운 조약돌로 둘러싸인 화단을 지나고, 히아신스 무더기를 지났다. 그러다가 갑자기 두꺼운 유리판에 부딪힌 듯했다. 낯선 사람. 필그림은 허술한 방충망 틀을 따라 미친 듯이 콧김을 내뿜으며 현관문까지 돌아갔다. 낯선 사람.

그는 경보기를 울렸다.

필그림이 마멋 굴을 파는 동안 스폭은 별채 뒤 양치식물 화단에서 낮잠을 자고 있었다. 별채는 사용하지 않는 헛간으로, 꽃무늬가 그려진 낡은 벽지로 꾸며져 있었고, 두 개의 구멍이 난 허름한 널빤지가 놓여 있었다. 그 안에는 실뱀 한 마리와 눈이 커다란 작은 생쥐들이 살고 있었다. 조금 전에는 놀랍게도 주머니쥐 한 마리가 자기 무게도 감당하기 버거워 보이는 작은 나무를 타고 별채 지붕 위로 올라갔다. 스폭은 이 광경에 너무나도 흥분한 나머지 나팔꽃 덩굴을 뜯어내버렸다. 분홍빛 주머니쥐는 여전히 지붕 위에 꼼짝도 하지 않고 있었고, 스폭은 어느새 바닥에 등을 대고 커다란 발바닥은 가슴에 모은 채 잠들어 있었다. 그 바람에 연약한 양치식물은 스폭의 무게에 납작하게 짓눌렸다.

———

낯선 남자는 조앤에게 눈길도 주지 않고 계속 압력을 가했다. 마치 자동차 섀시 밑으로 미끄러져 들어가 볼트를 조이고 다시 미끄러져 나오는 정비공처럼, 감각만으로 해낼 수 있다는 듯이.

만약 나무 자였다면 부러졌겠지만, 뒷부분을 코르크로 덧댄 금속 자였다. 유연한 자는 비효율적으로, 그러나 천천히 그녀를 질식시키고 있었다. 꼭 기관지가 여러 겹의 거즈에 감긴 얇고 파란 전선처럼 느껴졌다.

자가 네 일을 대신해줄 거야.

오래전 미술관 운영 시간이 끝난 후에도 로이와 조앤은 미술관에 남아 있었다. 금속 조각상을 올린 받침대들 사이로 달빛이 쏟아졌다. 로이는 반짝거리는 형체 없는 조각상들에 이름을 지어주었다. '속옷 1', '속옷 2', '속옷 3', '넘어졌는데 못 일어남'. 그와 조앤은 미술관용 면장갑을 끼고 라디오에서 흘러나오는 뉴웨이브 음악을 들었다. 두 사람은 각자의 배우자가 있는 집으로 돌아가는 것을 미루고 어둠 속에 머물러 있었다. 엘비스 코스텔로의 노래가 흘러나왔다. 거부할 수 없는 발라드였다. 그들은 어두운 미술관에서 하얀 장갑을 낀 손으로 서로의 등을 받치고 노래를 따라 부르며 춤췄다. 그래, 이젠 네게 남편이 있구나….*

금속 자는 조앤의 목을 조여왔다. 낯선 남자의 얼굴 주변에 반짝이는 입자들이 떠다녔다. 그의 얼굴은 점점 어두워졌고, 그 주위로 보이는 방은 오려낸 것처럼 납작해 보였다. 조앤은 딱히 죽은 척하지 않았다. 그저 범죄 현장을 벗어났을 뿐이다. 그녀는 저항을 멈췄고, 연못 바닥으로 헤엄치는 물고기처럼 그녀의 내면으로 뒷걸음질치며 사라졌다.

로이는 이제 이 세상 사람이 아니었다. 그는 암으로 죽었다. 조앤은 어둠 속에서 로이를 찾았다. 처음 뉴욕에 왔을 때 지냈던 집

* 엘비스 코스텔로의 노래 〈Alison〉의 가사 중 일부.

근처 호수에서는 비가 올 때마다 뚱뚱하고 너덜너덜한 금붕어들이 수면으로 올라와 빗방울을 맛보곤 했다. 마치 커다란 아이가 어항 속으로 먹이를 뿌리기라도 한 듯했다. 현관에서 조앤은 반짝이는 푸른 수면 밑에 일렁이던 희미한 오렌지빛을 바라보곤 했다.

그녀는 화가가 됐어야 했다. 늘 알고 있던 사실이었다.

조앤은 언젠가 본 물리학 실험을 떠올렸다. 총알을 젤 덩어리 속으로 발사하면, 노랗고 투명한 젤 사이에 울퉁불퉁한 터널 같은 탄도가 만들어지는 걸 확인하는 실험이었다. 바로 그 순간, 낯선 남자의 윤기 없는 갈색 머리카락을 올려다보던 그녀는 그 소리를 다시 들었다. 귀 바로 옆에서 누군가가 장난감 총을 쏜 듯했다.

총에 맞은 사람과 아는 사이긴 했지만, 그 사람은 조앤의 시야에 들어오지 않았다. 그녀가 연못 바닥에서 보리라 예상했던 사람들은 아무도 보이지 않았다. 엄마? 아빠? 눈을 동그랗게 뜨고 찾아보아도, 보이는 거라곤 눈앞에서 미역처럼 떠다니는 자기 머리카락뿐이었다.

낯선 남자는 깜짝 놀라 하던 일을 멈췄다. 그는 조앤의 몸에 발이 걸려 비틀거리며 일어나 벽에 기대어 섰다. 필그림이 흙투성이 발톱 하나를 방충망에 걸어, 걸쇠가 걸린 채 허술하게 닫힌 문 틈새를 벌린 것이다. 필그림이 발톱을 놓자, 문 아래쪽이 나무 프레임에 쾅 하고 닿으며 온 집이 떠나가라 날카로운 경보음을 울려댔다. 필그림은 한 번 더 시도했다가 포기하고는 온 힘을 다해 미친 듯이 짖어대기 시작했다.

낯선 사람… 낯선 사람… 낯선 사람.

스폭은 깨어났다는 걸 스스로 알아채기도 전에 집 앞으로 튀어 나갔다. 그는 마당을 돌아다니며 저녁 공기 속으로 짖어댔다.

헛간 지붕 위 주머니쥐가 한쪽 눈을 떴다.

온갖 소음이 뒤엉켰다. 개 짖는 소리, 나무 블록 두 개가 부딪치듯 날카로운 소리, 방충망을 긁어대는 희미한 소리가 불협화음을 냈다. 낯선 남자는 뼈가 없는 듯 축 늘어져선 입은 벌리고 눈은 멍하게 뜬 생기 없는 시체를 바라봤다. 이제는 그보다 카펫이나 의자와 더 닮은 점이 많아 보였다. 검은 개는 문을 뚫어지게 쳐다보며 벌벌 떨리는 몸으로 짖어댔다.

집 뒤편 숲에서는 사슴의 사체를 내려다보고 있던 은색 코요테가 시선을 들었다. 일을 마치고 막 귀가한 가장 가까운 이웃은 잠시 차 옆에 서서 필그림과 스폭의 소리를 듣고 있다가 집 안으로 들어갔다. 그곳에선 그의 아내가 저녁을 요리하고 있었고, 그의 아들들은 〈바보 삼총사〉*를 보고 있었다. 훌륭한 흑백 고전극과 퇴근 후 듣는 고기 굽는 소리의 조합이었다.

낯선 남자는 조앤의 내팽개쳐진 팔을 밟으며 방을 나갔다.

아이오와의 농가에서 살던 시절, 어느 날 잠에서 깬 조앤과 그

---

* 1922년부터 1970년까지 활동한 미국의 코미디 그룹이 주연으로 출연한 단편 영화 시리즈.

녀의 첫 남편은 토네이도에서 살아남았다는 사실을 알아차렸다. 그들의 헛간 옆 옥수수밭에는 넓은 띠 모양 길이 나 있었다. 토네이도는 울타리를 깔끔하게 통과하며 마치 실밥을 뜯어내듯 그것을 들어 올렸고, 방향을 틀어 집 옆으로 달려가 연약한 팬지를 뿌리째 뽑아버렸다. 그 자리에는 농부의 사료 통과 흙투성이가 된 풍향계, 그리고 처음에는 물에 젖은 봉제 인형인 줄 착각한 새끼 고양이가 있었다. 조앤은 뚱뚱한 두꺼비를 봤다며 밤에는 지하실로 내려가고 싶지 않다고 했다. 그 끔찍하고 우울한 생명체는 곤경에 빠질 정도로 먹어댄 모양인지 너무나도 뚱뚱해서 팔과 다리가 땅에 안 닿을 정도였다. 두꺼비는 조앤 발 정도 크기의 매끈한 회색 돌멩이 같은 모습으로, 오래되어 터진 통조림 웅덩이에 앉아 있었다. 그래서 두 사람은 보더콜리를 사이에 두고 위층에 있는 매트리스에 머물렀다. 그러다 가끔 팔꿈치를 받치고 일어나 거칠게 휘몰아치는 폭풍을 내다봤다. 어느 순간 푸른 번개가 공처럼 집과 헛간 사이의 전선을 오가는 모습을 보고, 그들은 죽을지도 모르겠다는 생각이 들었다. 하지만 거대한 두꺼비와 마주치고 싶지 않았던 그들은 계속 침대에 누워 있었다.

남편은 토네이도 때문에 그들 집 인도로 날아온 새끼 고양이를 묻겠다 했지만, 조앤이 허락하지 않았다. 고양이를 구덩이에 넣는 마지막 순간에, 고양이가 정말 죽은 게 아닐지도 모른다는 생각이 들었기 때문이었다. 조앤은 혹시 모르는 마음에 새끼 고양이를 키 큰 풀밭으로 데리고 나와 거기 두었다.

서재 바닥에 쓰러져 있던 조앤은 천천히 정신을 차렸다. 숨을 들이쉬고 내쉬기를 반복하고 나니 모든 감각이 한꺼번에 몰려왔다. 으스러진 코, 뺨을 가로질러 흐르는 피, 퍼렇게 멍든 목까지.

다음 날 아침 확인해보니 새끼 고양이는 사라져버렸다. 밤중에 무언가를 물어가는 생명체에게 물려간 모양이었다. 농가에서는 밤이 되면 이따금 미친 듯 으르렁거리며 싸우는 소리가 들렸다. 옥수수밭 안에서 고통스러운 울음소리가 들리기도 했다. 밖에서는 필그림이 으르렁거리며 공격하는 소리와 끔찍하게 부딪히는 소리가 들렸다. 조앤은 힘겹게 몸을 일으켜 창문을 내다봤다. 낯선 남자가 그녀의 개를 발로 차고 있었다. 한 번, 두 번, 현관의 돌계단 밖으로, 관목 덤불 속으로 차이며, 필그림이 울부짖었다.

그러다 초저녁 빛 아래로 스폭만 보였다. 입에 나뭇가지를 문 스폭은 낯선 남자와 아슬아슬한 거리를 유지했다.

낯선 남자는 부츠의 옆면을 쓸며 현관 계단의 제라늄을 쓰러뜨렸다. 깔끔한 물결 모양으로 잘린 잎과 연보라색 술이 달린 꽃잎의 소박한 마사 워싱턴 제라늄이었다. 누군가의 할머니를 발로 차는 것과 다름없었다.

조앤의 목, 조앤의 개, 이제는 조앤의 꽃까지.

조앤의 어린 시절, 그녀의 할머니 배스는 조앤의 키에 맞춰 낮춘 빨랫줄에 침대 시트를 널곤 했다. 할머니는 빨래집게의 위치를 조정하는 동안 젖은 시트를 깨끗한 잔디에 닿게 됐다가, 홈이 파인 긴 막대기를 사용해 시트가 바닥에서 떨어질 때까지 빨랫줄 높이를 조절했다. 그러면 시트는 부드러운 바람에 힘없이 펄럭이곤 했다. 조앤은 무아지경이 돼서 양손 손가락으로 빨래집게를 잡은 채 축축한 하얀 시트 사이를 걸어 다니며 얼굴로 얇은 시트의 감촉을 느꼈다.

할머니의 어두침침한 거실에는 코발트색 반사 유리로 된 커피 테이블이 있었다. 조앤은 커피 테이블에 비친 푸르고 황량한 자기 얼굴에 넋을 잃었다. 조앤은 가족 중 인기 없는 집안 쪽의, 조용하고 고집 없는 할머니를 사랑했다. 배스 할머니 집에는 겁에 질린 농장 동물도, 칼을 가는 도축업자도 없었다. 할머니에게는 그녀만의 온순한 암탉과 병아리가 있었다. 뒷문 옆 갈라진 흙을 가로지르는 초록색의 낮은 다육식물 무리는, 식기세척기 물을 주기적으로 흠뻑 맞으며 살아가고 있었다. 배스 할머니는 녹슨 에나멜 설거지통 가운데에 돌멩이를 놓아 새들을 위한 물통으로 사용했고, 용변은 뒷마당 헛간에서 봤다. 한번은 누군가의 집에서 부모님, 언니와 함께 저녁을 먹던 조앤이 불쑥 말했다. 배스 할머니도 침대 밑에 똑같은 종류의 수프 냄비를 가지고 있다고. 그것은 조앤이 어린 시절 했던 농담 중 가장 유명한 것으로 회자됐다. 당시에는 그녀 자신조차 그 이유를 이해하지 못했지만 말이다.

조앤은 제라늄을 내려다봤다. 커튼이 마치 수의처럼 그녀의 얼굴을 가리고 있었다. 점토 화분은 큰 조각으로 깨져 있었다. 조앤은 앞마당에 있는 그녀 자신의 환영을 보았다. 할머니 집에서 빨랫줄에 널린 이불 사이를 빙글빙글 돌아다니는 어린 조앤의 모습. 돌멩이에 앉아 물을 홀짝이는 참새의 모습. 할머니만의 암탉과 병아리를 보기 위해 쪼그려 앉은 조앤의 모습. 영혼이 육신에서 분리되고, 육신을 빼앗긴 듯 푸른 커피 테이블을 떠다니는 자기 모습을 빤히 내려다보는 조앤의 모습. 그녀는 스스로 아직 살아 있는지 확인하기 위해 으스러진 코를 매만졌다.

고통은 눈부셨고 활력을 샘솟게 했다. 꼭 얼음처럼 차가운 철사로 그녀의 뇌를 찌르는 것 같았다. 그녀는 다시 한번 고통을 느꼈다. 이번에는 알콜에 적신 솜뭉치를 그녀의 머릿속으로 밀어 넣는 반짝이는 집게를 상상했다. 어디선가 그런 이야기를 읽은 적이 있었다. 무력한 눈으로 의사를 바라보던 한 여자. 그녀의 망가진 콧속을 눈덩이처럼 생긴 뜨거운 무언가로 채운 의사의 이야기를. 조앤은 눈을 감고 부서진 콧등을 세게 눌렀다. 그러자 엔도르핀이 치솟았다.

조앤은 눈을 떴다.

낯선 남자는 흰 개를 유인하기 위한 무언가를 찾고 있었다. 애초에 그래서 냉장고를 뒤진 거였다. 어차피 개를 싫어하는 데다 이 모든 걸 놀이로 여기는 듯한 하얀 개의 태도가 싫었던 그는 냉장고를 깨끗이 털기로 마음먹었다. 낯선 남자도 놀이를 좋아했고, 이것도 일종의 놀이였다. 치즈 한 장 먹으렴, 개야. 이것도 치즈라고 할 수 있으면 말이지.

또 다른 마그리트의 은유다. 한 남자가 거울을 보고 있다. 거울에는 그의 얼굴이 아닌 뒤통수가 비친다. 그의 뒤에서 죽어 있는 여자는 조용했지만, 남자는 움직임을 느꼈다. 삽이 들어 올려지자 공기가 움직인 것이다. 그는 어쩌선지 자신의 뒤에 있었고, 삽의 검은 머리가 그의 머리를 치는 순간까지 조앤의 시선으로 자기 자신을 보고 있었다. 그때 그가 들은 것은 무덤 파는 사람이 바위를 때리는 소리가 아닌 갑작스럽고 요란한 침묵이었다.

조앤은 이미 뭔가를 죽인 적이 있었다. 전조등 앞으로 눈바람이 불던 지독한 밤, 그녀의 자동차로 말이다. 갑작스레 나타난 사슴은 조수석 앞 범퍼에 어깨를 부딪치더니 그녀의 차 후드 위를 가로질러 와이퍼로 미끄러졌다가 사이드 미러와 함께 땅으로 떨어지며 털 자국을 남겼다. 칠흑 같은 늦은 밤이었고, 조앤은 너무 놀라서 비명을 지르며 차를 세우고는 뒤를 돌아봤다. 아무것도 없었다. 그러다 자갈길 위에서 무언가 혼란의 흔적을 보았다. 땅에 턱을 대고서 다리를 모으고 몸을 일으켜 세우려 안간힘을 쓰는 사슴의 모습이었다. 조앤은 몸을 떨며 울기 시작했다. 이때 깨진 앞유리가 안쪽으로 들이치며 사방으로 떨어졌다. 그녀의 무릎 위로, 그녀의 코트 앞으로, 마치 얼음 조각처럼. 조앤은 얼어붙은 표정으로 운전을 계속했다. 바람 부는 혹한의 어둠 속으로.

죽어가는 사슴을 두고 멀리 운전해 도망간 것은 조앤이 살면서 저지른 최악의 일이었다. 그녀는 그 일로 인해 자기가 비겁한 겁쟁이라는 사실을 알게 됐고, 그 후 오랫동안 길거리 동물들이 죽지 않도록 돕거나, 죽은 동물의 수습을 도우면서 속죄하려 노력했다. 그녀가 차 트렁크에 작은 티타늄 삽을 넣어 다니게 된 것도 그 때문이었다. 그 삽을 지금은 낯선 남자 너머로 냉장고 문을 닫는 데 썼다.

그의 할머니는 주정뱅이 묘지기와 결혼한 후 광활한 묘지 옆에서 여섯 명의 아이와 수많은 손주를 키우느라 지쳐 있었다. 뒤뜰과 배수로 너머에는 오래되고 이끼가 낀, 어깨가 둥근 묘비들이 있었는데, 거기에는 비통하고도 화려한 문구가 새겨져 있었다. 한편 목장 스타일의 현대적인 묘비도 있었다. 화강암으로 만든 밝은 직사각형 묘비로, 좀 더 신중한 문구가 새겨져 있었다. 결국 늙은 묘지기마저도 화장을 통해 한 줌의 모래 같은 재가 되었는데, 살아 있는 모습보다 그것이 더 그다워 보였다.

묘지기의 손자는 삽 다루는 법을 잘 알고 있었다. 모든 손주는, 아니 적어도 남자 손주들은 삽을 다루는 데 능숙했다. 장례식이 치러지는 동안 그들은 장비 창고 안에 앉아 있어야 했다. 장례식은 언제나 무슨 일이 있어도 서두를 수 없는, 고통스럽도록 느리고 조용한 연극 같았다. 장례식에는 언제나 두 사람의 부축이 필요한 사람이 있었고, 좋은 옷을 입고서 땅바닥에 누워 있는 아이가 있었고, 하이힐을 신은 채 놀라 비틀거리는 다리가 있었다. 다른 묘비 주변을 돌아다니며 인사를 하고 나서야 절뚝거리며 차로 돌아가는 노인들도 있었다. 그들은 차에 올라타 시동을 걸고는 차가 따뜻해지거나 시원해질 때까지 계속 앉아만 있었다. 마지막 차가 삐걱거리며 자갈길을 따라 문을 빠져나간 후에야 그들은 삽을 들고 맞은편으로 가 서로를 향해 흙을 뿌리며 놀 수 있었다. 늙은 남자는 그런 그들을 보며 욕설을 내뱉었다.

사실 꽤 기분 좋은 생각이었다. 검은 옷을 입은 이들의 이상하리만치 위풍당당한 태도, 비옥한 땅 냄새, 몸이 반으로 잘렸다는

사실을 알지 못하는 벌레들. 여기가 어디든 지금은 그 생각이 그
와 함께하도록 두었다.

조앤은 살면서 죽은 것들을 많이 봐왔다. 부엌 바닥에 쓰러져
있는 남자는 이상하리만치 납작했고 망가져 있었지만, 죽은 것 같
지는 않았다. 그는 옆으로 누워 있었다. 한쪽 팔은 등 뒤에 깔려
손바닥이 위를 향하고 있고, 다른 팔은 팔꿈치가 구부러진 채 어
깨를 향해 축 늘어져 있었다. 손은 시리얼과 와인잔이 보관된 찬
장의 가장자리 아래 어딘가에 놓여 있었다. 그 손을 가져와서 다
른 손 옆에 놓은 뒤 그의 등 뒤에서 함께 묶어야만 했다.
　밧줄, 밧줄, 밧줄.
　그녀 주변의 모든 것들이 본래의 의미에서 벗어나 조수처럼
그녀의 호흡을 따라 밀려 들어왔다 쓸려 나가기를 반복했다. 싱크
대 위 창문에 매달린 프리즘은 늦은 오후 햇살을 부엌 바닥으로
쏟으며 격자무늬 개 목줄을 의자에 걸쳤고, 그녀의 점심 식사 옆
에서 화려한 보석처럼 빛났다. 거대한 장미. 울퉁불퉁하게 뒤틀린
당근 하나. 사과에 얼굴이 가려진, 중절모를 쓴 남자.*
　'이것은 네가 아니다.'
　사실 조앤은 성품이 온화한 아이였다. 잔디밭에서 옆으로 재
주를 넘고, 테리어에게 공을 던져주고, 벌어진 치아를 드러내며
카메라를 향해 웃어 보이고, 휘파람을 불며, 계속해서 깡마른 사

---

*　모두 르네 마그리트의 작품. 차례대로 〈레슬러의 무덤〉, 〈설명〉, 〈사람의 아들〉.

촌들의 목을 끌어안던 아이.

조앤의 목, 조앤의 개, 이제는 조앤의 꽃까지.

부엌 창문 밖에서는 백로 한 마리가 살금살금 걸으며 벌레를 찾았다. 긴 부리를 진흙 속으로 쑤셔 넣었다가 하늘을 향해 치켜드는 백로의 모습은 마치 연약한 아이가 검을 가지고 노는 것 같았다. 연못 너머 숲속에는 코요테 한 마리가 개처럼 앞발로 뼈를 잡은 채 몸을 쭉 펴고 땅바닥에 누웠다. 코요테는 뼈에 붙은 살점과 털을 조금은 떼어냈고 조금은 먹어 치웠다. 코요테가 사슴을 죽인 건 아니었다. 트럭에 치인 사슴이 숲으로 기어들어가 자기 몸을 묻으려 했을 뿐이었다.

까마귀 몇 마리가 코요테를 방해하려 했지만, 하늘에서 내려오지 않는 한 코요테는 그들을 신경 쓰지 않으려 했다. 까마귀들은 코요테 위에서 깍깍거렸다.

그 소리는 그가 텔레비전에서 보던 코미디언의 목소리 같았다. 몸집이 큰 그는 외투를 입고 해적 스카프를 두른 채 무대를 오르내렸다. 코미디언은 마이크를 향해 몸을 굽히고서 여자들의 멍청함에 대한 참을 수 없는 분노로 꺽꺽댔다.

"오! 오! 오!"

"이 걸레 같은 녀어어언!"

이제 그의 묘지는 어두웠고, 묘비는 땅에서 삐죽 튀어나온 뼈 같아 보였다. 그는 젊은 나이에 죽은 사람들의 묘비를 좋아했다.

30대에 죽은 남자들, 20대에 죽은 여자들, 세 살에 죽은 아이들. 농장 사고로 죽은 사람들, 출산하다 죽은 사람들, 백일해로 죽은 사람들. 그들의 묘비에는 그 모든 부당함이 서려 있었다.

언젠가 그는 60센티미터짜리 관을 묻는 걸 도운 적이 있었다. 상아색 관에는 크롬 손잡이가 달려 있었고, 수두증 때문에 출산 중에 사망한 아기가 들어 있었다. 당시 사람들이 수두증이라 불렀기에, 그는 눈, 코, 입과 귀가 빗물로 된 아기의 머리를 상상했다. 물로 만든, 투명한 유리병처럼 생긴 아기의 머리를.

그는 그 아기의 무덤을 찾아가 몸을 뻗고 머리를 기대고 싶었다. 머리를 마치 손에 들고 다니는 듯한 기분이 들었다. 사실 정확하지는 않았다. 머리는 있어야 할 자리에 제대로 있었겠지만, 그건 풍선 같으면서도 단단했고, 밭에 너무 오래 방치된 멜론처럼 상한 부분이 있는 듯했다. 그러나 물러 보이지는 않았다. 빗물 같았다. 빗물(rain)이 아니면 고통(pain)이거나.

그녀는 영안실에서 총상이 있는 시체를 본 적이 있다. 호스피스 병실에서 엄마가 숨을 거두는 모습을 보았고, 이후 복도 아래 방에서 아빠가 떠나는 모습을 보았다. 병원 성당에서는 엄마 품에 안겨 있는 사산아도 보았다. 총알은 정교하고도 파괴적인 구멍을 남겼고, 그녀는 마음의 준비를 했음에도 깊은 충격을 받았다. 그녀의 엄마는 내내 깨어 있는 채로 괴로워했고, 둥지에서 쫓겨난 아기새처럼 점점 사라지고 있었다. 암의 덫에 제대로 걸린 아빠는 점점 조용해졌고, 결국 심장까지 침묵에 이르렀다. 아기는 라벤더색이었고, 완벽했다.

　스폭은 집 주변을 맴돌며 자기 영역을 모두 확인했고, 헛간의 모퉁이와 옥잠화 꽃밭, 두 개의 야외용 의자 곁에 멈춰 서서 영역 표시를 했다. 대체로 까마귀가 저렇게 우는 것은 어딘가에 먹을 것이 있다는 뜻이었고, 그러면 스폭과 필그림은 보이지 않는 경계를 따라 서성거리며 그게 무엇인지, 누가 그것을 먹고 있는지 확인했다.
　필그림은 오줌이 거의 남아 있지 않았지만, 막대기는 여전히 들고 있었다. 막대기에는 작은 가지가 달려 있어서 스폭이 고개를 돌리면 목이 찔릴 것이었다. 스폭은 자리를 잡고 앉아서 가지를 물어 뜯어낼 생각이었다. 하지만 지금은 그저 계속 고개를 돌려댔고, 나뭇가지는 스스로 무덤을 파고 들어갔다.

———

　부엌은 이상하리만치 아름다웠다. 조앤은 아래를 내려다보았다. 지난주에 야생 당근 꽃밭을 가로질러 지름길로 갈 때, 자기 발치에서 거품처럼 피어오르는 꽃들을 보았다. 시간은 뭔가 이상해지고 있었다. 직선처럼 곧게 뻗어가지 않고, 하얀 페인트 통에 보라색 페인트와 초록색 페인트를 부은 뒤 크게 한 번 휘저은 듯 소용돌이치고 있었다. 지금은 그때이기도 했고 또 다른 그때이기도 했다. 조앤은 입에 막대기를 문 채 여름 덤불을 헤치며 다니는 스폭의 모습과 눈 내리는 날 크리스마스트리를 자르고 있는 남편의 모습을 보았다. 남편은 도끼 쓸 일이 있을 때마다 잭 니콜슨 흉내를 냈다.

여보, 나 왔어!

찬장 가장자리 밑에 있는 손. 그 손을 빼내 제대로 봐야 했다.

낯선 남자는 이제 다른 사람이었다. 묘비는 사라졌고, 그는 어두운 실내의 의자에 앉아 있었다. 밤이 깊었고, 텔레비전에서는 코미디언이 외투를 입은 채 땀을 흘리며 불평하고 있었다.

"오! 오! 오!"

그는 리모컨으로 텔레비전을 가리켰지만 소리를 키울 수는 없었다. 손가락이 움직이지 않았다.

"이 걸레 같은 녀어어언!"

코미디언은 공연을 마치고 돌아가던 중 음주 운전자의 차에 옆구리를 들이받히며 갑작스레 생을 마감했다. 웃기는 공연의 결말은 비극적 죽음이었다. 그와 그의 사촌 카일은 개구리를 잡곤 했고, 그들이 생각하기에 가장 창의적인 것들을 했다. 때때로 그저 낚시만 하기도 했지만, 그마저도 카일과 함께라면 재미있었다. 누구라도 카일과 함께라면 즐거운 시간을 보냈다. 카일은 술에 취해 다리에서 뛰어내리는 의문스러운 사건으로 갑작스레 생을 마감했다.

언젠가 조앤은 물리학 수업 중 설계상 심각한 오류가 있는 다리를 촬영한 영상을 본 적이 있다. 압력을 가하자 다리는 튀어 오르기 시작하더니 요동치다가 마침내 파동을 일으켰다. 다리는 작은 말과 마차와 캔버스 뚜껑이 덮인 모델 T를 내던지기에 이르렀고, 결국 해변 한쪽에서부터 헐거워지며 빨랫줄에 걸린 이불처럼 펄럭거렸다. 그녀는 그 영상도, 지루함에 빠진 어두운 교실도, 단조로운 목소리의 교사도, 고르지 못하게 튀던 화면도 결코 잊지 못했다. 다른 곳도 아니고 무려 학교에서 무언가 흥미롭고 괴이한 걸 봤다는 사실에 전기처럼 찌릿하던 충격도 잊을 수 없었다.

돌이켜보면, 다리는 해변에서 헐거워졌던 게 아닌지도 모른다. 확실치 않다. 하지만 마차와 차를 내던지던 물결치는 파동만큼은 분명 꿈이 아니었고 스스로 과장한 것도 아니었다. 아이오와주의 웨이벌리에서 보낸 어린 시절, 조앤은 언젠가 미스 웨이벌리 선발 대회를 참관할 기회가 있었다. 엄마 친구 아들의 여자 친구가 참가했을 때였다. 이때껏 조앤이 경험해봤던 것 중 가장 세련된 일이었다. 대회는 벨벳 커튼으로 장식된 고등학교 강당에서 열렸다. 조앤의 초등학교 동급생 중 누구도 가본 적 없는 곳이었다. 코니인지 뭔지였던 엄마 친구 아들의 여자 친구는 얼굴에 주근깨가 있었고 눈부셨다. 조앤은 한 번도 본 적이 없었던, 형언할 수 없는 특징을 지닌 소녀였다. 그녀가 미스 웨이벌리에 도전하는 건 당연했다. 코니는 드레스 경연에서 머리를 높이 올려 프렌치 트위스트로 묶었고, 수영복 경연에서는 앞머리를 부풀리고 붙임머리를 땋아 어깨에 늘어뜨렸다.

미스 웨이벌리 참가자 중 재능 있는 사람은 그리 많지 않았다. 한 소녀는 체크무늬 앞치마를 입고 레시피를 연기하듯 크게 소리 내 읽으며 무대 위에서 케이크 반죽을 섞었다. 코니의 엄마는 코니에게 검은 레오타드를 입히고 길게 떨어지는, 정말이지 엄청나게 긴 하얀색 스카프를 둘렀다. 어두운 강당 안 검은 조명 속에서 코니는 난데없이 달려 나오며 앞으로 스카프를 던졌다.

코니가 앞뒤로 달릴 때 그녀의 눈동자가 언뜻언뜻 보였고, 그녀가 힘을 쓸 때면 잔뜩 찌푸려져 거의 보랏빛이 된 입술이 가끔 보이기도 했다. 하지만 코니가 스카프를 앞으로 내던졌다가 쫓아가고, 또 앞으로 내던지기를 반복했기에 눈에 들어오는 것은 거의 물결치는 스카프뿐이었다. 코니의 연기가 끝난 후, 장내의 사람들은 조용해졌다가 곧 열광적인 박수갈채를 터뜨렸다.

그로부터 몇 주 동안 조앤과 그녀의 언니는 수영복을 입고 망가진 이불로 만든 기다란 스카프를 들고서 땀에 흠뻑 젖고 지칠 때까지 뒷마당을 뛰어다니곤 했다. 얼룩덜룩한 이불 조각은 점점 가벼워졌고, 그들의 팔은 점점 무거워졌다.

밧줄이 아닌 물건으로도 사람을 묶을 수 있기야 하겠지만, 뭐가 가장 좋을까? 의미는 시간과 함께 소용돌이치기 시작했다. 부엌 의자 중 하나에는 머리가 은색 갈고리처럼 생긴 격자무늬 뱀이 걸려 있었다. 책에서 이런 장면을 읽은 적이 있는 것 같았다. 크고 검은 개가 뱀에 물린 뒤에, 그 뱀을 목줄처럼 끌고 집까지 아주 먼 거리를 달려가는 장면. 그 책에서는 강물이 불어나 새끼 사자들로 가득 찬 우리를 집어삼켰고, 남자는 스스로 질식사하려 했으며, 통나무 밑에 깔린 다른 남자는 차오르는 물에 익사했고, 다른 남자는 끔찍하게 힙한 재즈를 들었고, 또 다른 남자는 잘린 팔뚝을 배에 묶었다. 남자, 남자, 남자.

낯선 남자가 불쑥 그녀의 서재로 들어왔을 때 읽고 있었던 내용이 바로 그것이었다. 초현실주의자들의 기이한 관념들, 붕 떠 있는 남성들의 생각과 여성에 대한 잔인한 묘사들. 인형 부품처럼 잘려 나가 재구성된 팔다리들, 새 구이처럼 쟁반에 뒤집어 올린 후 뾰족한 굽을 종이 프릴로 장식한 하이힐. 칡 같은 머리를 한 채 어두운 복도를 비틀거리며 걸어가는 어린 소녀들, 몸 위에 음식을 쌓아 올린 채 누워 있는 여자와, 식기를 들고 그녀의 배와 가슴을 먹는 남자, 방향을 가늠하려 수염으로 연못 바닥의 진흙을 더듬는 메기처럼 수염을 날카롭게 다듬은 예술가가 어지럽게 재구성한 여자들의 몸. 뒤섞인 나체의 여성들은 해골을 연상시켰다.* 인 볼룹테이트 모(In Voluptate Mors), 쾌락 속의 죽음.

조앤의 가족은 취미로 낚시를 했다. 그들은 강둑에 앉아 지렁이를 감초 사탕처럼 찢어 낚싯바늘에 꿰었고, 메기와 농어를 낚아 올렸고, 쓸데없는 물고기는 잡초밭으로 던져 질식사하게 두었다.

* 미국의 사진작가 필립 할스먼이 촬영한 살바도르 달리의 사진 중에는 해골을 나체의 여성들로 형상화한 그림 옆에 앉아 있는 그의 초상이 있다.

가족은 조앤이 그 물고기들을 물속으로 돌려보내지 못하게 막았다. 그녀는 그냥 거기 쪼그려 앉아서 물고기들이 얼른 죽기를 빌었다. 가끔은 한참이 지나 죽었다고 생각한 물고기가 딱 한 번 퍼덕거렸다.

멀리서 까마귀들이 뭔가를 두고 비명을 지르고 있었다. 조앤에게 그곳에서 나가라고 말하려 애쓰고 있었다. 밧줄 찾는 건 관두라고. 가! 가! 가!

먼 과거의 여성 예술가들은 무섭도록 강인한 눈빛을 지니고 있었다. 그들은 때때로 사진작가 앞에서 유연한 몸을 구부리곤 했지만, 미소를 짓는 법은 거의 없었다. 소풍에서조차도.

아냐, 아냐, 아냐.

시간의 페인트 통 속에서 시간이 소용돌이쳤고, 조앤은 포즈를 취하고 있는 가족의 모습을 보았다. 아빠는 민소매 셔츠를 입고 있었고, 엄마는 챙 달린 모자를 쓰고 있었다. 두 사람 모두 활짝 웃고 있었다. 그 뒤로 송어들이 낚싯줄에 매달려 있었는데, 크기가 모두 아기 손바닥만 했다.

현관 옆 측백나무 아래에서, 필그림은 블랙베리 덤불을 통과해 판석까지 몸을 끌며 걸어갔다. 움직일 때마다, 그의 몸속에서 칼날이 찌르는 듯한 고통이 느껴졌고, 그는 그 고통에 낮게 으르렁거렸다.

새와 다람쥐와 얼룩다람쥐는 특유의 분위기를 풍겼다. 두꺼비도 마찬가지였다. 그러다 가끔은 다른 것들이 스쳐 지나갔다. 여우와 스컹크. 겁이 없고 호기심이 가득한 검은 뱀들은 집의 대들보를 받치고 있는 돌을 따라 코를 들이밀었다. 그러다 몸을 감으며 버드나무 그루터기 옆 움푹 파인 틈으로 들어가선 꼭 손수레에서 떨어진 물건처럼 움직이지 않았다. 스폭은 검은 뱀 때문에 불안에 떨며 뱀이 지나갈 때까지 작은 소리로 낑낑거렸다. 필그림에게 뱀은 자기 멋대로 하게 둬도 되는 존재였지만, 필그림이 모든 존재를 그렇게 보는 건 아니었다. 예를 들면 마멋이나 부엌 안 남자는 예외였다.

그는 이제 앉아 있던 의자를 벗어나 어두워진 집 안을 돌아다니며 뭔가를 찾고 있었다. 텔레비전은 구석에서 수족관처럼 깜빡였다. 그가 찾고 있는 도구나 도구로 쓸 수 있는 무기가 그를 피해 다니는 듯했다. 자동차 섀시 밑으로 미끄러져 들어가 볼트를 조이고 다시 미끄러져 나오듯. 카일을 생각하니, 언젠가 카일이 했던 말이 떠올랐다. 딸을 갖게 된다면 이름을 섀시로 짓겠다고 했다. 예쁜 이름이라 좋다고 했다. 그들의 대화는 자동차에 관한 것이었기에, 모두 몸을 돌려 카일을 빤히 쳐다봤다.

기본적인 물리학을 알고 있다면, 딱히 도구라고 볼 수 없는 것도 도구로 쓸 수 있게 된다. 나무 조각에 잘 박힌 나사못으로 병따개보다 더 효율적으로 맥주병 뚜껑을 따거나, 치실 한 줄로 가장 날카로운 칼보다 더 깔끔하게 치즈케이크를 자를 수 있다. 더 나은 틀린 도구를 쓸 수 있다면 알맞은 도구는 필요가 없었다. 폴란드식 문제 해결사(즉 망치)를 요구하고는 뭐든 떨어져 나가거나 부서질 때까지 거세게 내려치던 노인 같은 짓은 하고 싶지 않았다. 그 노인 때문에 열한 살짜리 남자아이는 잔디 깎는 기계 칼날에 걸린 나뭇가지로 인해 손가락 세 개를 잃었다.

내 해결사 좀 갖고 온나. 노인은 그렇게 말했다. 저 망할 것 좀 들어 올리뿌라. 그러고는 픽, 픽, 픽 내리쳤다. 결국 칼날이 튀어 오르며 빠져나오고 혁명은 마무리됐다.

저리 될 줄 누가 알았겠노. 손가락 몇 개가 잘린 채 실려 온 소년이 있다는 병원의 신고를 받고 온 보안관에게 노인은 그렇게 말했다. 그 후 노인은 권위를 되찾으려고 그 일에 대해 화를 냈다. 고놈이 꽃다발을 떨어뜨려가 우는 줄 알았다 카이. 왜 그렇게 울어대나 했다고. 노인은 앙칼진 목소리로 말했다. 웃으라고 한 말이었고, 아마 제 목적을 다했을 것이다.

당시 그런 남자들에게 요구되는 건 많지 않았다. 그들은 온종일 분뇨와 고장 난 기계에 둘러싸여 악의로 부글부글 끓었다. 여자들도 마찬가지였다. 그의 할머니가 깨뜨린 모든 달걀에는 똥과 깃털이 붙어 있었고, 그녀가 직접 손으로 비벼 빨고 탈수기에 돌린 셔츠에서는 하나같이 노인의 냄새가 났다. 할머니도 즉석에서 도구를 만들어 쓸 줄 알았다. 아마 그도 할머니에게서 그 방법을 배웠을 것이다. 가스레인지 뒤에서 집어 든 나무 주걱부터 긴 전선, 오래된 철사로 만든 러그 털이개까지. 어떤 사건이 일어난 이후로 더는 쓰이지 않게 된 그 털이개를 남자아이들은 '더그 때리개'라고 불렀다.

머릿속이 출렁거렸다. 멀미가 나는 것 같았다. 그가 찾고 있는 게 있었는데…. 뭐였더라? 도구였나? 뭔가를 열기 위해 비집어 넣을 만한 물건이었다. 그들은 더 어린 남자아이들에게 관을 도로 파내서 억지로 보게 만들겠다고 했지만, 그런 말로 아이들을 겁주지는 못했다. 너무 힘든 일이라는 걸 아이들도 잘 알았기 때문이었다.

더그는 러그 털이개가 사용 중단된 시점에 거의 은퇴를 당할 뻔했다. 그는 탈곡기에 들어갔다 나온 사람처럼 보였다. 겨우 나무 개구리를 부엌으로 가지고 들어온 일로 그렇게 됐다. 그것도 더 나이 많은 남자아이들이 시켜서 한 일이었는데 말이다. 아이들은 할머니가 더그에게 젖은 누더기 외에 뭘 입힐까 신경 쓰는 동안, 거슬리지 않도록 살금살금 돌아다녔다. 일곱 살 때였다.

텔레비전 속 사람들은 화면 뒤에서 헤엄치고 있었지만, 그는 그들이 누구인지 알아볼 수 없었다. 그가 정확히 어디에 있는지도 알 수 없었다. 분위기로 봐서 집 같기는 했지만, 잘 안 보이니 다른 곳일 수도 있었다. 그는 머릿속이 혼란스러운 것에 익숙했지만, 이렇게 어둠 속을 헤매는 혼란은 처음이었다. 그는 텔레비전을 향해 더 가까이 다가갔고, 깜빡이는 화면의 불빛 속에서 러그 위로 흩어진 그 오래된 꽃다발을 보았다. 분홍색과 빨간색. 더러운 때가 낀 손톱과 역겨운 잘린 조각들. 할로윈의 귀신 들린 집만큼이나 현실적이면서도 비현실적인.

갑자기 그는 방에서 성큼성큼 걸어 나가다 그녀의 손을 밟았던 기억이 났다. 그때, 그의 부츠 밑에서 그녀의 손은 뱀처럼 꿈틀거렸다.

어린 시절, 조앤의 언니는 거실 소파 모퉁이에 축 늘어져 누워 입을 벌린 채 멍하니 한곳만을 바라보며 죽은 척을 하는 식으로 조앤을 괴롭히곤 했다. 텔레비전에서는 〈윌리 게이터〉*가 나오고 있었고, 엄마는 부엌에서 요란하게 움직이고 있었다.

"안 죽은 거 다 알아."

조앤은 처음에는 그렇게 말하며 간식을 들고 안락의자에 앉았다. 텔레비전을 보는 척했지만, 간담이 서늘할 정도로 꼼짝 않고 누워 있는 언니를 계속 주시했다. 그녀가 죽지 않았다는 확신은 굳어지는 동시에 점점 더 흔들렸다.

"다 안다고." 그녀는 애써 말했다.

소파 모퉁이에서 들려오는 것은 귀가 먹먹할 정도의 정적뿐이었고, 조앤은 더는 버틸 수 없었다. 있었던 언니가 없어졌다는 공포가 밀물처럼 올라와 조앤을 의자에서 일으켜 세웠다. 조앤은 방 맞은편으로 둥둥 떠가다시피 했다. 그러면 언니는 어김없이 그녀를 깜짝 놀라게 했고, 조앤은 온 집이 떠나가라 날카로운 비명을 질렀다.

"또 그러기만 해봐. 누가 무슨 짓을 했든 둘 다 자로 맞을 줄 알아."

---

* 1960년대에 방영된, '윌리 게이터'라는 이름의 의인화된 악어를 주인공으로 한 애니메이션 시리즈.

엄마는 문간에 서서 주걱을 들고 그렇게 말했다. 엄마는 자를 좋아했다. 한 번의 획 하는 소리로 두 명의 사고뭉치를 혼내줄 수 있었으니, 효율적이고 민주적인 도구라고 생각했다. 아프지는 않았지만, 그래도 조앤은 미친 듯이 도망쳤다. 그러다 교수대로 끌려가는 사형수처럼 자비를 구걸하며 끌려갔다. 그녀의 언니는 의연한 자세로 소파 위로 몸을 숙였다가 자가 내려치기 직전에 앞으로 피해서 조앤이 먼저 맞곤 했다. 마침내 이 작은 비밀을 언니가 털어놓은 것은 두 사람이 30대가 되어서였다.

자가 네 일을 대신해줄 거야.

조앤은 다시 삽으로 그를 건드렸다. 아무 반응도 없었다.

신용카드를 열쇠처럼, 잉크 없는 펜을 기관지 절개용 관처럼, 자동으로 잠기는 쓰레기봉투용 끈을 수갑처럼. 또는 이미 도구인 것을 본래 용도가 아닌 다른 용도로 쓰는 것. 울타리를 해시계로, 깃발을 풍향계로, 음수대를 소변기로. 또는 더 나아가 도구의 일반적인 용도를 초월하는 것. 예를 들어, 쇠 지렛대로 까마귀를 죽이는 것.

오! 오! 오!

그는 한 번도 새를 쫓은 적이 없지만, 새를 쫓는 사람들을 이해할 순 있었다. 그의 머리는 다르게 느껴졌다. 커다랗고 텅 비었다. 작은 구멍으로 노른자를 완전히 빼버린 연약한 달걀 껍데기 같았고, 메아리가 울려 퍼지는 커다란 하얀색 돔이 된 것 같은 기분이었다. 학창 시절, 그는 선생님이 연필을 사용해 해골을 들어

올리는 모습을 본 적이 있다. 선생님은 해골 눈구멍에 연필을 찔러 넣고 여러 군데를 가리키면서 해골의 특징을 설명했다. 앞면, 옆면, 뒷면. 그러는 동안 해골은 2B 연필 끝에 달린 지우개 위에서 균형을 잡고 조금씩 고개를 끄덕이고 있었다. 연필이 눈구멍 속으로 사라진 바로 그 순간, 그는 느껴서는 안 될 짜릿함을 느꼈다. 전율은 깊었고, 몸서리가 쳐질 정도로 황홀했다. 쾌락 속의 죽음. 이러한 황홀경은 수년 동안 서너 번 정도 일어났다. 그의 영예로운 삶 가운데 갑작스레 불명예스러운 삶이 나타난 거다. 마치 목사에게 다가가 팔짱을 끼는 창녀처럼.

그는 한쪽 어깨가 몸 밑에서 비틀린 채로 어딘가에 끼어 있었다. 텅 빈 거대한 돔 같은 그의 머리는 뭔가 단단한 것에 기대어 있었다. 이곳이 어디든, 그가 이 공간을 꽉 채운 것처럼 느껴졌다. 폴 버니언*처럼 거대하고 위풍당당한 모습으로. 도끼만 있으면 완벽했다.

열다섯 살 때 조앤은 친구와 함께 비키니에 샌들 차림으로 도로에 나란히 서서 히치하이킹을 시도했다. 출발지는 린덴 호수, 목적지는 집이었다. 그들 앞에 폰티악 GTO가 멈춰 섰고, 두 남자는 기꺼이 앞으로 몸을 숙이며 두 사람을 뒷자리에 태웠다.

조앤은 수줍어했지만, 그녀의 친구는 좌석 사이 틈새로 무릎

---

* 미국과 캐나다의 민간설화에 등장하는 거인 나무꾼으로, 주로 도끼를 들고 있는 모습으로 묘사된다.

을 접어 넣고 운전자와 그의 친구에게 열렬한 목소리로 감사 인사를 했다.

"쪄 죽는 줄 알았어요."

조앤의 친구는 큰 초록색 눈, 아치가 아주 높고 뼈가 도드라져 보이는 발, 색과 질감이 짚 같은 머리를 하고 있었다. 조수석에 앉은 남자는 윗옷을 벗은 채 열린 차창의 창틀 위에 팔을 걸치고 있었다. 조수석 바로 뒤에 앉은 조앤은 그의 몸에서 나는 악취를 정통으로 맡아야 했다. 조앤은 길게 엉킨 자기 머리카락을 모아 콧구멍에 대고 눌렀다.

두 사람은 큰 고속도로를 벗어나 미로 같은 시골길로 향했다. 그들은 천천히 구불구불한 길을 달리며, 마치 그 자리에 두 여자가 없는 것처럼 얘기를 나눴다.

"따먹을까?"

"글쎄, 네 생각은 어떤데?"

"네가 결정해."

"내가 한 사람 따먹고 네가 다른 한 사람 따먹는 거 어때?"

"그래."

"누구 따먹고 싶은데?"

"둘 다."

"나도."

두 사람의 대화를 들으며 조앤은 농담이겠거니 생각하면서도 한편으로 후회에 사로잡혔다. 자신의 어리석음에, 히치하이킹을 하지 말라는 말의 의미를 실은 이해하지 못했으며, 이제야 진정으로 이해했다는 사실에. 파란색 바지 정장을 입고 팔에 핸드백을 걸친 엄마가 "세상에, 그런 일은 절대 없길 바란다"라고 말하는 모습이 떠올랐다.

친구가 뒤쪽으로 몸을 수그리자, 수줍어하던 조앤이 두 남자가 앉은 앞좌석 사이로 몸을 기울이며 활짝 웃었다.

"맥주라도 한잔하러 가요." 그녀가 말했다.

두 남자는 조앤을 쳐다보지도 않았다. 차는 속도를 줄이더니 비포장 길로 접어들었다가 넓은 흙길을 지나 개울을 건넜다.

"맥주 마시고 싶다고요. 근처에 갈 만한 데 없어요?"

아무 대답도 들리지 않았다. 그러다가 운전대를 잡은 남자가 그녀를 돌아봤다.

"그럼 더 즐거울 텐데요." 조앤은 말했다. "저흰 돈도 있고요."

조수석에 앉은 남자는 자리에서 몸을 돌려 그들을 위아래로 뚫어져라 흘긋거렸다. 조앤과 친구가 입은 건 안대처럼 작은 비키니와 축축한 티셔츠뿐이었다.

조수석에 앉은 남자는 코웃음을 쳤다.

바로 그때, 조앤의 친구는 마음을 다잡고 운전자의 머리를 계속해서 발로 차기 시작했다. 그녀는 밑창이 가죽으로 된 자기 샌들로 노를 젓듯 그의 귀와 뒤통수를 가격했다. 운전자가 소리를 지르며 운전대를 흔들자, 그녀는 조수석에 앉은 남자를 공격하기 시작했다. 그녀는 좌석 사이로 다리를 마구 휘저으며 그의 어깨와 머리를 가격했다. 남자가 그녀를 향해 주먹을 휘두르자, 그녀는 운전석 등받이에 발을 대고 온 힘을 다해 밀며 남자의 머리카락을 잡아당겼다. 결국 그는 차를 자갈밭으로 몬 다음 문을 열었다. 조앤의 친구는 운전대 위에 짓눌려 몸부림치는 남자의 머리를 마구 할퀴었다.

"농담이었어." 운전자는 울부짖었다. "농담이었다고!"

다른 남자는 비틀거리며 차에서 내리더니 조앤을 내보냈다. 조앤의 친구는 운전자를 치며 차에서 내리고는 그의 귀를 잡고 소리를 질렀다.

"이 개자식, 죽여버릴 거야!"

두 남자는 중지를 올린 채 경적과 함께 흙먼지를 일으키며 달아났다. 먼지가 가라앉자 시골 특유의 적막이 찾아왔고, 다시 열기가 느껴졌다. 조앤과 친구는 안대만 한 비키니의 매무새를 가다듬은 후 2킬로미터쯤을 걸어 포장도로로 돌아왔다. 달리 할 수 있는 게 없었던 두 사람은 또다시 손을 들어 엄지를 내밀었다.

개들은 필요할 때 협력할 수 있는 동물이었다. 필그림은 판석에서부터 코를 쳐들고, 자기 냄새를 맡는 스폭의 냄새를 맡았다. 참나무 높은 곳에서는 길고양이가 둘을 지켜보고 있었다. 협력에는 팀워크와 은밀함이 필요했지만, 스폭은 그중 하나에만 뛰어났고, 다른 하나에는 전혀 재능이 없었다. 이제 스폭은 황혼 속의 하얀 덩어리처럼 필그림 주변을 빙빙 돌고 있었다. 어딘가에 떨어뜨린 막대기는 까맣게 잊어버렸다.

이후 그는 언제나 모두가 차에 관해 이야기하고 있었을 때 카일에게 해주고 싶었던 말을 생각했다. 그건 바로, 자기 마음에 드는 여자아이 이름은 '샤무아'라는 것이었다. .

그는 카일이 결국 고양이를 키우게 된 것을 도저히 이해하지 못했다. 그는 한가로울 때마다 싱커와 펫 세머터리라는 두 고양이를 괴롭히는 척했다. 하지만 녀석들은 그걸 눈치채지 못했는지 계속해서 무릎 위로 기어오르고, 의자 등받이로 올라가고, 얼굴에 대고 야옹거리며 먹이를 요구했다.

고양이는 수영을 할 수 있다. 딱히 수영하고 싶어 하진 않았지만, 할 수는 있었다. 카일도 수영을 할 수 있었는데, 결정적인 순간에는 하지 않았다.

사람에겐 놀라운 구석이 있다. 이 죽은 여자처럼 말이다. 그녀는 완전히 죽은 것처럼 보이지 않았고, 뭔가로 그의 어깨를 찔러대고 있었다.

조앤은 인간이 보기보다 강하다는 사실을 알고 있었다. 그녀는 엄마가 고군분투하는 모습을 지켜봤다. 엄마는 점점 깊이 가라앉으며 창백해졌고, 세상을 향한 조리개는 점점 더 좁아져 마침내 바늘구멍 사이로 자기 가족을 바라봐야만 하는 지경에 이르렀다. 그러다 그 바늘구멍마저 닫혀버렸고, 남은 것은 오직 길고 우아한 손의 움켜쥠뿐이었다. 들숨과 날숨, 말 같기도 하고 말의 일부 같기도 했던 긴 한숨 섞인 신음뿐이었다.

조앤이 미술관에서 일하던 시절의 일이다. 조앤의 엄마가 암으로 죽어가고 있을 때 로이의 엄마 역시 암으로 죽어가고 있었다. 두 엄마의 암은 다른 종류였고, 치료받는 병원도 달랐다. 로이와 조앤은 출근 후에 온종일 의자에 침울하게 퍼져 앉은 채 생각을 나누곤 했다. 때로 두 사람은 미술관 문을 닫고 영화를 보러 갔고, 어둠 속에서 손을 맞잡고 앉아 있곤 했다. 어느 날 조앤은 울음을 터뜨렸고 눈물을 멈출 수 없었다. 다른 날에는 로이가 그랬다. 한번은 모든 것을 제쳐두고 거리로 나가 만취할 때까지 술을 마신 적도 있다. 두 사람은 동네 호텔까지 비틀거리며 걸어가 방을 잡으려 했지만 거절당했다. 두 사람은 도저히 이해할 수 없었다. 그들은 접수대를 향해 소리 질렀고, 젊은 흑인 여성이었던 접수원은 고개를 저으며 자리에서 일어나더니 접수대 뒤를 돌아 나와 그들의 팔꿈치를 잡고 회전문 밖으로 내보냈다. 두 사람은 조앤의 작은 차를 타고 한적한 상점 거리를 오르내렸고, 경적을 울려대며 벤치와 화단 주변을 빙빙 돌았다. 있었던 일은 그게 전부였지만, 조앤에게는 가장 생생한 기억으로 남았다. 맥주 냄새로 가득했던 어둑한 동네 술집, 아름답게 복원된 오래된 호텔, 접수대 직원의 친절함, 늦은 밤 폭스바겐 안의 풍경까지. 몇 주 후, 엄마가 세상을 떠나고 병원에서 집으로 돌아온 조앤은 무언가를 기다리듯 소파에 앉아 오래도록 앞을 노려봤다.

조앤이 기다리고 있던 게 무엇이든 그것은 영영 오지 않았지만, 로이는 왔다. 두 사람은 조용히 앉아 로이가 가져온 도넛을 먹었고 조앤이 만든 커피를 마셨다. 어느 순간 로이가 말했다.

"우리 엄마가 이겼네."

처음에는 놀이였다. 필그림은 그루터기 밑을 파고 있었고, 스폭은 그 뒤에 자리를 잡고 이리저리 뛰며 사방으로 튀는 흙덩이를 물어댔다. 그러다 흙덩이가 두더지 모양을 띠었다. 스폭은 그것을 잡았다 떨어뜨렸다. 얼굴은 없고 발 같은 작은 살점만 있는 납작한 마름모꼴 털 뭉치였다. 필그림은 그것을 코로 뒤집더니 밟고 물어뜯었다.

됐다.

그의 엄마는 그가 태어나기도 전에 이미 그에게 질려버렸고, 전설에 따르면 두더지 잡기 게임을 하듯 그가 차는 곳을 손으로 때렸다 했다. 그는 엄마에 관해 아무것도 기억하지 못했다. 막연한 공포감과 광활하고 차가운 회색의 느낌뿐이었다. 듣기로 그는 엄마가 보는 잡지 위를 기어가다가 페이지를 찢었다. 엄마는 종이를 말아 쥐고 그를 마구 때렸고, 결국 그는 다른 곳에 살게 됐다.

난 한 살 때 집을 나왔어. 그는 주변에 그렇게 말하곤 했다.

차가운 회색 같은 느낌은 아마 사람들이 그를 엄마의 관으로 데려갔던 일 때문일 것이다. 그들이 그에게 관을 보여준 것은 마음이 쓰여서가 절대 아니었다. 그가 어떻게 하고 싶어 하는지 알기 위함이었다. 그는 아무것도 하고 싶지 않았다. 지금처럼. 그들이 기대할 때 아무것도 하지 않으면 조만간 그들은 아무것도 기대하지 않을 테니까.

연못 가장자리에서, 백로는 막대기 같은 한 다리로 서서 목을 뺀 채 머리를 기울이고 있었다. 정원 장식물처럼 꼼짝하지 않았다. 백로에게 시간은 소용돌이치고 있지도, 움직이고 있지도 않았다. 과거와 미래는 현재와 완벽히 뒤섞여 있었고 초점은 현재에 맞춰져 있었다. 얼룩덜룩한 강둑을 비추는, 목이 돌아가는 전기 스탠드처럼. 물이 얕은 곳에서는 작은 물고기들이 반짝이고 있었고, 바로 가장자리에는 작고 맛있어 보이는 개구리 한 마리가 가만히 앉아 있었다. 눈을 깜빡이지만 않으면 진흙이나 풀과 구분할 수 없을 듯했다.

새의 성공은 거의 알아차릴 수 없을 정도로 느린 움직임에 달렸다. 개구리의 성공은 주변과 동화되는 능력, 필요하다면 풍덩 소리와 함께 60센티미터 떨어진 연못으로 뛰어들 수 있는 강력한 뒷다리에 달렸다.

두 번째 협력은 다람쥐 때문이었다. 필그림도 같은 다람쥐를 물었을 때, 스폭은 다람쥐를 놓치고 싶지 않았다. 다람쥐는 잠시 동안 장난감이 되었다. 그러다가 다람쥐가 새끼 고양이 같은 소리를 냈고, 스폭은 다람쥐를 놓아주었다.

세 번째 협력은 마멋이 보이지 않는 울타리에 위험할 정도로 가까이 다가왔을 때였다. 필그림과 스폭은 각자의 위치에서 마멋이 뚱뚱한 몸을 이끌고 한 흙더미에서 옆 흙더미 사이를 오가는 모습을 지켜봤다.

마침내 마멋이 실수했을 때 그들은 마멋을 공격했다. 그들이 마멋을 끌어들이기 전 아주 찰나의 순간에 휘말린 울타리는 그들의 목줄 사이에서 신나게 떨어댔다.

———

백로는 키 큰 나무 꼭대기의 거대한 빨래 바구니 안에서 잠을 잤다. 백로는 안팎으로 동시에 작용하는 어떤 보이지 않는 힘에 의해 그곳으로 소환되곤 했다. 그 힘은 어둠이 연못으로 드리우기 직전 어느 특정한 순간에 가해졌다.

그는 더 이상 모래주머니 같아 보이지 않았다. 그는 납작했고 움직이지 않았지만, 그의 주변 공기에는 활력이 도는 것 같았다. 조앤은 뒤로 물러서서 그의 어깨 위로 삽날을 올려 밀어보았다. 아무 일도 일어나지 않았지만, 어쩐지 느낌이 달랐다.

그의 어두운 거실로 빛이 스며들고 있었다. 입자 같은 빛은 양수처럼 소용돌이쳤다. 깨끗하고 순수하게 씻긴 느낌이 들었다. 태어날 준비를 하는, 머리에 빗물이 가득 찬 아기 같았다.
손가락을 움직여보니, 움직여졌다.

보이는 것보다 더 많은 게 느껴졌다. 미묘한 움직임이었다. 와인 잔 찬장 가장자리 아래 있던 손이 깨어났다.
개구리가 눈을 깜빡인 바로 그 순간, 보이지 않는 힘이 백로의 날개를 펼치며 날아오르게 했다. 개구리는 연못에 있거나, 긴 다리를 늘어뜨린 채 천천히 부엌 창문을 지나며 날아가는 백로의 배 속에 있었다. 조앤에게 회색 그림자가 드리운 그 순간, 부엌문에 도착한 개들은 방충망으로 몸을 던졌다.

어떻게 된 일인지, 낯선 남자는 번개처럼 빠른 속도로 조앤의 발목을 붙잡았다. 개들은 방충망을 향해 짖어댔고, 조앤은 검을 뽑듯 삽을 들어 올렸다.

한번은 힘센 거북이 한 마리가 삽을 물었다. 조앤은 풀밭을 따라 몇 미터쯤 거북이를 끌고 갔고, 그제야 거북이는 삽을 놓았다. 지금도 그랬다. 그녀는 자기 발목을 보아뱀처럼 감싼 낯선 남자의 팔이 완전히 늘어나고 머리는 뒤로 젖혀질 때까지 계속해서 발을 당겼다.

조앤은 거북이가 양서류가 아니라는 사실을 항상 잊어버렸다. 거북이는 파충류다. 조앤이 몸을 최대한 뒤로 기울이자 그녀의 손에 쥔 삽은 방충망에 간신히 닿았다.

개가 네 일을 대신해줄 거야.

그의 할머니는 마당으로 나와 그 오래된 꽃다발을 땅에서 주워 커피 캔에 꽂은 다음 안으로 가지고 들어왔다. 그는 할머니가 몸을 굽힐 때 내곤 했던 끙끙대는 소리를 내고 있었다. 개들은 협력하여 그를 이리저리 잡아당기며 급하게 끌고 갔고, 결국 그는 새끼 고양이 같은 소리를 냈다. 그의 퍼렇게 멍든 연약한 목이 마침내 풀어졌을 때, 그는 엄청난 행복감에 압도되는 것을 느꼈다. 인 볼룹테이트 모. 쾌락 속의 죽음.

그는 카일과 같은 운명을 맞이할 가능성이 컸다. 누구라도 카일과 함께라면 즐거운 시간을 보냈다.

문단속

우선 질질 끌어왔던 책 집필 작업을 끝내려 노력하는 데 겨울 방학 대부분을 썼다는 말로 시작해야겠다. 얼마나 질질 끌었냐면, 마감 기한이 지나고 2년이 흘렀다. 마감일로부터 최소 1년이 지났을 때쯤, 나는 내 언니와 두어 명의 사람만 읽을 만한 책에 정신 나갈 정도의 노동을 수천 시간 가까이 투입했음을 깨달았다. 물론 내 언니를 위한 책, 아니, 엄밀히 말하면 언니가 등장하니까 내 언니에 관한 책이니만큼 노력할 만한 가치가 있는 일이라, 어차피 해야 할 일이긴 했다. 나는 좋든 싫든 시작한 건 언제나 끝을 낸다. 내 성격이 그렇다. 많은 사람이 알다시피 에세이나 소설 집필, 심지어는 강의라도 작업을 시작하는 순간 거기에는 자신의 생명이 불어넣어지기 마련이다. 언덕 꼭대기에서 썰매를 타는 것과 같다. 어쩌면 직접 방향을 조종할 수도 있지만, 대부분 탑승객에 불과하다. 책을 쓰는 일은 똑같으면서도 전혀 다르다. 적어도 내 경우에는 그렇다. 5년 '정도'의 시간 동안 눈이 녹아버리고 풀과 자갈만 남았기 때문이다. 온 힘을 다해 썰매를 움직여도 겨우 몇 센티미터 나아가는 게 고작이다.

나는 겨울 방학을 그렇게 보냈다. 매일 아침 몇 시간은 썰매에 앉아 있다가 오후에는 내 오리들을 잡으려 노력하면서.

내게는 오리 여덟 마리가 있다.

엄밀히는 가축으로 길들인 오리긴 하지만, 그렇다고 해서 오리들이 사람을 좋아하는 건 아니다. 사실 그 반대다. 오리를 가축 취급하는 것은 오리를 먹기 때문인데, 오리도 그 사실을 알고 있다. 여름 내내 오리들은 연못에서 수영하고 강둑에서 벌레를 잡는 자유로운 몸이었다. 고기를 생산하도록 설계된 탓에 오리들은 날지 못한다. 그래서 겨울이 되면 오리들을 안전한 울타리 안으로 옮겨야 한다. 하지만 나는 오리들을 잡을 수 없었다. 연못이 얼어붙기 시작하고 점점 작아져 욕조 크기 구멍만이 남을 때까지도 잡지 못했다. 그 구멍마저도 무거운 파이프와 손으로 열어젖혀 둔 거였다. 포식자들은 구혼자처럼 모습을 드러내기 시작했다. 매일 밤 코요테, 스라소니, 여우, 너구리가 찾아왔다. 그들의 발자국은 연못 주위를 맴돌며 점점 가까워졌다. 그러던 어느 날 오후, 족제비 한 마리가 얼음 위를 달려가더니 오리들의 욕조로 뛰어들어 공격했다.

흥미로운 것은 오리에게는 족제비보다 정원용 갈퀴로 족제비와 싸우는 인간이 더 무섭다는 사실이다. 그게 육식하는 이의 부끄러움이다. 희미하게 반짝이는 머리와 스테인드글라스 같은 몸을 지닌 그 놀라운 생물들이 가장 무서워하는 것은 다름 아닌 포식자와 싸우는 포식자다. 우리는 모두 살아남았다. 족제비도, 여자도, 오리 떼도. 그날 밤 나는 무릎에 갈퀴를 올려놓은 채 밤새도록 밖에 앉아 있어야 했지만. 나는 오리가 당한 모든 잘못된 일들에 마땅한 책임감을 느꼈다. 그들의 터무니없이 무거운 가슴부터, 농장 경매장에서 작은 나무 상자 속으로 몸을 구겨 넣어야 하는 것까지. 상자는 오리 크기였다. 그러니까, 정확히 오리 크기만 했다. 눈에 보이는 건 갇힌 채 겁에 질린 오리의 얼굴뿐이었고, 오리를 꺼낼 때는 옹이구멍 사이로 뭔가를 빼내는 느낌이 들었다. 그들의 날개가 불쌍했다.

솔직히 말하면, 거의 밤새도록 연못 옆에 앉아 있는 것도, 어쩌면 살금살금 다가오는 스라소니를 마주할 가능성도 싫지 않았다. 내게는 새로운 경험이기 때문이었다. 내가 하는 웬만한 일들은 새롭지 않다. 이 일을 에세이로 쓸 수 있을 것 같았다. 시골에서의 어두운 밤, 눈송이와 별들에 둘러싸인 채 무릎에 갈퀴를 올려놓고 통나무에 앉아 있는, 길게 내려오는 다운코트 옷차림의 나를. 그 옷은 1992년 앤 아버에서 이른바 중서부식 신경쇠약을 앓고 있을 때 산 외투였다.

사실 신경쇠약이 아닌 실연이었지만, 그건 다른 이야기다.

그래서 나는 오전에는 글쓰기 썰매 위에 앉아 있다가 오후에는 오리들의 안전을 위해 그들을 잡으려 노력하면서 겨울 방학을 보냈다. 그러다 어느 날에는 비제이의 전화를 받았다. 그는 내게 새 학기가 시작하는 대로 우리 학교의 글쓰기 라운지에서 공예에 관한 강연을 해 달라고 했다. 무슨 이유에선지는 모르지만 우리는 그곳을 '베개 방'이라고 불렀다.

그 부탁을 받고 나는 바로 두 가지 생각이 들었다. 첫 번째는 내가 공예보다 예술에 관해 더 잘 알고 있다는 생각이었고, 두 번째는 베개 방이 정말 베개 방이면 어쩌나 하는 생각이었다. 방 전체가 거대한 베개 하나여서 의자에 똑바로 앉는 대신 뒹굴어야 하고, 벽은 폭신거리고, 낮은 커피 테이블 위에는 라바 램프가 올라가 있다면.

그런 생각들을 떠올린 건 썰매에 앉아 있을 때였다. 만약 진짜 베개 방에서 공예에 관한 강연을 한다면, 내 강연은 더 잘 이해될지도 몰랐다. 방에 있는 사람들 절반은 취해 있거나 취한 것 같은 기분이 들 테니.

하지만 예술 대신 공예를 다시 생각해보자면, 내가 정말 하고 싶은 말은 예술이 공예에서 온다는 거다. 학생들과 나 자신에게 가장 먼저 하는 말은 이 세상에 정말 새로운 건 없다는 거다(그 다음에 오는 말은 뻔한 표현은 쓰지 말자는 거다). 우리의 사고방식은 우리가 보는 거의 모든 것에 의해 무감각해지고 지루해진다. 저녁 시간을 전자기기에 빠져 지내다 보면, 인간 경험과 감각의 전반을 목격하게 된다. 그래서 인간 경험과 감각으로부터 예술(문학)을 만들기 위해서는 우리의 통찰을 전달할 새롭고 놀라운 방법을 찾아야만 한다. 그러려면 통찰력이 있어야 하고, 그러려면 생각해야 하며, 그러려면 삶에서 예술을 창조해야 하고, 문장 하나하나마다 새로운 무언가를 전달해 독자를 놀라게 해야 한다. 화려한 언변을 통해서가 아닌 지성과 강력한 상상력, 그리고 절대로 독자의 시간을 허비하지 않겠다는 굳은 다짐을 통해서.

그건 그렇고, 겨울 방학에 비제이가 내게 전화를 걸어 공예 강연을 부탁하자 흥미로운 사건이 발생했다. 진짜 할 일이 생기자, 갑자기 내 책 작업에 새로이 몰두하게 된 거다.

1973년, 내가 고등학교를 졸업했을 때, 내 분당 타자 속도는 112단어였다. 물론 오타가 많긴 했지만, 덕분에 동네 군 시설에서 일자리를 얻을 수 있었다. 그곳은 오류를 신경 쓰지 않았다. 일은 어렵고 지루했다. 글쓰기 썰매에 앉아 있는데 일곱 명의 남자가 나보고 커피를 타 오라고 하는 기분이었다. 나는 시키는 대로 했다. 그때 나는 커피를 마시지도 않았는데. 1973년의 나는 오전 8시에 볼링장에서 펩시를 마시고 사무실에서 윈스턴 담배를 피우던 열여덟 살짜리 소녀였다. 내가 일하던 군 시설 서랍장 위에는 언제나 책이 펼쳐져 있었다. 『더 러브 머신』부터 『율리시스』까지 책이라면 뭐든 상관없었다. 글자만 있으면 됐다.

말하자면, 나는 글쓰기는 몰라도, 읽는 건 잘 알았다. 그리고 논픽션 글쓰기 교육에 관해 얘기하자면, 솔직히 작가가 편집자나 선생님이나 다른 작가의 비평으로부터 배우는 건 그리 많지 않다고 생각한다. 글쓰기에 대한 배움은 출판된 작가들뿐 아니라 동료가 쓴 글을 읽는 데에서 온다. 읽은 것을 자신의 통찰력과 창의력을 발휘해 분석하고, 왜 그것이 성공적인 글인지, 또는 성공적이지 않다면 무엇이 부족한지 짚어내며 이루어진다. 지식은 그렇게 얻어진다. 느리고, 답답하며, 모호하고, 산만한 일이다. 누군가가 종이 여백에 남긴 '훌륭해요!' 같은 코멘트나, 많은 개인 수필 워크숍이 그러하듯 '당신 엄마에 대해 더 알고 싶어요. 대체 당신을 그렇게까지 세게 때린 이유가 뭔가요?' 같은 반응보다 훨씬 간접적이고, 방향을 제시해주지도 않는다.

모호하고(nebulous), 산만한 일. 이 문장에는 내가 했던 이야기로 돌아가는 작은 징검다리가 매달려 있다. 성운(nebula)의 정의는 '우주의 가스나 먼지로 이루어진, 발광하는 조각처럼 보이거나 어두운 영역처럼 보이는 성간물질'이다. 내가 시골의 칠흑 같은 어둠 속에서 별이 빛나는 하늘 아래, 언 발로 앉아 포식자가 오기를 기다리며 귀 기울이던 것을 기억하는가?

모든 에세이, 모든 학술 강연, 모든 글쓰기 시도는 관찰과 세부묘사를 통해 깊이가 생길 수 있고, 좋은 생각을 환기할 수 있으며, 우주 먼지와, 발광하는 조각과, 어두운 영역을 내포할 수 있다. 모호함과 성운, 오리와 어두움 사이의 연결에서 초월성을 발견할 수도 있다. 그때까지 인내심을 갖고 기다릴 수 있다면 말이다.

그래서 이제 오리와 데니스 너크스 이야기가 강연의 일부가 되었다. 나는 12월에 데니스와 함께 저녁 식사를 했다. 오리, 저녁 식사, 12월, 데니스. 나는 그에게 내 딜레마를 털어놓았다. 오리들이 도무지 잡힐 생각을 안 해서 오리 케이지에 넣어줄 수가 없는데, 오리가 케이지 안으로 들어가지 않으면 애니 딜러드의 족제비한테 죽을 거라고.

"내가 오리를 잡을 수 있을 거 같은데?" 그는 말했다.

나는 그에게 오리는 결코 잡힐 수 없는 존재라고 설명했다. 고기, 가슴, 모든 것에 대한 두려움, 오리들이 흩어지며 달아나는 방식을 이야기하면서 말이다. 데니스는 그답게 내 말을 경청하며 여러 방법을 고심했다.

"응, 난 잡을 수 있을 것 같아." 그가 말했다.

나는 스스로에게 되물었다. 시인이 오리를 잡을 수 있는데, 산문 작가라고 못하겠는가? 그렇게 간단히 해내지는 못할 수도 있지만, 그럴 필요도 없다. 어차피 방학 내내 시간이 있다. 썰매에 앉아 있지 않을 때 말이다.

그래서 나는 작가가 하는 일을 했다. 오리가 되어 앉아 있는 상상을 했다. 오리에게 고통은 종종 위에서 내려오기에, 오리는 드리우는 그림자와, 떨어지는 도끼와, 급강하하는 매에 매우 민감하다. 오리는 지상의 포식자로부터 날아서 도망갈 수는 없지만, 큰 날개를 퍼덕이며 달리는 법은 알고 있다. 덕분에 붙잡을 것이 사라지고, 나는 당황하며 혼란에 빠진다. 오리 케이지 문 가까이 다가가려면 눈에 띄지 않아야 했다. 오리 중 한 마리가 천천히 조심스럽게 옥수수가 담긴 깨진 그릇에 다가갈 때를 노려, 문을 닫아야 했기 때문이다. 눈 오는 날 다운코트 차림으로 접이식 의자에 하루종일 꼼짝 않고 앉아 있다가, 일곱 마리의 오리를 궁지에 몰아넣고 작은 뒷문으로 밀어 케이지 안으로 넣었다. 초록색과 검은색이 섞인 몸과 섬세한 물방울무늬 머리의 마지막 암컷 한 마리만 속아넘어가지 않았다. 그 암컷 오리는 처음으로 잡혀온 오리와 유대감이 있었고, 케이지를 들락날락하는 대신 온종일 친구와 가

장 가까운 울타리 옆 풀밭에 서 있거나 누워 있었다. 이제 두 오리
를 갈라놓고 있는 건 철조망과, 한 마리는 먹을 신세고 다른 한 마
리는 먹힐 신세라는 것뿐이었다.

밤이 깊어가고 있었고, 코요테가 다가오고 있었다. 난 데니스
가 오리를 잡을 수 있었으리라는 사실을 알았다. 그가 쓴 시는 내
가 접이식 의자에 앉아 읽은 《뉴요커》에 실려 있었다.

포플러나무 아래의 빛은 점점이 흩어졌지만
소나무의 그림자는 깃털처럼 나부꼈네

나는 오리 앞에 섰다. 오리는 퍼덕거리며 도망가다가 배고픔
을 깨닫고 오리 케이지로 다가갔지만, 나를 경계한 나머지 들어가
려 하지 않았다. 그래서 나는 집 안으로 들어가 창문 밖을 내다봤
다. 연못 맞은편에서, 놀랍게도, 분명 난 소설을 쓰고 있는 게 아
닌데, 족제비가 나타났다. 점점 어두워지는 가운데, 족제비는 눈
으로 뒤덮인 잡초 속을 뒤지며 분주히 움직이고 있었다.

나는 조용히 집에서 나와 살며시 오리를 따라갔다. 인내심 있
게, 움직임 없이, 숨도 쉬지 않고, 오리 케이지의 문에 두 시간에
걸쳐 다다르는 동안. 데니스의 시 구절이 이어 떠올랐다.

우리는 서로를 상쇄시키는 목소리의 집합체였다
비행과 반응, 징벌과 보상,
적대적인 흠모, 공황과 확신

어느 순간 오리는 더 이상 나를 보지 않았다. 나는 주저하는 몸짓으로 어두운 출입구로 향하는 오리의 바로 뒤에 서 있었다. 오리가 움직이면 나도 움직였다. 오리가 멈추면 나도 멈췄다. 마치 만화 같았다. 오리는 절대 뒤돌아보지 않았고, 머리를 옆으로 기울이기만 했다. 오리는 말처럼 눈이 얼굴 양옆에 붙어 있다. 재미있게도 다른 오리들이 철조망 안쪽에 서서 이를 지켜보고 있었다. 오리가 움직이자, 나는 커다랗고도 고요하게 한두 걸음을 옮겼고, 철조망 안의 오리들은 날개를 퍼덕이고 꽥꽥거리며 법석을 떨었다.

뒤를 봐! 저기 그녀가 오잖아! 아니, 흙투성이 눈덩이라고 착각해선 안 돼! 지레 겁먹는 바람에 맞이한 이별을 떠올리게 하는 앤 아버 코트라고!

하지만 오리는 흙투성이 눈덩이가 움직임을 멈추면 아주 잠깐 머리를 기울일 뿐이었다. 오리는 미적거렸고, 족제비는 작업을 계속했다. 데니스의 시 구절을 더 이어보면,

하지만 여전히 저녁은 오지 않았고,
여전히 세상은 끝나고 있었고,
우리는 언제나 바람에 분노했다
우리를 선택했고 우리에게 상처를 남겼기에,
노래는 여전히 노래하기에 짧았다

그리고…

두 마리의 굶주린 참새는 노리개처럼
나뭇가지 사이를 오갔다

마침내 오리는 선을 넘었고, 나는 곧장 달려가 문을 닫았다.
내게는 오리 여덟 마리가 있다.

한 사람의 개인적인 경험을, 다른 사람을 가르치고 일깨우고
감동시키고 영감을 주는 무언가로 바꾸는 것은 고귀한 목표다. 그
런 일을 시도하는 것부터가 영웅적인 일이다. 그래서 나는 논픽션
워크숍은 칭찬으로 시작되어야 한다고 생각한다. 작가로서 성공
하지 않았더라도, 시도 그 자체로 칭찬받아야 하기 때문이다. 그
러고 나서, 좋은 글쓰기는 사유와 관련되어 있기 때문에, 에세이
를 준비하며 얻은 영감을 교환하는 것으로 넘어가야 한다. 던져보
아야 할 가장 중요한 질문은 '이 작품의 표면 아래 숨어 있는 메
시지는 무엇인가?'이다. 작가가 반드시 그 질문에 대한 정답을 가
지고 있을 필요는 없다. 예술을 창작하는 길은 구불구불한 가시밭
길이다. 대부분의 예술가는 창작이 정확히 어떻게 이루어지는지
말해줄 수 없을 것이다. 하지만 어떤 경우든 독자는 저 질문에 답
할 수 있어야 한다.

왜냐하면 좋은 에세이는, 좋은 단편, 좋은 회고록, 좋은 소설도
마찬가지이지만, 아이디어에 달려 있다. 그래서 좋은 작품은 명목
상 주제를 넘어 보편적인 무언가를 조명하면서 스스로 고양할 수
있는 것이다. 문학은 교훈을 준다. 작가는 독자보다 더 현명하고
더 많은 지식을 갖추어야 한다는 뜻이다. 그래서 논픽션 워크숍에

서 내 노력의 절반은 아이디어와 문제를 끌어내는 데 쓰인다. 다른 절반은 학생들에게 예술의 창작은 실제로 어렵고, 어려워야만 한다는 사실을 설득하는 데 쓰인다. 문예창작과는 절대 의과보다 쉽지 않다. 그저 배우는 시간이 더 짧을 뿐이다.

애니 딜라드의 작품 중 「나방의 죽음」이라는 훌륭한 수필이 있다. 나는 가르칠 때도 글을 쓸 때도 그 수필을 계속해서 들여다 본다. 표면적으로만 보면 그 수필은 고양이들과 함께 사는 외로운 여자가 숲으로 가 모닥불 옆에서 랭보에 관한 글을 읽는 이야기다. 하지만 표면 밑으로, 중요한 더 깊은 층위로 내려가면, 그것은 예술가가 되는 게 어떤 의미인지에 관한 내용이다. 예술가가 된다는 것은 작품을 위해 스스로가 변모할 때까지 자기를 불태우는 행위라고 말한다. 촛불에 불타는 나방이나, 예술의 제단 위에서 희생된 버지니아 울프처럼. 애니 딜라드의 많은 작품이 그렇듯이 수필이 드러내는 자만과 적나라함은 독자를 부끄럽게 할 정도다. 여러 가지 이유로 충격적인 수필인데, 그중 자연 세계에 대한 아주 적확한 묘사가 그렇다. 그녀의 이미지는 네온사인 같다. 파란 스웨터 소매를 비추는 섬광, 갑작스레 번쩍이는 봉선화, 주황색 법복을 입은 스님처럼 촛불에 휘감긴 채 타오르는 나방.

E. B. 화이트는 『시간의 고리』에서 이렇게 말한다.

"공연 마지막 장면의 조명 아래에서 연기자는 쏟아지는 전기 촛불 같은 빛을 반사하기만 하면 된다. 하지만 어둡고 더러운 낡은 훈련장과 임시로 만든 케이지 안에서는 어떤 빛이든, 어떤 흥분이든, 어떤 아름다움이든 모든 것은 본질적인 원천에서 만들어져야 한다. 전문가의 갈망과 기쁨이라는 내적인 불꽃에서, 젊음의 활기와 엄숙함에서 말이다. 행성의 빛이 별의 연소와 다른 점이 바로 그런 것이다."

내 생각에 우리가 가르치고자 하는 것은 아마도 무엇을 갈망해야 하는지와, 우리 스스로에게 어떤 기준을 적용해야 하는지가 전부다. E. B. 화이트는 스스로가 감당하기에 너무 대단하다고 인정한 일을 맡고, 시인은 스스로를 평가절하할 수 없기에 겁에 질린 새를 잡을 수 있으리라 믿고, 작가는 썰매 위에 인내심 있게 앉아 눈을 기다리고, 애니 딜라드는 종이로 가려진 창문을 통해 상상력의 숲을 내다보고, 버지니아 울프는 주머니가 넉넉한 흠뻑 젖은 코트를 입고 있다.

하지만 지금 오리들은 케이지 안에 갇혀 있다. 그 안에는 흩뿌려진 깨끗한 짚 더미와 빨간 전구가 시인만큼이나 자신을 굳게 믿는 족제비에게 따뜻함의 신호를 보내고 있었다.

당신이 찾는 것이 당신을 찾고 있다

"개는 네가 데려가." 네이선은 수화기 너머로 고집을 부렸다. "엄청 마음에 들어 했잖아."

"보고 감탄한 거지." 스티븐은 대답했다. "마음에 들어 한 적은 없다고."

아이코는 다람쥐를 잡았다가 감동적인 견공의 기사도 정신으로 다시 놓아준 적이 있었다. 형의 갑판에 있던 스티븐은 이 모습을 처음부터 끝까지 지켜봤다. 개는 배를 좌우로 흔들면서 느릿느릿 걷는 동안, 꽃 냄새를 유심히 맡으며 영역 표시를 새롭게 하고 있었다. 마당 맞은편에서 다람쥐가 나무 그루터기 위에 거꾸로 멈춰 섰고, 다람쥐의 꼬리는 고동치고 있었다. 갑자기 개가 행동을 개시했다. 다람쥐는 미친 듯이 몸을 앞뒤로 비틀다가 금방 포기했다. 아이코의 입에서 축 늘어진 다람쥐는 선명한 눈동자로 다음에 일어날 일을 기다리고 있었다.

"내가 말 안 했던 게 있는데." 스티븐은 말했다.

"멜리사는 다람쥐를 죽이라고 했어. 침실 창문을 활짝 열고는 죽여버려, 이 똥개야, 그랬다니까."

멜리사는 네이선의 아내로, 키가 크고 변덕스러웠다. 그녀는 초등학교 선생님인데도 아이들 앞에서는 하지 말아야 할 말과 행동을 끊임없이 해댔다.

"세상에!" 네이선은 소름 돋는다는 듯 중얼거렸다.

"내가 계속 알려줬던 얘기 아니야?"

스티븐은 네이선의 의도를 알아챘다. 개를 데려가겠다고 하지 않으면 네이선은 또다시 말을 빙빙 돌리며 세금 납부를 처리해주는 여자와 계속 잠자리를 한 이유를 늘어놓을 게 뻔했다.

"알겠어? 멜리사는 개마저도 자기 본능을 거스르게 할 수 있는 인간이라니까! 이유는 몰라도 멜리사 말에는 정반대로 행동하고 싶게 하는 뭔가가 있단 말이야."

네이선은 건성으로 듣고 있는 동생의 소리를 들었다. 간간이 들려오는 신문 구기는 소리를.

"넌 꼭 그렇게 남의 말에 반박만 해야겠어?"

아무 대답도 없었다.

"죽여버려, 이 똥개야, 그랬는데 개가 다람쥐를 내려놓더라니까. 그럴 수밖에 없지. 합리적인 반응은 그것밖에 없잖아. 묻고 싶은 게 있는데…."

그는 마치 막 새로운 생각이 떠올랐다는 듯 말했다.

"내가 결혼한 지 벌써 4년이나 됐다는 게 믿어져?"

"누구랑, 개랑?"

"뭐라고?"

"아까까지 개 얘기하다가 갑자기 '내가 결혼한 지 벌써 4년이나 됐다는 게 믿어져?'라고 물어봤잖아."

"무슨 헛소리야?"

네이선은 냉장고 안을 유심히 뜯어보며 말했다. 달걀 요리를 해 먹을 생각이었다. 하루에 팝타르트만 30개는 먹어 치웠던 그동안의 식습관은 엿 먹으라고 하고 싶었다. 멜리사도 르네도 엿 먹으라지. 온라인 소개팅 서비스에 가입한 것도, 새벽 3시에 네이선의 컴퓨터 화면을 보며 흡족해하던 멜리사의 얼굴을 마주친 것도.

"아까까지 개 얘기하다가 갑자기 '내가 결혼한 지 벌써 4년이나 됐다는 게 믿어져?'라고⋯."

"좀 닥쳐줄래? 넌 항상 뒤처지더라. 알고는 있냐? 동생한테 이렇게까지 말하긴 그렇지만 어떻게 단순한 대화 흐름도 못 따라가?"

마지막으로 남은 달걀 껍질에는 어두운 초록색 얼룩이 져 있었다.

"좋아서 미쳐버리겠네." 네이선은 울부짖었다.

프라이팬이 쨍그랑거리는 소리가 스티븐의 귓가에 울렸다. 스티븐은 신문을 넘겼다. 전쟁, 전쟁, 또 전쟁 이야기뿐. 팝타르트가 토스터에 들어가는 소리가 들렸다.

"그거 하루에 대체 몇 개나 먹는 거야?" 스티븐은 물었다.

"네가 이리 와서 요리라도 좀 해주지 그러냐, 이 무식한 찐따야?"

수화기 너머로 들리는 네이선의 쩌렁쩌렁한 고함에 스티븐은 고통스러운 비명을 질렀다. 누군가가 스티븐의 귀에 소리굽쇠라도 찔러 넣은 것 같은 기분이었다.

"비명도 여자애처럼 지르네." 네이선은 못되게 웃으며 말했다.

개가 다람쥐를 풀밭에 내려놓은 순간, 다람쥐는 몸을 뒤집고 꽁무니를 내빼더니 눈 깜짝할 사이에 높은 가지 위에 올라가 숨을 헐떡이며 아래를 내려다봤다. 그건 임시적인 일이었고, 몇 개월만 버티면 정리될 터였다.

"알았어." 스티븐은 말했다. "개 나한테 보내."

그래서 네이선은 샌프란시스코행 비행기에 아이코를 실어 보냈고, 여덟 시간 후 아이코는 사시나무처럼 몸을 떨며 입에 거품을 문 상태로 이타카에 도착했다(마취제 효과가 떨어진 지 여섯 시간이 지난 후였다). 30분 지각한 스티븐은 수하물 찾는 구역에서 아이코를 발견했다. 아이코의 이동장은 북적거리는 공항의 소용돌이 속 한구석에 아무렇게나 방치돼 있었다. 그래서 아이코의 눈에 보이는 건 흠집 난 벽이 전부였다. 스티븐은 발로 이동장을 돌린 다음 몸을 구부려 아이코의 상태를 확인했다. 몸집이 큰 노란 개가 필사적으로 지어낸 무표정한 얼굴로 바깥을 내다보고 있었다.

아이코는 스티븐 집 뒷마당에 놓인 피크닉 테이블 위에 서서 회색빛 이타카 하늘을 향해 짖거나 잔디를 망쳐놓으며 하루를 보냈다. 아이코는 구덩이를 파놓는 대신 몇 걸음마다 샐러드 볼 크기의 움푹 파인 자국을 냈고, 키 큰 나무 울타리에 달라붙은 능소화 덩굴을 물어뜯었다. 아이코는 능소화 덩굴이 풀밭을 따라 길게 늘어질 때까지 끌어당겼고, 보랏빛 꽃들은 젖은 주름지처럼 떨어졌다. 아이코는 가끔 한 시간 정도 양귀비 꽃밭에서 낮잠을 잤다. 창백한 배를 드러낸 채 등을 대고 누워, 커다랗고 더러운 발바닥은 가슴 위로 모은 자세로. 연약한 양귀비 꽃밭은 아이코의 통통한 몸에 납작하게 짓눌렸다.

"그러면 안 돼."

스티븐은 엄격한 목소리로 말하며 발목을 삐게 만들 구덩이와 뭉개진 꽃밭과 뒷문에 난 1센티미터 정도 되는 발톱 자국을 가리켰다.

"절대 안 돼."

아이코는 스티븐의 말에 동의하듯 낑낑거리더니 흥분한 몸짓으로 동그란 흙먼지를 일으키며 달렸고, 저녁 하늘을 향해 쉰 목소리로 짖었다. 그리고 스티븐이 아이코를 쓰다듬으려 쪼그리고 앉자, 그녀는 앞발로 그의 얼굴을 할퀴었다.

네이선이 더는 전화를 받지 않자, 스티븐은 대신 엄마에게 불평했다.

"마당이 엉망진창이 됐어요." 그는 엄마의 자동응답기에 대고 말했다.

엄마는 스티븐이 말을 마치기 전에 전화를 받았다.

"그게 뭐 어때서? 한 번쯤은 좀 돕고 살아봐." 엄마는 딱딱하게 대답했다.

"뒷마당이 뭐라고 그러니? 그렇게 중요한 것도 아니잖아."

이끼를 숭배하는 식물학자 아들에게 이런 대답을 하다니. 지금 스티븐의 침대 옆에는 온갖 양치식물을 나열한 카탈로그가 놓여 있었다. 상상할 수 있는 모든 종류의 야광 초록과 정교한 잎사귀들.

"이해해주셔서 감사하네요." 스티븐은 말했다.

"형을 도와줘서 고맙다." 엄마는 기분 좋게 대답했다.

"네이선이 자기 상황을 개선할 수 있으면 그래야겠지만, 아니라면 잊고 나아가야지." 엄마는 힐난하듯 말을 멈췄다가 계속했다. "이번 일로 너도 관계를 성공적으로 이끄는 방법을 배우게 될지도 모르고."

"뭐라고요?" 스티븐은 물었다.

"들었잖아." 엄마는 말했다. "이걸로 말싸움할 생각 없다."

그의 엄마인 엘레노어 클라인은 나이가 지긋한 명성 있는 소아과 의사로, 여전히 일주일에 세 번 환자를 진료했다. 그녀는 스티븐의 아빠를 돌보기도 했다. 과학자였으나 알츠하이머 진단을 받은 그는 엘레노어의 진료일마다 UC 버클리에서 필통에 꽂힌 펜을 뒤적이고 스피커폰으로 비서들에게 같은 질문을 반복하며 시간을 보냈다.

엘레노어는 환자를 보는 날마다 남편에게 점심 도시락을 싸줬고, 용변을 볼 때 화장실까지 동행해 달라고 남편의 동료에게 단도직입적으로 부탁했다. 혼자 화장실에 가면 똑같이 생긴 소변기 사이에서 길을 잃곤 했기 때문이다. 남편을 맡긴 엘레노어는 병원으로 이동해 일곱 시간 남짓 진료를 봤다. 엄마들은(가끔은 아빠들이었지만) 아기들을 진료용 침대에 눕힌 후 젖먹이들이 얼마나 매력 있고 똑똑한지를 이야기하곤 했다.

"네, 그렇군요." 대부분 엘레노어의 대답은 이랬다. "그 나이엔 다 그런 법이죠."

스티븐의 아빠가 비서에게 요구한 정보는 아주 상세하면서도 터무니없었다. 마치 공상과학 영화에서 나누는 유사 과학적인 대화 같았다. 그가 휴대폰을 만지작거리자 그의 목소리가 커졌다 작아졌다를 반복했다. 덕분에 더더욱 마치 영원히 우주 미아가 된 우주인같이 느껴졌다.

"잘 모르겠네요, 모리. 알아봐드릴까요?" 비서가 수화기 너머로 외쳤다.

"응, 부탁해. 답은 직접 와서 얘기해줘. 전화로 하지 말고." 그는 명령했다.

"어디 있길래요?"

비서는 약간 예의 없는 말투로 물었다. 그가 알츠하이머를 앓은 지는 3년밖에 되지 않았지만, 명령조로 말한 건 적어도 30년이 넘었기 때문일 것이다.

그는 의자를 돌려 주변을 살폈다.

벽, 창문, 그림, 서류.

"나도 몰라." 그는 대답했다.

클라인 가족은 언제나 높은 목표를 추구했다. 부부는 둘 다 박사가 되기 위해 공부했지만, 할당제로 인해 동료 중 단 한 명만 성공할 수 있는 처지에 놓여 있었다. 모리스는 그 관행을 받아들일 수 있었다. 캐나다에서 유대인이 고등교육을 받으려면 다른 누구보다 더 좋은 성적을 거둬야 했기에, 모리스는 어깨를 으쓱이고는 요구에 따랐다. 백인 신교도로서든 유대인으로서든 다른 동갑내기보다 간신히 더 높은 순위를 차지한 모리스는 대학에 진학했고, 과학 박사과정을 수료했다. 그는 꽃잎이 칼처럼 생긴 연약한 백합에 관한 연구로 이름을 알린 식물학자가 됐다.

미국에서 교육을 받은 엘레노어는 경멸과 찬사를 동시에, 그리고 번갈아가며 받았다. 경멸과 찬사를 모두 무시한 채 체계적으로 화강암 천장을 부숴나가던 그녀는, 어느새 상쾌한 암모니아 냄새로 가득한 소아과의 공기 속에 서 있었다. 엘레노어는 아프리카에서 실습하던 중 남편 모리스를 만났다. 그는 피스 헬멧을 쓰고 있었고, 거친 눈썹이 인상적이었다. 마치 백일몽 같았다. 파란 시멘트로 지은 진료소, 여윈 갈색 등에 은빛 청진기를 대던 엘레노어의 손가락, 작열하던 햇빛, 열에 들뜬 황홀한 밤들.

스티븐은 어렸을 때 가족과 함께 캐나다에서 미국으로 이사했다. 모리스가 일리노이 대학교 어배너샘페인 캠퍼스에서 교수 겸 연구자로 일하기 위해서였다. 버려진 도로와 긴긴 초록색 옥수수밭이 사방으로 이어져 있었다. 여름철 뒷좌석에 앉아 더운 바람에 멍해진 채, 스티븐과 네이선은 각자 창밖을 바라보았다. 줄지어선 밭고랑 사이로 아찔하고 희미한 풍경이 스쳐 지나가는 것을 눈으로 좇다가 결국 멀미가 났다.

스티븐은 언제나 반에서 가장 똑똑한 학생이자, 가장 이상한 학생이었다. 그는 괴짜인 데다 앵앵거리는 콧소리를 냈고, 가늘고 검은 머리카락은 두피 위로 붕 떠 있었다. 긴팔원숭이처럼 긴 팔은 늘 공중에 들려 있었다. 선생님이 교실을 둘러보며 다른 학생들의 답을 기다리는 긴 시간 동안, 왼팔 팔꿈치를 책상에 괸 채 오른팔을 받쳤다.

"이제 스티븐 말고 다른 사람이 좀 대답하면 좋겠는데."

선생님은 하루에 열 번은 그렇게 말했고, 그러면 스티븐은 마지못해 손을 내리곤 했다. 하지만 또다시 같은 말을 열 번 반복하고 나면 선생님이 결국 포기해야 했다. 기준을 낮췄음에도, 학생들이 선생님을 쳐다보며 그녀가 희생양을 지목해 상황을 빨리 정리해주길 기다렸기 때문이다.

그녀는 스티븐에게 눈길도 주지 않고 엄중하고 가차 없는 목소리로 말했다.

"아무래도 네가 도와줘야겠구나."

그러면 스티븐은 퉁명스러운 스타카토로 대답하곤 했다.

하루를 마무리하고 집으로 돌아갈 때 스티븐은 학교의 온갖 학생들에게 일상적으로 공격과 구타를 당했다. 같은 반 학생들, 몸집이 있는 중서부 아이들, 폭력적인 상급생들, 붉은 주먹을 쥔 거구의 여학생들. 스티븐에게는 두 명의 친구 비슷한 아이들이 있었는데, 다른 누구도 좋아하지 않는 비실비실한 학생들이었다. 그들마저도 아무런 이유 없이 스티븐을 때리고, 팔을 비틀고, 정강

이뻐를 차고, 거품 같은 가느다란 머리카락을 잡아당겨 그가 버둥거리며 앓는 소리를 낼 때까지 괴롭혔다. 하지만 그들이 스티븐을 기습하고, 스티븐이 무력하게 밀고 꼬집으며 벗어나려 애쓰는 동안, 진짜 스티븐은 태어나기를 기다리는 태아처럼 자기 거죽 속으로 몸을 웅크렸다.

"어떻게 도와줘야 할지 모르겠어." 그의 엄마는 말했다. "해줄 수 있는 게 없을 거 같은데."

"그치만 엄마 아들이 공격당하고 있잖아요!"

"넌 걔들보다 나은 인간이야." 그녀는 단호하게 말했다. "그걸 위안으로 삼아."

"날 놀리는데 기분이 어떻겠어요?" 그는 속삭이듯 물었다.

"뭐라고 놀리는데?" 그녀가 물었다.

스티븐은 잠시 입을 다물었다가 결국 실토했다.

"코주부라고요."

그녀는 고개를 뒤로 젖힌 채 그를 찬찬히 쳐다보았다. 마치 아이들의 배를 만져보며 진찰할 때 그들을 내려다보던 것처럼. 그녀는 마침내 입을 열었다.

"무시해."

처음 샘페인으로 이사했을 때 그들은 네덜란드인 입주 가정부를 뒀다. 그녀는 빨간 볼에 불만이 가득한 치대생이었는데, 한번은 청소기를 든 채 계단에서 굴러 떨어지며 완전히 숨을 멈추고 말았다. 스티븐은 그 광경을 처음부터 끝까지 지켜봤다. 무거운 기계를 계단 밑으로 옮기려 애쓰던 모습, 청소기의 몸통을 나르다가 말을 듣지 않던 호스가 그녀의 얼굴을 후려친 순간, 엉킨 전선과 동시에 발목에 퍼진 찌릿한 통증, 헛디딘 발, 수레바퀴처럼 돌던 그녀와 청소기, 두 번의 분명한 쿵 소리. 처음에는 그녀에게서, 그다음에는 그녀 위로 떨어진 청소기에서 났던.

길고 강렬했던 순간, 그녀는 빛나는 마호가니 바닥에 누워 스티븐을 바라보았다. 얼굴은 붉게 달아올랐고, 눈 아래에는 분노로 인해 창백해진 자국이 서서히 떠오르고 있었다. 그녀의 입은 공기를 들이마시기 전 짧은 정적 속에서 뻐끔거렸다. 수년 후, 영화에서 출산 중인 여자가 마지막으로 힘을 주는 모습을 볼 때 스티븐은 바닥에 널브러진 네덜란드 여자를 떠올렸다. 그녀는 호흡을 되찾자 스티븐을 향해 고통과 좌절에 찬 고함을 지르고 자기 머리카락을 쥐어뜯으며 카펫이 덮인 계단을 발꿈치로 세게 내리쳤다.

그것이 스티븐의 어린 시절에서 가장 선명하게 남아 있는 기억이다. 스티븐이 화를 잘 내는 외국인 여성들과 거듭 복잡한 관계로 얽히게 된 것도 그래서였을지 모른다. 그 여자들은 모두 박사 학위를 따기 위해 공부 중이었다. 그들은 어떤 형태로든 비평을 전공하고 있었고, 주로 그 비평은 스티븐에 대한 것이었다. 마지막 여자와 사귈 때쯤에는 억양이 강한 고함 소리에 거의 익숙해져버렸다. 메트라는 이름의 그 여자는 스티븐의 마음에 생채기 하나 내지 못했다. 오히려 스티븐은 그녀와 헤어지게 되어 속이 시원했다. 날카로운 인상의 노르웨이 미녀였지만, 식이 장애가 있는 데다 스티븐과 의견이 같을 때마저도 언쟁하길 좋아하는 부류였기 때문이다.

그녀는 뼈만 앙상했고, 우아했고, 온몸이 선명한 금발이었으며, 섬세한 고양이 같은 얼굴을 하고 있었다. 그녀는 슬리퍼처럼 가볍게 입고 벗을 수 있는 옷을 입었다. 위태로울 만큼 벌어진 부드러운 셔츠는 쇄골을 두드러져 보이게 했고, 무릎길이 치마는 그녀의 움직임을 따라 소용돌이쳤다. 가끔은 축 늘어진 아가일 무늬 양말을 신기도 했다. 한동안 스티븐은 그녀에게서 시선을 뗄 수 없었다. 그녀가 잘 때도, 독서를 할 때도, 스티븐의 트럭에 함께 탈 때도, 익숙한 손놀림으로 머리를 쓸어 넘기며 두 갈래로 땋아 내리거나 그대로 틀어 올려 묶을 때도. 그녀는 두꺼운 양말을 신고 얇은 치마를 입은 채 스티븐의 부엌을 휘젓고 다니며 근사한 요리를 만들었다. 그녀가 움직일 때마다 붉은 젖꼭지가 달린 가슴 윤곽이 시선에 들어왔다 사라지길 반복했다.

"넌 웬만한 사람들이 생각하는 것보다 훨씬 더 멍청해."

그녀는 칼 옆면으로 호두알을 으깨 프라이팬에 넣으며 그렇게 말하곤 했다.

그녀는 턱을 효율적으로 움직여 몇 번의 짧고 규칙적인 기침으로 저녁 식사를 토해내곤 했다. 마치 고양이가 헤어볼을 토해내듯, 그녀의 동작과 함께 기다란 토사물이 효율적으로 튀어나왔다. 그녀는 그것을 부끄럽게 여기지도 않았다. 하지만 그건 아무렇지도 않았다. 한번은 스티븐이 화장실 세면대에서 면도를 하는 와중에 그녀가 대변을 보려고 변기에 앉은 적도 있었다.

이런 일이 반복된 끝에, 스티븐은 그녀를 찼다. 그녀는 읽고 있던 잡지에서 시선을 들어 올려 그를 응시했다.

"나랑 헤어지겠다고?"

그녀가 물었다. 진짜 궁금해서 묻는 말이 아니었다. 대답하지 않는 게 나았다.

"하지만 스티븐, 넌 고약한 똥 덩어리 새끼잖아."

그녀는 머리 위로 기다란 팔을 올려 오른쪽으로 비틀었다가 왼쪽으로 비틀며 요가 동작을 했다.

"아무짝에도 쓸모없는 똥 덩어리 주제에. 이 상태면 넌 분명 눈도 못 감고 혼자서 더럽게 죽을걸."

아직도 가끔 협동조합 매장에서 가느다란 유기농 당근 한 다발을 계산대로 들고 가거나 창백한 손끝으로 그래놀라 통을 더듬는 그녀와 마주치곤 했다. 한번은 그녀를 지나칠 때 그녀가 아주 외설적이고 문법적 오류가 가득한 말을 속삭였다. 그 말들은 며칠이고 그의 뇌리에 맴돌았다.

바로 그때쯤 스티븐은 아이코를 맡게 됐다. 여러 문제가 있었음에도 아이코가 그의 눈앞에서 토한 건 단 한 번뿐이었다. 앞니가 튀어나온 땅속 동물의 앞쪽 3분의 1이었는데, 포획 후 방생 프로그램에 들어가지 않은 녀석이었다. 다른 사람이 상관할 바는 아니었지만, 스티븐과 아이코는 함께 잘 자는 편이었다. 등을 바닥에 댄 채로, 30센티미터의 까슬까슬한 이불을 사이에 두었다.

초저녁이 되면 스티븐은 한 실험실에서 다른 실험실로 이동했다. 그는 실험 중인 것이 스며들게 놔둔 채 집으로 달려가 아이코를 마당에서 데려 나왔고, 다시 언덕 위로 차를 몰고 올라가 코넬 대학교 캠퍼스의 개울가와 협곡을 지나며 길고 사색적인 산책을 즐겼다. 목줄을 한 아이코를 따라가는 것은 막 출발하는 차의 범퍼를 붙잡는 것만큼이나 힘든 일이었다. 스티븐은 5미터에 달하는 리드줄을 오른손에 동동 감고 도르래처럼 팽팽하게 잡아당겼다. 문자로 네이선의 단답형 허락('그러든지')이 떨어진 후, 스티븐은 아이코가 자유롭게 달릴 수 있도록 놓아주기로 했다. 처음 3분간 아이코와 함께 트럭 앞자리에 앉아 있던 스티븐은 전면 유리로 풍경을 똑바로 바라보고 있는 아이코에게 강하게 말했다.

"진심이야. 내가 오라고 하면 와야 해. 아이코, 이리 와."

그는 연습했다. 하지만 아이코는 스티븐을 절대로 바라보지 않았다. 스티븐이 고개를 돌려 자기를 쳐다보게 해도 무용지물이었다.

스티븐이 운전석 문을 열자 아이코는 스티븐이 뭘 어떻게 하기도 전에 그의 몸 위를 넘어 트럭 밖으로 나갔고, 그는 사타구니를 움켜잡는 수밖에 없었다. 스티븐이 트럭에 앉아 뭘 어떻게 할지 고민하는 동안 아이코는 그의 시선 안으로 쏜살같이 달려 되돌아왔다. 아이코는 귀를 쫑긋 세운 채 잠깐 멈춰 섰다가 엉덩이를 곧추세운 채 몸을 쪼그리고 앉았다. 스티븐이 차에서 내리자, 아이코는 다시 쏜살같이 달려나가 그가 첫 바퀴를 돌 때에 맞춰 돌아왔다.

스티븐은 저녁마다 과학이나 섹스, 뛰어다니는 개의 기쁨이 자신에게도 전염되는 것에 대해 하릴없이 생각하며 산책하는 것을 좋아했다. 전부 좋아 보였다. 배양 접시에서 터지며 죽어가는 실험물들도, 스티븐의 대학원생들이 조심스럽게 공책에 기록할, 성과를 남긴 다른 실험물도. 아찔한 전망대와 흔들리는 다리, 그리고 음울하고 희망 없는 하늘이 어우러진 이타카 풍경의 작은 웅장함도.

스티븐이 집으로 여기는 곳은 캘리포니아에서 멀리 떨어져 있었다. 그곳으로 이사한 것은 그가 5학년에서 6학년으로 넘어가기 전 여름 방학 때였다. 그는 그곳에서 바나나 모양 안장이 달린 자전거를 타는 수많은 아이 중 하나로 다시 태어났다. 스티븐은 캘리포니아의 큰 고등학교로 진학했는데, 그곳 학생들은 전부 일종의 술책을 가지고 있었다. 스티븐의 술책은 유독 똑똑하다는 거였다. 사람들은 그를 평범하게 '스티브'라고 불렀다.

대학 시절, 그는 그레이트풀 데드*를 발견했고, 식물 세포를 관찰하며 미토콘드리아에서 엽록체로 수평적 유전자 이동이 발생한다는 사실을 발견했다. 첫 번째 발견은 마약에 취한 채 받은 기타 레슨으로 이어졌고, 두 번째 발견은 식물 유전학에 대한 지독한 헌신으로 이어졌다. 결국 스티븐은 두 발견을 결합해 자기 연구실에서 타이다이 티셔츠를 입었다.

스티븐의 사색을 겸한 산책이 끝날 무렵, 아이코는 때때로 산양처럼 아무것도 없는 곳에서 아무것도 없는 곳까지 협곡의 벽을 타고 튀어 올라가 꼭대기의 덤불 속으로 사라지고는 했다. 얼마

---

* 1960년대부터 1990년대까지 활동한 미국의 사이키델릭 록 밴드.

후 아이코의 10센트 동전만 한 얼굴이 그를 내려다봤다. 이후 아이코는 그리스 사람들이 잔디밭에서 바비큐를 굽는 프랫 로우로 출발했다. 그녀는 그들 사이로 빠르게 걸어가 그릴과 그들의 손에서 소시지를 훔쳤고, 달리는 동안 꿀꺽 삼켰다.

스티븐은 집으로 가는 길에 이 저택에서 저 저택까지 차를 몰아야 했다. 그러는 동안 그는 모자를 거꾸로 쓴 소년과 엉덩이가 날씬한 소녀 무리를 유심히 살폈다. 모두 손에 맥주가 담긴 플라스틱 컵을 들고 있었다. 만약 주변에 아이코가 돌아다니고 있는데 스티븐이 보이지 않으면, 그들은 휴대폰을 꺼내 스티븐에게 전화를 걸었다.

"형씨, 개 좀요." 그들은 그렇게 말하곤 했다.

대학 시절, 스티븐은 여름 방학을 맞이해 집에 간 적이 있었다. 부모님네 부엌에서 아침을 먹고 있는데 문을 두드리는 소리가 들렸다. 아빠가 자리에서 일어나 복도를 지나 문을 열었다. 그는 한마디도 없이 문을 닫고는 다시 테이블로 돌아와 자리에 앉아 신문을 집어 들었다. 잠깐의 정적이 흘렀다가 또다시 노크 소리가 들렸다. 엘레노어는 자리에서 일어나 복도로 나갔다. 그러고는 스티븐의 아빠와 똑같이 생긴 남자와 함께 돌아왔다.

그는 모리스가 첫 장가를 갔을 때 얻은 아들로, 세 살 때 엄마에게 버려졌으며, 이름은 스티븐이었다. 엘레노어는 침착했고 상대적으로 놀라지 않은 듯했다. 20년도 넘는 세월 동안 그 젊은 청년을 위해 생활비 지원 수표를 써줬기 때문이었다. 엘레노어는 그를 자리에 앉히고 팬케이크 한 더미를 대접했다.

"이름이 스티븐 클라인이라고요?"

스티븐 클라인은 끔찍하다는 듯 물었다. 난생처음 듣는 얘기였지만, 그 남자는 짧고 뻣뻣한 눈썹을 하고 있었고, 아빠와 정말 똑 닮은 얼굴이었다.

"맞아요."

다른 스티븐은 조용히 대답했다. 그는 엘레노어를 숭배하듯 쳐다보더니 포크를 집어 들고 팬케이크를 먹기 시작했다.

"스티븐 C요?"

스티븐의 중간 이름은 찰스였다.

"스티븐 M이요."

다른 스티븐의 중간 이름은 모리스였다. 이때 모리스는 집에서 나와 이미 어디론가 가버린 상태였다. 정확히 어디로 간 건지 스티븐 C의 기억에는 남아 있지 않았다. 그의 기억에 남은 것은 그날 하루 형과 마약을 한 것과 그에게 샌디에이고를 구경시켜준 후 버스에 태워 오타와에 있는 작은 마을로 돌려보낸 것뿐이었다. 이후 스티븐 M을 언급한 사람은 아무도 없었다.

———

여름이 지나는 동안 스티븐은 잔디 다듬기를 포기했고, 가을이 됐을 때는 풀 자체를 포기했다. 초겨울이 되자, 뒷마당은 황량한 중서부의 밭고랑처럼 얼어붙었다. 아이코는 스티븐만큼이나 추위를 즐겼고, 매일 새벽 5시 30분 하키 링크로 향하는 그의 차에 올랐다. 아이코가 다시 잠든 사이에 스티븐은 한 시간 남짓 골대를 지켰다. 스케이트 소리, 스틱 긁는 소리, 먹먹한 고함이 한데 모여 얼음판에서 흥겨운 겨울 소리를 자아냈다. 이후 교내 경기 후 악수, 김 서린 트럭 운전석의 창문, 노란 개의 인사가 이어졌다. 그가 벗어 던진 장비는 온종일 탈의실에서 은은한 악취를 풍길 터였다.

눈은 그칠 줄 몰랐고, 호수는 증발해 바늘처럼 찔러댔다. 하얀 하늘은 지붕 바로 위에 붙어 있는 것처럼 보여서, 이타카 특유의 냉하고 폐쇄 공포를 부르는 자살 직전의 분위기를 자아냈다. 11월 중순쯤에는 캠퍼스의 골짜기들은 루지 트랙처럼 얼어붙었고, 공원은 사냥꾼들에게 개방됐다. 준군사적인 석궁 사냥철이 지나면, 보온병에 담아온 잭다니엘을 홀짝이며 산탄총으로 사냥하는 더 본격적인 사냥철이 찾아왔고, 굶주리고 비틀거리는 사슴들의 계절이 그 뒤를 따랐다.

초겨울, 스티븐과 연못 주위를 한 바퀴 돌던 아이코는 얼음 위로 미끄러져 깨진 틈 사이로 빠졌고, 비명을 내지르며 가라앉기 시작했다. 스티븐의 심장은 튀어나올 듯 거세게 뛰었다. 그는 삐걱거리는 얼음 위에서 불가사리처럼 몸을 쭉 뻗어 아이코를 끌어올려야 했다. 그녀는 몸을 뒤집어 일으켜 세우더니 꼬리를 감추고 달아났다. 밤이 깊어진 후에도 스티븐은 몇 시간이나 차를 몰며 창밖으로 얼어붙은 머리를 내민 채 아이코의 이름을 외치며 찾아 헤맸다. 마침내, 그는 남학생 기숙사 베란다에 놓인 스프링 소파 위에 몸을 웅크리고 있는 아이코를 발견했다. 몇 번이고 아이코의 이름을 외치고, 트럭 옆면을 내리치며 주의를 끄는 스티븐의 목소리를 듣고만 있던 그녀는, 천천히 자리에서 일어나 앞뒤로 기지개를 켰다. 그리고 느릿한 걸음으로 그가 원하는 것이 뭔지 알아보러 그에게 다가갔다.

다음 날 네이션에게서 전화가 걸려왔다. 아이코를 돌려받을 준비를 마쳤다는 연락이었다.

아이코를 보낸 후, 스티븐은 어느 정도 절박하게 그녀를 그리워했다. 하지만 며칠이 지나자 최악의 그리움은 사라졌다. 여자친구가 그를 떠났을 때와 비슷했다. 쨍그랑거리는 침묵의 고통과 싱크대 위에서 포장한 부리토를 먹는 황홀경을 함께 겪었다는 점에서 말이다. 아이코가 없으니 가장 힘든 건 주말에 지겨울 정도로 오랫동안 침대에 누워 채광창으로 우윳빛 구름을 바라보고 있어야 한다는 것이었다.

토요일이면 스티븐은 점토 화분들 사이에 조심스레 서서 난초들과 함께 샤워를 하며 증기로 잠을 깼다. 그리고 자전거를 타고 얼어붙은 가파른 언덕을 올라 캠퍼스로 향했다. 다행히도 연구실에서의 주말은 평일과 다를 게 없었다. 유행에 뒤떨어진 옷을 입은 마른 사람들이 실험대 위로 허리를 굽히고 있었고, 아침의 그을린 커피 냄새는 오후의 전자레인지 팝콘 냄새로 이어졌다. 그들 모두에게 내면의 세계가 있었다. 사람들이 사무실 문에 붙여놓은 것들을 보면 알 수 있었다. 그러나 막상 그들을 마주할 때면 그런

면들은 전혀 드러나지 않았다.

한동안 스티븐은 그저 정처 없이 돌아다니며 그들의 어깨 너머를 바라보거나, 질문을 하거나, 그만의 메모를 적어 내려갔다. 그러면 모두가 발작을 일으킬 정도로 당황하고 긴장한 상태가 되었다. 물론 스티븐이 그런 반응을 의도한 건 아니었다. 그는 높은 의자에 앉아 현미경을 들여다보며 섬세한 실 같은 도구로 세포를 자르는 일을 했다. 너무나 정교한 일이어서 방법을 아는 사람은 손에 꼽을 정도였다. 스티븐은 파리의 어두운 연구실에서 프랑스 연구원 이본에게 훈련을 받았다. 구겐하임 장학금을 받아 그곳에서 1년 동안 지내며, 롤러블레이드를 타고 물리화학 생물학 연구소의 창살로 된 대문까지 이동하곤 했다. 그곳에서 이본은 편한 신발과 깊이 파인 실험용 가운 차림을 한 채 기다리고 있었다. 스티븐은 현미경의 틀에 슬라이드를 한 장씩 놓고 각각에 일련의 가닥을 만들었다.

스티븐이 고개를 들 때쯤 연구실은 텅 비어 있었다. 장비들은 천으로 덮여 있었고, 형광등은 윙윙 소리를 내고 있었다. 눈 덮인 언덕, 어둠 속에서 긴 내리막길을 로켓처럼 곤두박질치는 자전거는 스티븐의 것뿐이었다. 스티븐은 집에 돌아오자마자 마약에 취해 집 안을 돌아다니며 노닥거리고, 퇴비 벌레를 젓고, 아래층 변기를 서투르게 손보고, 하릴없이 철봉에 매달려 있었다. 혼자서 보낸 두 번째 주말 이후, 스티븐은 사람들을 초대하기로 마음먹었다. 스타워즈 이야기를 하지 않고도 대화를 나눌 수 있는 두 명의 대학원생, 하키로 친해진 스티븐의 절친 토르, 레즈비언 같은 빨강 머리를 한 토르의 여자 친구 크리스, 길 아래에 사는 기술 작가이자 스티븐이 여행을 갈 때면 그의 식물에 물을 주는 디어드리, 엉망인 음으로 콧노래를 부르는 사람, 스티븐과 함께 논문을 작성 중인 이스라엘인 손님. 스티븐은 그의 산만하기로 유명한 디너 파티가 재연되지 않도록 노력할 터였다. 그레이트풀 데드의 콘서트 테이프를 틀어놓고서 채식주의 식단을 강요하는 그런 파티 말이다. 지난번의 명백한 실수만큼은 꼭 바로잡을 생각이었다. 난방을 틀고, 지렁이를 지하실로 옮기고, 케첩을 구비해둘 예정이었다.

스티븐이 세이탄* 요리를 준비한다는 말에 싫다고 하는 사람은 아무도 없었다. 낮은 구름이 이타카 상공을 점령한 지 오래였기에, 사람들은 뭐든 기꺼이 받아들일 준비가 돼 있었다. 모두가 초대를 수락했다. 디어드리는 친구를 데려오겠다고 했는데, 그 말을 듣자 약간의 찌릿한 후회가 밀려왔다. 파티가 별로면 디어드리와 데이트를 나갈 생각이었기 때문이다. 아마 난초 때문에 스티븐을 게이로 오해하는 것 같았다. 자신이 게이가 아니라는 걸 밝혔을 때 디어드리의 부드럽고 하얀 얼굴에 놀라는 표정이 번지는 모습을 상상했다. 하지만 디어드리는 스티븐이 메트와 사귀는 것도 보았고, 곰곰이 생각해보니 시그리드와 사귀는 것도 본 것 같았다. 시그리드가 눈에 띄지 않았을 리 없었다. 그녀는 항상 흥분 상태였고, 불꽃 같은 머리를 한 데다 라켓볼 부상 때문에 한동안 안대를 했으니 말이다. 그러니 사람들이 스티븐을 게이로 착각할지

---

* 두부, 템페, 밀 글루텐을 이용하여 만든 육류 대체 식품.

도 모른다는 생각은 하지 않아도 될 터였다.

어쨌든 디어드리는 스티븐이 전화로 거절하지 않는 이상 친구를 데려가겠다는 메시지를 남겼다. 토르는 크리스가 아닌 다른 여자를 데리고 오겠다면서, 크리스도 오고 싶어 했다고 말했다. 친구로 남기로 했다나 뭐라나. 이 모든 열기에 스티븐은 이미 파티가 열렸다고 착각해버렸고, 거의 막판에 와서까지, 아니 사실상 막판이 지나서까지 파티를 아직 시작하지 않았다는 것을 잊고 말았다.

하루에 너무 많은 일을 하려고 한 게 문제였다. 그중 디너 파티와 관련된 일은 하나도 없었다. 그는 협동조합 가게 문이 닫히기 전에 들르지 못했고, 치즈케이크를 포장지에 권장된 대로 여섯 시간 동안 냉장 보관하지도 못했으며, 샤워 시간을 빼놓지도 못했다. 손님들이 도착하기 직전, 셰이탄 조각은 라디에이터 위에서 해동되고 있었고, 식기세척기는 요란한 소리를 내며 멈췄고, 장식용 치즈들은 밝은색 포르투갈식 접시에서 따뜻한 덩어리로 변하고 있었다. 스티븐의 머리와 셔츠에는 밀가루가 유령처럼 뿌려져 있었다. 그나마 만드는 데 성공한 수타면은 말랑하고 축축한 지렁이처럼 부엌 여기저기 널려 있었다.

아차. 그는 퇴비 통을 집어 들고 지하실로 달려갔다. 스티븐이 지하실에 있는 사이 현관문이 쾅 소리를 내며 열렸다. 파티에 초대받은 사람들 전체가 마치 소 떼처럼 현관으로 밀려 들어오는 소리가 들렸다. 그들은 우왕좌왕하며 신발에 묻은 눈을 털어냈다. 스티븐은 지하실 계단을 살금살금 올라가다가 손님들이 서로 인사하는 소리를 듣고는 다시 까치발로 내려와 더러워진 셔츠를 벗었다. 그는 세탁물 투입구에 쌓인, 하키로 인해 땀 냄새가 잔뜩 밴 옷더미를 뒤졌다. 쌓인 옷가지 위로 아침에 입었던 저지가 낙하산처럼 펼쳐져 있었다. 스티븐은 서둘러 원래 입었던 셔츠를 다시 입었다. 계단 꼭대기에 도착했을 때, 어깨뼈 사이에 긴 밥 말리의 얼굴을 보고서야 셔츠를 뒤집어 입었다는 사실을 깨달았다. 소매 밖으로 팔을 빼낸 후 어깨를 흔들어 옷매무새를 정리하던 찰나, 지하실 문이 열렸다.

그녀는 자신의 개와 함께 이타카에서 아이오와 시티로 이사했다. 그들은 숲 가장자리에 있는, 소나무와 사슴이 다니는 길로 둘러싸인 판자 지붕 오두막에서 그림 같은 삶을 살았다. 마치 스노우볼 속에 사는 것 같았다. 마구 흔들면 눈이 소용돌이쳤다가 나무와 지붕, 시골의 우편함 위로 가라앉는 모습밖에는 보이지 않는 고요한 공간. 드물게 해가 비치는 날이면 그녀는 고요한 집에서 나와 언덕을 올라 헛간으로 향했다. 그러고는 아이들 썰매로 쓰이는 노란색 플라스틱 대접에 장작을 실어 밀곤 했다. 노란 대접은 눈 덮인 비탈길을 따라 회전하며 미끄러져 내려갔고, 집 대들보에 닿아서야 멈추었다. 그녀는 이마를 간지럽히는 양모 모자를 쓰고 북극 침낭처럼 생긴 긴 코트를 입었다. 작은 갈색 개는 눈더미 위를 조심스레 걸어가며 라벤더 빛 그림자를 드리웠다. 늙은 개는 활기찼고, 장작은 무거웠다.

늦은 오후만 돼도 밤처럼 깜깜했다. 거실 한가운데에서 나무

장작 난로가 답답할 정도로 강한 열기를 내뿜었고, 그 바깥의 방들은 마치 닫힌 냉장고 안처럼 어둡고 싸늘했다. 그게 싫지는 않았지만, 딱히 좋지도 않았다. 그녀를 귀찮게 하는 사람은 아무도 없었다. 그건 사실이었다. 하지만 결국, 사람은 어느 정도 귀찮음을 필요로 한다는 걸 그녀는 깨닫고 있었다. 그녀의 일자리는 정규직도 아니었고, 급여도 형편없었으며, 집만큼이나 고립된 환경이었다. 코넬 대학교의 작은 사무실에서 혼자 일하며, 사회심리학 학술지를 관리하는 게 전부였다. 그 학술지의 편집장은 캠퍼스 맞은편의 다른 건물에서 연구와 강의를 하느라 그녀와 직접 마주칠 일은 거의 없었다.

그 건물에서 그녀가 누구인지, 그녀가 무슨 일을 하는지 아는 사람은 아무도 없었다. 그녀와 대화하는 사람이라곤 담배를 피우기 위해 하루에 서너 번씩 우편물실 옆 마당으로 나오는 사람들뿐이었다. 늦여름 이타카로 이사 온 후 그녀의 흡연량은 미친 듯이 늘어나더니 입원 환자 수준이 됐다. 몇 주에 걸쳐 그녀는 천천히 다른 흡연자와 친해졌는데, 짧은 앞머리를 몇 가닥만 내리고 잘 다린 파란색 청바지를 입은 알라나라는 이름의 젊고 예쁜 여성이었다. 그녀는 플로리다에 임파선암으로 죽어가는 쌍둥이 자매가 있다고 했다. 알라나는 며칠에 한 번씩 쌍둥이 자매의 안부를 전했는데, 체념과 불신이 섞인 표정으로 고개를 젓거나, 가끔은 울거나, 가끔은 담배를 돌려 타오르는 끝을 바라보곤 했다.

"좋지 않아요."

그녀는 건물 옆면에 담배를 비벼 끄고 양쪽 눈 밑을 손가락으로 비비며 말하곤 했다. 알라나는 우편 담당 사무실에서 익살스러운 남자 두 명과 일했는데, 그들은 알라나 몰래 그녀를 걱정하면서도 농담 따먹기밖에 할 줄 몰랐다. 알라나는 긴긴 오후 내내 우편물을 분류하며 생각에 잠겼다. 마음속에서 누렇게 뜬 채 고통스러워하는 자신의 얼굴과 음울한 민머리를 마주하는 알라나에게 그들은 전혀 도움이 되지 않았다.

조앤에게 그녀에 관한 질문을 하는 사람은 아무도 없었다. 아무도 그녀에게 관심이 없었기 때문이었다. 고향 사람들은 어느 정도 신경을 써주긴 했지만, 이곳 뉴욕 사람들은 아니었다. 조앤의 친척들조차 그녀의 상황을 이해하지 못했다. 그들은 그녀가 뉴욕 시티에 산다고 생각했다. 그녀가 이타카에 있다는 걸 아는 친척들은 그녀가 맨해튼 외곽에 산다고 생각했다.

"시티에서 다섯 시간 거리예요." 조앤은 송별 파티에서 삼촌에게 말했다.

"한 가지만 묻자." 삼촌은 눈을 가늘게 뜨며 말했다.

그는 스스로를 누구보다 세상 물정에 밝은 사람으로 여기며, 시카고 시내에 자주 가곤 하는 단거리 수송 트럭 운전사였다.

"센트럴파크에서 얼마나 머냐?"

"다섯 시간이요." 조앤은 대답했다. "다섯 시간 거리라고요. 이타카예요, 조지 삼촌. 뉴욕 시티랑은 완전히 다른 도시예요."

"삼촌 말 새겨듣고 한 가지만 약속해라." 삼촌은 말했다.

"밤에는 센트럴파크에 가지 마라. 어차피 거기엔 너한테 필요한 게 아무것도 없어."

조앤의 공원은 트레먼이라고 불렸다. 트레먼 공원의 위쪽 입구는 그녀의 집에서 1킬로미터도 안 되는 거리에 있었고, 그녀는 개와 함께 매일 그곳으로 올라갔다. 그러고는 축축한 화강암을 통과하고 거품이 이는 폭포를 지난 후 좁은 골목과 제멋대로 놓인 계단까지 내려갔다. 그늘에서 보니 폭포는 끊임없이 배수구로 쏟아지는 우유처럼 보였다. 맨 아래에는 난간에 '스마일(SMILE)'이라고 새겨진 작은 보행자 전용 다리가 있었는데, 그중 'S'는 세 개의 가로선으로 되어 있어 번개 모양이나 나치의 상징 부호 같아 보이기도 했다. 그녀가 이런 산책을 하는 것은 미소 짓는 일을 피하고, 걷는 내내 얼굴을 찡그리기 위해서였다. 조앤은 앉은부채로 가득한 늪지를 지나 축축한 양치식물 밭을 통과하고, 언젠가 개구리를 삼키느라 입이 엉망이 된 가터뱀을 목격했던 양치식물 밭을 지나, 숲의 출구로 이어지는 가파른 지그재그식 산책로를 걸었다. 매일 조앤은 6킬로미터를 걸었고, 개는 앞서가다 얼마나 갔는지 확인하러 돌아오길 반복하느라 그 두 배를 걸었다. 둘은 함께 숨을 헐떡였다. 사람은 한 명도 마주치지 않았다. 길에는 오직 키가 크고 온화하며 길 위로 울퉁불퉁하고 비틀린 다리를 쭉 뻗은 나무들뿐이었다.

조앤은 지금 하는 일 외에는 아무것도 생각하지 않고, 깃털 같은 개의 꼬리를 따라가는 시간을 좋아했다. 왼발, 오른발, 왼발, 오른발, 왼발, 오른발, 왼발, 오른발, 이것, 저것, 이것, 저것, 이것, 저것, 이것, 저것, 이, 저, 이, 저, 이, 저, 이, 저. 그러다 보면 길, 이따금 머릿속의 푸른 하늘을 질주하는 생각들만 남았다. 그녀가 이타카에 왔을 때 원했던 그대로였다. 아니, 그보다 더 소박했다.

그녀는 아이오와 시티에서의 삶을 좋아했다. 대학에서 우주물리 학술지 관련 일을 하고, 남편과 개들과 함께 참나무에 둘러싸인 오래된 집에서 살던 때까지는 그랬다. 조앤은 과학자를 좋아했고, 그들의 온화함과 집중력을 좋아했다. 보이지 않는 복잡한 것들은 이해하면서 제때 머리를 감는 일이나 「거대한 추진기가 스프레드-F 지역에 미치는 영향」*이라는 논문 제목이 왜 웃긴지와 같은 간단한 것도 이해하지 못하는 게 좋았다.

결혼생활도 좋았다. 남편이 그녀를 버리고 그들의 친구 중 한 사람과 만나기 전까지는 그랬다. 조앤은 그 일의 갑작스러움과 마음속에 벌어진 틈으로 찾아온 공허함 때문에 약간의 신경쇠약을 겪었다. 어느 날 아침, 조앤은 욕조에서 수건에 얼굴을 묻고 훌쩍이면서 말도 못 하는 상태로 언니에게 전화를 걸었다. 10킬로미터 떨어진 고향에 사는 그녀의 언니는 차를 몰고 와서 뚜껑 닫은 변기 위에 다리를 꼬고 앉았다. 언니는 자기가 가져온 신발 상자에 담긴 약통을 뒤적거리며 이혼용 약을 찾아 헤맸다. 조앤은 욕조 밖으로 나와 수건으로 몸을 감싸고 가장자리에 앉았다.

"이거 먹어." 언니는 말했다. "녹는 버터가 된 기분일 거야."

언니는 약 한 알을 먹고 조앤에게도 한 알 주었다. 그들은 어렸을 때처럼 같은 침대에 완전히 뻗어 오후 내내 잠을 잤다.

---

* 성적인 은유로 해석될 수 있음.

조앤은 아이오와의 친구들을 좋아했다. 어느 한 시점까지가 아니라 평생 그랬다. 친구들이 이혼할 때 그녀가 힘이 되어줬듯 그녀가 이혼할 때도 친구들이 힘이 되어줬다. 개중에는 명령조로 말하는 친구도("그놈 생각은 말고 네 생각만 해") 비현실적인 친구도("넌 절대 후회 안 할 테지만, 그놈은 후회할 거야") 희망조로 말하는 친구도("손 안 대고 코 풀었네"), 독특한 친구도("술은 어딨어?") 있었다. 그들은 조앤의 전남편이 남기고 간 물건들을 차고로 옮기는 걸 도와주고 농가 뒷마당에 모닥불을 피웠다. 그들은 주변을 서성거리며 거듭 올해가 조앤의 해라고 주장했다. 그동안 조앤은 상자 중 하나에서 꺼낸 허름한 다운조끼를 입고 무릎을 안아 웅크린 자세로 잔디 의자에 앉아 있었다.

그 후 우주 학술지는 다른 누군가가 인계받았고, 조앤은 어떤 명예교수와 함께 일하게 됐다. 명예교수는 그의 이름을 딴 건물 최상층에 있는 사무실에서 빈둥거리고, 반쯤 은퇴한 비서에게 명령을 내리며 하루를 보냈다. 비서는 P 부인이라고 불리는 나이 든 여자였는데, 안과 질환 때문에 어두운 안경을 썼고, 냄새가 독한 향수를 뿌렸다. 매일 아침 그들의 논문 진행 상태를 묻는 과학자들의 이메일이 쌓여갔다. 명예교수는 몇 시간을 고민하다 예의만 차린 알맹이 없는 답장을 썼고, P 부인은 이것을 열심히 타이핑하고 인쇄해, 자동 소인 기계 대신 자기가 소유한 우표를 붙여 과학자들에게 보냈다.

조앤은 결국 진절머리가 났다. 이혼으로 인한 고통, 그 격차, 조앤이 무슨 책을 읽고 있는지 물었던 예전 편집인 대신 커피를 타 오게 시키는 편집인과 일하게 된 것도. 처음에는 놀라서 커피 심부름을 했다. 두 번째에는 자신도 커피가 마시고 싶어서 했고, 세 번째에는 자기 자리로 가려면 계단을 오르내려야 했던 P 부인에게 연대감을 느꼈기 때문에 했다. 네 번째, 다섯 번째, 그리고 여섯 번째에는 그의 이름이 사전에 등재돼 있었기 때문에 했다.

프린터는 누가 고장 낸 건지 매일 아침 켜면 그날의 격언이 인쇄된 종이 한 장을 뱉어냈다. 한번은 '정치인들은 연인으로 부적합하다'라는 말이 적혀 있었는데, 조앤은 그것을 접어 대학 봉투 안에 넣은 후 지역 정치인이었던 전남편에게 부쳤다. 그때는 자동 소인 기계를 썼다. 또 다른 날은 이렇게 적혀 있었다. '가끔은 허허벌판에 놓인 스스로를 발견할 때가 있다. 그리고 가끔은 허허벌판에서 진정한 자아를 발견할 때가 있다.' 조앤이 가장 좋아하는 제리 가르시아*의 격언이었다. 또 다른 날은 '여행자여, 길이란 건 없다. 걷는 곳이 길이다'라는 격언이 적혀 있었다. 조앤은 그 종이를 재활용하는 대신 책상에 놓고 보았다. 여행자여, 길이란 건 없다. 걷는 곳이 길이다. 작자 미상의 격언이었고, 그 사람은 옳았다.

러시아인들은 제시간에 도착했지만, 면도를 깔끔히 하지 않은 데다 숙취가 심했다. 두 명은 국토 횡단용 이사 트럭의 앞자리에 타고 왔다. 그들은 커다란 컵으로 커피를 마시며 공손한 인사

* 그레이트풀 데드의 보컬 겸 기타리스트.

를 건넸다. 그녀가 보기에 모순적일 정도로 극진히. 이미 반쯤 찬 트럭에는 이삿짐 포장용 물품 대신 두 명의 남자가 더 있었다. 그들은 골판지로 된 바닥에 앉아 담배를 피우며 낡은 피자 상자에서 크러스트를 꺼내 먹고 있었다. 거실 한구석에 모인 그들은 20분 동안 커피를 마시며 전화번호부 한 권과 세탁 바구니로 그녀의 모든 짐을 어떻게 포장할지 러시아어로 논의했다. 그녀가 다가가자, 그중 한 남자가 말했다.

"아가씨가 걱정할 일은 아네요. 아가씨가 걱정할 건 나중에 따로 있을 거예요."

아이오와 시티의 집은 화려하기는 했지만 무너져가고 있었다. 높은 천장과 미닫이 쪽문이 있었고, 황량한 메아리가 울려 퍼졌다. 값나가는 웬만한 것들은 전남편에게 주었지만, 남은 물건 대부분마저 길가에 내놓아 대학생들이 자유롭게 가져가게 두었다. 오토바이를 타고 온 대학생들은 그릇, 새장, 제임스 갱과 그레이트풀 데드의 빈티지 LP, 정원 갈퀴, 빛바랜 킬트, 골동품인 격자 차양을 싣고 조심히 균형을 잡으며 떠났다. 남은 물건들은 쓰레기장으로 향했다. 조앤과 친구 사라는 약에 취해 감자칩을 먹으며 빌린 픽업트럭을 몰았다. 쓰레기 매립지에 도착해서는 스펀지 같은 바닥으로 남은 물건들을 던졌다. 옆에 놓인 물건과 물건이 담긴 상자를 던지던 사라는 결국 "이것도 버린다고? 이거까지 버려?"라며 눈물을 터뜨렸다. 그들이 물러나자, 근처에 정차해 있던 불도저가 앞으로 다가오며 엉망진창이 된 주변에 흙을 뿌렸다. 창밖으로 몸을 기대고 있던 사라는 놀라서 멍한 표정을 지었다.

그렇게 조앤은 과거를 지웠지만, 변변찮은 현재를 포장하는 일이 남았다. 그녀는 차를 몰고 식료품 가게로 가 더러운 농산물 상자와 끈으로 묶은 납작하게 눌린 판지 상자 더미로 해치백을 가득 채웠다. 집에 가니 이삿짐센터 사장이 트럭 운전석에서 커다란 테이프 롤 한 덩이를 꺼내 높이 들며 뿌듯한 표정을 지어 보였다.

와이셔츠 없이 정장 바지만 입은 금발의 남자는 전화번호부 종이로 모든 주방 살림살이를 포장했다. 그는 책에 책갈피를 꽂듯 접시 사이사이에 전화번호부 페이지를 한 장씩 끼워 넣었다.

"왜 그렇게까지 하는 거예요?" 조앤이 물었다.

"아가씨, 이삿짐 포장은 해야죠." 그는 과장된 몸짓과 함께 눈알을 굴리며 답했다. "포장도 안 하고 이사할 수 있을 줄 아시나."

그녀의 침실에서는 한 남자가 성의 없이 신발과 책을 한꺼번에 얄팍한 상자 안에 던져 넣고 있었고, 또 다른 남자는 깊은 생각에 잠겨 그녀의 침대 옆 탁자 서랍 안을 들여다보고 있었다.

트럭에 조앤의 물건을 쑤셔 넣자마자, 이삿짐센터 사람들은 다음 목적지로 가버렸다. 그곳이 어딘지는 몰라도, 네 남자 모두 앞자리에 탄 채로. 조앤은 부동산 중개인에게 집 열쇠를 건네고, 친구들에게 작별 인사를 했다. 친구들은 도로에 서서 그녀를 향해 손을 흔들었다. 나란히 선 여자들의 얼굴에는 조앤과 같은 밝으면서도 겁에 질린 미소가 서려 있었다.

8월이었고, 더웠다. 조앤은 6번 고속도로를 타고 떠났다. 나무 한 그루 없는, 옥수수밭이 끝없이 이어지는 비좁은 2차선 도로였다. 운전석 창문으로 햇빛과 바람이 쏟아졌다. 도로를 달리기 시작한 지 15분 만에 조앤은 사고 현장을 마주했다. 조앤의 차는 앞에서 세 번째였다. 흰 와이셔츠를 흔드는 운전자 때문에 차들이 멈춰 섰다. 운전자 바로 뒤로, 배수로에 거꾸로 처박힌 스포츠카와 구겨진 가드레일에 꽂힌 SUV의 잔해가 보였다. SUV는 창살이 단단해서 전혀 구부러지지 않은 모습이었다. 사고 현장을 차마 볼 수 없었던 조앤은 개와 함께 차에서 내려 뒤돌아섰다. 둘은 도미노가 쓰러지듯 점차 길어지는 자동차 행렬을 바라봤다.

마침내 프로펠러에 매달린 헬리콥터가 나타났고, 위쪽 포장도로에 어색하게 자리를 잡았다. 잔해를 실은 헬리콥터는 굉음을 내며 날아올랐다. 그러고는 차들 위로 방향을 틀어 잠시 불안하게 맴돌더니, 서쪽으로 쏜살같이 날아갔다. 차들은 다시 움직이기 시작했고, 풀 죽은 듯 느린 행렬로 풍경을 가로질러 도로를 기어갔다. 마치 이파리를 먹는 애벌레처럼.

이타카의 늦여름과 초가을은 이타카의 범퍼 스티커에 쓰인 그대로, 화려한 협곡들이 가득했다. 공원의 좁은 통로는 조앤의 깊은 균열로 이어졌으며, 그것이 외부화되어 그녀는 매일 오후 그곳으로 걸어들어가 반대편으로 나올 수 있었다. 커다란 유리문으로 나무가 내다보이는 조앤의 소박한 집, 밤에 그녀 품 안에서 잠자는 작은 개, 매일 아침 커피를 마시며 꿈을 그리도록 해주는 시간제 근무, 직장의 훌륭한 주차 공간, 도베르만을 기르며 자갈길을 따라 아무렇게나 차들을 세우고 수상한 모임을 갖던 나쁜 사람들. 조앤은 그들을 좋아하기로 마음먹었다. 그녀가 차를 몰고 근처를 지나갈 때 그들이 총구를 바닥으로 내려서이기도 했고, 또 그들이 두려워서이기도 했다.

코넬 대학교의 프리미엄 주차 공간은 새로 온 상사 에드가 확보한 것이었다. 그가 너무 친절하고 사려 깊었던 나머지 조앤은 에드가 주차 공간을 얻어주려고 누군가에게 매달 웃돈을 얹어주는 건 아닐까 의심했다. 조앤이 일하는 직장의 장점은 그 두 가지, 주차 공간과 에드뿐이었다. 그 이외의 모든 것은 치명적이었고, 지독하게 따분해서, 사람들은 매일 아침 꿈에서 간신히 빠져나와 각자의 꿈을 그릴 수밖에 없었다.

사회심리학자들은 모두 아주 평범하고 좋은 사람들 같았고, 그들이 연구하는 주제와는 한참 멀어 보였다. 그들은 길고 고된 논문을 써서, 혼자 살며 사회적 접촉이 없는 사람이 다른 사람과 같이 살며 사교적인 삶을 사는 사람보다 더 외롭다는 것을 증명했다. 그리고 조앤에게 전화하면 쉽게 해결될 문제도 NSF*의 자금 지원을 받는 광범위한 실험 주제로 만들었다.

조앤의 아이오와 친구들은 그녀를 버리지 않았다. 그중 두어 명은 매일 내지는 며칠에 한 번씩 그녀의 안부를 물으며 쓸데없는 대화를 나눴다.

"에디네 핑크 공장은 잘 돌아가고 있어?" 메리가 종종 물었다. 에드가 핑크 폴로셔츠에 카키색 바지를 입곤 했기 때문이다. "사회수프학은 어떻고?"

---

* 　미국 연방 정부에서 설립한, 과학 및 공학 분야의 연구와 교육을 지원하는 재단.

사회학이란 게 딱딱하지 않은 과학인 건 사실이었다. 하지만 천체물리학 같은 학문과는 달리 교양 있는 학문이기도 했다. 예를 들어 사회학의 수프에 녹아든 사람 중 너무 오랫동안 망원경을 들여다보는 바람에 기절한 사람은 한 명도 없었다. 조앤에게 부적절한 선물을 하거나 실수로 아내의 셔츠를 입고 출근하는 사람도 없었다. 사실 일을 하는 사람은 조앤을 비롯해 아무도 없었다.

"주말에 뭐 할 거야?" 팻은 매주 금요일마다 물었다.

조앤의 주말은 항상 비슷했다. 토요일에는 그림을 그리고, 등산하고, 협동조합에 가고, 태국 음식을 포장해 와서 영화를 봤다. 일요일에는 그림을 그리고, 등산하고, 쇼핑몰에 가고, 태국 음식을 포장해 와서 영화를 보고 독서를 했다. 쇼핑몰은 시러큐스에 있었다. 시러큐스는 햇빛이 드는 도시 중 가장 가까웠다. 조앤은 쇼핑몰의 회전목마 지붕이 보일 때까지 한 시간이 넘도록 고속도로를 달려갔고, 다시 자아를 찾은 기분이 들 때까지 하이킹 부츠 차림으로 로드 앤드 테일러 매장을 배회했다. 그러고는 차를 몰고 집으로 돌아왔다. 언젠가 팻이 그녀에게 사흘짜리 주말 연휴가 다가온다는 것을 상기시켜 주었을 때, 조앤은 일하다 말고 책상에 앉아 울음을 터뜨렸다. 생각보다 괜찮았다. 셋째 날에 조앤은 냉장고 청소를 한 뒤 차를 몰고 32킬로미터를 달려 터개닉 공원까지 갔다. 그곳에는 깊은 물웅덩이로 떨어지는, 길고 좁은 은빛 리본 같은 폭포가 있었다. 조앤은 의자처럼 튀어나온 바위에 앉아 책을 읽으며 10분 남짓마다 시간이 얼마나 지났나 확인했다. 그동안 셰바는 이끼가 잔뜩 긴 바위 위를 돌아다녔다. 한 시간 후, 그들은 포장한 태국 음식과 함께 집으로 돌아갔다.

한번 내리기 시작한 눈은 도무지 그치지 않았다. 항상 쌓이지는 않았지만, 눈은 항상 내렸다. 눈은 보이지 않고 곧은 핀이 얼굴로 쏟아지는 듯한 느낌만 들 때도 있었다. 언젠가부터 위장한 남자들이 공원에 나타나기 시작했다. 한번은 은색 몸통에 파란색 플라스틱 뚜껑이 달린 보온병이 공중에 떠다니고 있었다. 자세히 보니 그 보온병은 나무에 기대 석궁을 든 채로 조앤을 관찰하고 있는 사냥꾼 손에 들려 있었다.

"개 혼자 그렇게 멀리까지 앞서가게 두면 안 되죠." 사냥꾼은 그를 지나쳐 가는 조앤에게 말했다.

조앤이 그렸던 꿈 중에는 화살에 관통당하는 꿈도 있었다. 꿈이라 아프지는 않았지만, 큐피드의 화살처럼 화살촉이 뾰족해서 뽑을 수 없었다. 그림에서 잠옷을 입은 조앤은 화살을 향해 몸을 구부리고 있었고, 눈은 성인 잡지 속 한 장면처럼 검은색 막대로 가렸다. 조앤은 꿈이 그녀에게 뭔가를 말하려 하는 건 아닐까 생각했다. 더는 공원에 가지 말라는 경고 같은 것 말이다.

조앤은 핑크 에디 공장의 도급 일에 뛰어들었다. 눈 깜짝할 사이에 검토자들에게 논문을 보냈고, 그들의 답변을 모은 다음 씩씩하게 캠퍼스를 가로질러 에드에게 공유했다. 한술 더 떠서 그녀는 에드의 집에서 그의 아내와 함께 저녁 식사를 하기도 했다. 에드의 아내는 따뜻하고 사랑스러운 사람이었다. 저녁 식사 자리에는 한국에서 온 박사후연구원과 그의 아내도 함께였다. 연구원의 아내도 따뜻하고 사랑스러운 사람이었지만, 영어를 거의 하지 못했다. 그녀는 언젠가 아무도 보고 있지 않다고 생각하고, 화난 주부처럼 커피 테이블을 노려보며 손으로 머리를 헝클어뜨렸다.

눈이 쌓이기 시작할 무렵이었다. 포장재처럼 딱딱해진 눈더미 위를 걸을 때마다 삐걱대는 소리가 났다. 집 굴뚝에서 피어오른 회색 연기가 회색 하늘 속으로 흩어졌고, 그녀는 형형색색의 마커를 사는 것으로 맞대응했다. 마커들은 플라스틱 회전판에 꼿꼿이 서서 드로잉 테이블 절반을 차지한 채 구현 가능한 모든 원색의 색조를 뽐냈다. 어느 토요일, 조앤은 누군가가 보내준 비비스와 벗헤드 DVD 박스 세트를 정주행하고는 팟타이를 토했다. 어느 날 조앤은 개를 산책시키는 중에 도베르만 떼에게 공격당했다. 셰바는 눈이 거의 멀어 앞을 분간조차 못 하면서도 도베르만을 죽이려 들었고, 퇴마 의식 같은 소리를 내며 빙빙 돌았다. 도베르만들은 그들을 따라오며 털을 곤두세우고 으르렁거렸다.

"망할 개들 좀 치워주시죠?" 그녀는 마당에 서서 지켜보는 사람들을 향해 소리를 질렀다.

"머핀." 잠시 후 여자가 입을 뗐다. "트리나."

개들은 뻣뻣한 다리로 몇 걸음 더 걸은 후에야 몸을 돌려 차도를 따라 집으로 달려갔다.

그쯤부터 조앤은 친구를 만들어야겠다고 생각했다.

하지만 조앤이 계획을 세우기도 전에, 그녀의 아빠가 심한 독감에 걸렸다. 독감은 곧 암으로 밝혀졌다. 몇 주 동안, 조앤의 언니는 아빠가 방사선 치료와 항암 치료를 받도록 병원에 모시고 다니며 자세한 사항을 보고했다. 아빠의 피부에 네임펜으로 그려진 다이어그램, 구부러진 빨대로 마시는 영양 셰이크의 녹인 분필 같은 끔찍한 맛, 대기실의 시끄러운 텔레비전 소리, 무릎담요를 덮은 채 몸을 벌벌 떨며 항암제를 맞고 있는 환자들 사이, 화면 속에서 악마 같은 춤을 추는 엘런 드제너러스.

조앤은 매일 치료가 끝나면 전화를 걸어 활발한 목소리를 꾸며냈고, 저녁에 또다시 전화를 걸어 저녁으로 뭘 먹을 거냐고 물었다. 아빠는 언제나 똑같이 "영양 밀크셰이크지 뭐"라고 대답했다. 아빠는 전처럼 대화를 마무리할 때면 거의 매번 "네 작은 강아지는 잘 지내니?"라고 물었다. 아빠는 '셰바'라는 이름을 말한 적이 없었다. 개를 직접 부를 때조차도.

어느 날 아빠가 전화를 받지 않자 조앤은 언니에게 연락했다. 그날 차를 몰고 간 언니는 바닥에 쓰러진 아빠를 발견했다.

그날 저녁 병원 복도에서 언니는 전화에 대고 속삭였다.

"이대론 안 되겠어."

두 시간도 채 지나지 않아, 조앤과 개는 차에 올라탔다. 뉴욕 서부의 눈 덮인 도로를 천천히 지나, 마른 포장도로를 밤새도록 빠르게 달렸다. 요란한 음악과 반짝이는 별들 아래서 한참을 운전한 후, 새벽 무렵 중서부에 이르러서야 속도를 늦출 수 있었다.

그들은 아빠를 의자에 앉혔다. 아빠는 눈을 감고 몸을 축 늘어뜨렸다. 아빠는 더 작아 보였고, 잠시나마 아빠다운 강렬한 광채를 발산하고 있었다. 그래서 복도에 서 있던 조앤은 아빠를 알아보지 못했다. 아빠 곁에 아빠의 여자 친구들 중 한 명인 코니가 앞에 큰 체크무늬 하트가 그려진 운동복 차림으로 앉아 있었다. 코니는 생각에 잠긴 얼굴로 자기 신발을 이리저리 돌려보고 있었다. 그녀는 뜨개질 가방 안에 손을 집어넣었다. 그러고는 긴 파란색 바늘을 꺼내 운동화 밑창을 찔러대서 무언가를 떼어낸 다음 크리넥스로 집어 들고 쓰레기통에 버렸다. 그 후 코니는 신문지 더미를 정리하고 침실용 탁자의 서랍을 열었다.

"와, 필요한 건 진짜 다 주네."

아빠는 몸을 일으켜 세워 코니의 말에 동의하고는 다시 눈을 감았다.

"누가 왔는지 좀 봐!" 코니가 소리쳤다.

아빠를 안으려 무릎을 꿇는 순간, 조앤은 살짝 정신이 아득해지는 듯한 기분이 들었다. 그는 심령체 같았다. 한쪽 손을 천천히 들어 올려 명상하듯 얼굴을 쓸어내리고는 다시 무릎 위에 부드럽게 내려놓았다. 바지를 입지 않은 아빠의 다리는 아주 연약해 보였고, 떨리는 것처럼, 투명한 것처럼 보였다. 그때 아주 큰 소리로 전화벨이 울려 모두가 움찔했다.

"소리를 너무 키워놨네." 코니가 말했다.

그녀가 부른 택시가 로비에 도착했다는 전화였다.

덩치 크고 무뚝뚝한 간호사가 아빠를 돌보는 동안, 그들은 엘리베이터로 걸어갔다. 조앤과 언니는 아빠의 여자 친구 중 코니를 가장 좋아했다. 오래전 세상을 떠난 엄마와 가장 닮은 사람이었기 때문이다. 코니는 파티를 즐기긴 했지만, 재치를 잃지 않는 사람이었다. 그날 밤, 코니는 빙고를 하러 갈 예정이라며 다음 날 오후에 돌아와 아빠 곁에 있어주겠노라고 말했다. 엘리베이터 문이 열리고, 코니는 엘리베이터에 오르기 전에 조앤을 짧지만 강하게 안아주었다. 둘 다 울고 있었다.

간호사는 아빠가 침대에 다시 눕도록 도왔다. 그녀는 이불을 아빠의 어깨까지 정갈하게 끌어올린 다음 뒤로 접었다. 아빠는 왼편의 창문을 응시하고 있었다. 조앤이 서 있는 위치에서는 창밖으로 메르세데스 벤츠와 BMW로 가득한 의사 전용 주차장이 보였지만, 환자 위치에서는 파란 하늘과 베개처럼 폭신한 중서부의 구름만 보였다.

"하늘 좀 봐, 아빠." 조앤은 말했다.

아빠는 계속해서 바라보았다. 거의 보이지 않을 정도로 조금씩, 무언가 작은 것을 씹듯 턱을 움직였다. 조앤은 아빠 곁으로 의자를 끌어당겨 그와 함께 창밖을 바라보았다. 푸른색, 구름, 이따금 미끄러지듯 나는 새들. 어느 순간 그녀는 아빠의 손을 잡았다. 아빠는 조앤이 무슨 말을 하기라도 한 듯 고개를 끄덕이고는 계속 밖을 바라보았다.

조앤의 어린 시절 절친은 장례식에 참석하기 위해 시카고에서부터 차를 몰고 왔다. 장례식 전날 밤, 두 사람은 고등학교 시절 그랬듯 팝콘을 만들고 부모님의 찬장에서 술을 꺼내 마셨다. 그러고는 예전처럼 조앤이 쓰던 트윈베드에 누워 어둠 속에서 속삭였다. 이제는 그들이 시끄럽게 한다 해도 방해받을 사람은 아무도 없었지만 말이다.

열여섯 살이 되기 전, 두 사람은 어딜 가든 각자의 아빠에게 운전을 부탁했다. 아빠들은 군소리 없이 그들의 부탁을 들어줬다. 리즈의 아빠는 팔이 하나뿐이었고, 조앤의 아빠는 때로 술에 취한 상태였는데도 말이다.

"이제 괜찮은 남자는 한 명도 안 남았네." 리즈는 속삭였다.

어느 날 오후, 코니는 아빠 곁에 앉아 있었고 조앤과 언니는 물건을 어떻게 정리할지 고민하기 위해 집으로 돌아갔다. 조앤은 다이닝룸 카운터의 서랍을 열었다. 온 가족이 함께 쓰는 빗과 실핀, 머리핀을 보관하는 곳이었다. 아주 오래전, 조앤은 거기에서 엄마의 머리카락이 묻은 채 오래 보관되어 있던 빗을 발견했다. 엄마가 죽기 전, 심지어 엄마가 항암 치료를 받기 전 쓰던 물건이었다. 그 빗을 발견한 순간 조앤과 언니는 완전히 무너져 내렸고, 결국 집을 정리하고 물건을 처분해줄 사람을 구하기로 했다.

장례식과 모든 절차를 마친 다음 조앤은 다락방의 물건들을 상자 두 개에 모아 담았고, 셰바를 찾은 다음, 엄마가 그랬듯 담배에 불을 붙이고 창밖을 바라보며 부엌 전화기로 언니에게 전화를 걸었다.

"너랑 장례식을 한 번 더 치러서 재밌었어." 언니는 말했다. "조만간 또 하자."

"다음은 내 장례식일 수도 있지." 조앤은 말했다. "농담이야."

"너 친구 좀 만들어." 언니가 말했다. "리즈도 너더러 친구 좀 만들어야겠다고 하더라. 너를 두고 회의를 했거든."

"나에 대해 회의적인 건 아니겠지." 조앤은 말했다.

밖에서 검은 다람쥐가 나무 밑 주변의 냄새를 맡고 있었다.

"진심이야." 언니가 말했다.

두 사람은 이제 서로의 엄마였다.

검은 다람쥐는 유리로 된 미닫이문으로 다가오더니 앞발을 갖다 대고 안을 들여다보았다. 작별 인사를 마친 후, 마지막으로 새 모이통을 채우던 조앤은 찬장에서 땅콩이 든 병을 발견하고는 나무 밑동 주변에 쏟았다.

"모이통 채워놨어, 아빠."

그녀는 빈집을 향해 외치고는 차를 몰아 이타카로 돌아갔다.

집에 돌아온 후 조앤은 담배를 끊었다. 하루에 두어 번 밖으로 나가 알라나와 함께 벽에 기대어 서 있을 때를 제외하고 말이다. 조앤이 3주간 자리를 비운 사이 알라나의 언니는 세상을 떠났다. 그들은 차가운 건물 벽에 기대어 아무 말 없이 함께 몸을 떨었고, 다른 모든 것이 그러하듯 서둘러 흩어지는 담배 연기를 바라봤다.

조앤은 요가 강습을 받으러 다니기 시작했다. 수강생 모두 그녀보다 훨씬 유연했다. 지저분한 거실에서 괴팍한 수도승이 진행하는 명상 강습에도 나가기 시작했다.

"쿠션을 놓으려면 러그에 있는 잡동사니를 치워야 해." 그녀는 팻에게 말했다.

"정말 수도승 맞아?" 팻이 물었다.

"진짜인 것 같아. 다들 그 집에 살고, 가운을 입거든."

조앤을 포함한 명상 강습생 모두 각자 다른 방식으로 조금 어색해 보였다. 하지만 그녀는 수요일 밤마다 45분 동안 눈을 감고 공원을 통과하는 길을 상상하는 시간을 좋아했다. 왼발, 오른발, 왼발, 오른발. 그녀는 여기저기 박힌 못에 아슬하게 걸린, 천 원 상점에서 산 루미의 명언이 담긴 액자를 좋아했다. '사랑은 너와 모든 것 사이의 다리다.' 이것, 저것, 이것, 저것. 그러다 보면 어느새 상상 속의 회색 하늘과 카펫의 희미한 냄새만 남았다.

조앤의 건물에서 일하는 누군가가 요가 강습소에 나타났다. 창백한 얼굴에 신여성 같은 단발머리를 하고 짙은 립스틱을 바른 여자였다. 그녀는 아침마다 논문 사무소를 지나쳐 계단을 올라갔는데, 그녀가 입고 있는 옷이 조앤에게 깊은 인상을 남기곤 했다. 물결치는 슬랙스와 맞춤 드레스, 딱 달라붙는 치마와 사무적인 블라우스. 어느 가을날에는 벨트가 달려 있고, 펠트 꽃을 덧대 장식한 부드러운 소재의 재킷을 입었다. 끔찍한 옷처럼 들리지만 그렇지 않았다. 조앤의 눈에 가장 마지막으로 띈 건 신발이었다. 플랫, 앵클부츠, 굽만 없다면 남성용 신발이라 해도 믿을 법한 날씬한 윙팁 구두. 그 여자의 요가 실력은 꽤 형편없었다. 모두가 바닥에 손이 닿을 때까지 몸을 구부릴 때도 그녀는 거의 똑바로 선 자세를 유지했다.

"난 태양이 없어지기 전까지 태양 경배 자세는 안 할 거예요." 조앤은 물구나무를 서는 다른 수강생들을 바라보며 그녀의 귓가에 속삭였다.

"전 그냥 집구석에서 나오고 싶어서 온 거예요." 여자도 속삭이며 대답했다.

"삼각 머리 서기 자세를 해볼까요?" 강사는 부드럽게 물었다.

그녀는 70대 초반이었고, 하렘 바지와 라벤더색 레오타드를 입고 있었다. 그녀는 올림머리를 한쪽으로 한 후, 정수리를 바닥에 대고 무릎을 팔꿈치에 괸 채 균형을 잡으며 거꾸로 뒤집힌 얼굴로 미소 지어 보였다.

'당신은 황홀경의 몸짓으로 움직이는 우주다.' 못에 걸린 채 흔들리는 루미의 명언들 중 하나였다.

삼각 머리 서기 자세를 하던 어느 날, 조앤은 다리를 천천히 들어 올리며 균형을 잡았다. 선생님은 조앤의 발목에 닿을 듯 말 듯한 거리를 유지하며 그녀 뒤쪽에 서 있었다.

"요가 수업에서 만난 사람이 있어." 다음 날, 조앤은 메리에게 말했다.

"같은 건물에서 일하는 여자야. 이름은 디어드리고, 기술 작가래. 정확히 무슨 일을 하는 직업이냐고 물었더니 '글쎄요, 기술적인 일이죠'라고 하더라고. 유머 감각 있는 사람이야."

"남자라도 만났다는 줄 알았네." 메리가 말했다. "그치만 정말 잘됐어."

그날 오후, 디어드리는 퇴근길에 조앤의 사무실에 들러 주말에 함께 파티에 가자고 했다. 자기 이웃이 파티를 여는데, 그 사람 외에는 파티에 아는 사람이 아무도 없다면서 말이다.

"이웃은 어떤 사람인데요?" 조앤은 물었다.

"잘 몰라요. 그냥 남자 과학자예요." 디어드리는 말했다. "그 사람은 좀⋯." 그녀는 머리 주변에서 손을 흔들어 보였다. "제가 아는 건 집에 식물이 엄청 많다는 것뿐이에요. 눈을 뚫고 자전거를 타는 사람이라는 거랑요."

조앤은 끽해야 지인 비슷한 사람 한 명 말고 아무도 모르는 파티에 참석하기엔 부끄럽다는 생각이 들었다. 만약 아무도 말을 안 걸면 어쩌나. 그러다 어차피 이타카에서는 아무것도 상관없다는 사실을 떠올렸다.

"좋아요." 그녀는 대답했다.

토요일 오후, 조앤은 셰바와 함께 헛간에서 장작을 실어 나른 후 나란히 소파에 웅크려 앉아 영화를 봤다. 눈이 내리고 있었다. 잠에서 깨보니 하늘은 빛바랜 숟가락 색에서 검은색으로 바뀌어 있었다. 평소보다 괜찮아 보이려고 단장할 시간도 없었다.

차에서 눈을 터는 동안 영겁의 시간이 흘렀다. 결국 조앤은 차 위에 높은 왕관처럼 생긴 눈더미를 남겨놓았다. 차가 꼭 1980년대에 유행한 머리 스타일을 한 것 같았다. 조앤은 옆으로 미끄러지며 커다란 언덕을 내려간 다음 차를 지그재그로 몰며 시내로 향했고, 다른 파티 참석자들과 정확히 동시에 파티 장소에 도착했다. 누군가가 조앤의 차 바로 뒤에 주차했다.

파티 장소는 오래된 아이오와 농가처럼 테라스가 넓었고, 물방울이 맺힌 것처럼 오돌토돌한 유리로 된 현관문이 있었다. 도로의 눈이 엉성하게 치워져 있어서 그들은 조심스레 계단을 올라 현관으로 향했다. 두꺼운 스웨터를 입은 키 큰 남자가 문을 쾅쾅 두드린 후 밀어 열었고, 참석자들은 우르르 안으로 들어갔다.

사람들은 어색하게 부츠에 묻은 눈을 털며 미소를 짓고, 모자에 눌린 머리를 정리하려 애썼다.

"저는 디어드리예요." 디어드리는 수염이 무성한 통통한 남자에게 말했다.

"아리예요." 남자가 대답했다.

"크리스예요." 짧은 빨간 머리 여자가 코트 지퍼를 내리며 말했다. "이쪽은 다이앤이고요."

다이앤이 인사하자 스웨터를 입은 키 큰 남자가 말했다.

"저는 토르예요."

"조앤이에요."

로비는 깨끗했고, 살구색 벽지와 깔끔한 래그 러그 이외에는 아무것도 없었다.

로비 바로 너머에는 부엌이 있었다. 도마 위에 큰 마늘 송이들이 다발로 매달려 있었고, 열린 선반에는 화사한 도자기가 놓여 있었으며, 등받이가 사다리처럼 생긴 의자에는 조앤의 엄마가 만든 것처럼 생긴 수타면이 걸려 있었다. 오른편의 방에는 고사리 화분과 난 화분, 잎 사이로 빛이 반짝이는 벤저민 나무, 기타 거치대 옆 붉게 핀 베고니아, 커다란 회색 소파가 놓여 있었다. 집 안에서는 익숙한 음악이 흐르고 있었다. 그녀의 오랜 친구인 제리 가르시아의 곡이었다.

다이앤은 코트를 어디에 둬야 할지 물었고, 아리는 닫힌 문을 가리켰다.

때때로 빛이 들이쳤다. 집 안은 따뜻했고, 사람들이 내뿜는 분위기는 마치 조앤의 집에 있는 것 같은 기분을 느끼게 했다. 이곳은 황홀경의 몸짓으로 움직이는 우주였다. 사실 두 개의 문이 있었는데, 그녀는 발을 내디뎌 오른쪽(right)의 잘못된(wrong) 문을 열었다.

지금

    드디어 그날이 다가왔다. 강연을 하는 날이 아니라, 강연 에세이를 쓰는 날 말이다. 다른 가능한 모든 일은 수도 없이 해봤다. 독서, 수면, 사색, 독서, 사람들과 어울리기, 더운 날 야외 잔디밭 의자에 앉아 있기, 돌담에 새 먹이로 부러진 옥수수를 두기, 얼룩다람쥐와 슬퍼하는 비둘기 사이의 아주 가벼운 싸움 지켜보기. 나는 한쪽 편을 들기로 한다. 비둘기가 옥수수를 자잘하게 한 알씩 쪼아 먹을 때, 얼룩다람쥐는 돌담 이 끝에서 저 끝까지 오가며 진 공청소기처럼 옥수수를 흡입하고 있었기에. 조금 더 독서하기, 더 많이 독서하기, 매일 저녁 강아지를 차에 태우고 시골길을 천천히 운전하며 밤공기를 쏘여주기. 어둠 속에서 다른 차들이 우리를 지나치게 두면서 테리 그로스[*]가 사람들에게 하는 질문을 듣고, 그에 대한 사람들의 대답을 듣기. 벨몬츠와 결별한 싱어송라이터 디온은 두왑**을 포함한 모든 음악에 대한 강박적 사랑과 백과사전적 지식으로 나를 놀라게 했다. 디온이 음악을 그렇게 잘 아는 게 왜 그렇게 놀랄 일이었을까? 잘 생각해보자, 조. 집중하자. 셔먼 알렉시가 무슨 말을 해서 차를 세우고 영수증에 그 말을 적어두었다가 끝부분을 잊어버렸잖아. 그 바람에 다음 날 저녁에 인터뷰를 처음부터 끝까지 다시 들어야 했고. 마지막 문장의 절반을 적겠답시고 다시 차를 세웠잖아. X가 뭐라고 말했길래 네가 '맙소사, 사람들이 에세이 작가를 싫어하는 게 바로 이래서야'라고 할 정도로 짜증이 났는지 기억해내. 브루스 스프링스틴이 뭐라고 말했길래 거의 짜릿해하며 '사람들이 에세이 작가를 사랑하는 게 바로 이래서야'라고 했는지 기억해내. 비틀즈 사진을 찍은 아스트리드가 뭐라고 말했는지, 그게 어떻게 존 레논 생각으로 이어졌는지 기억해내. 존 레논은 아스트리드의 남자 친구였던 스튜어트를 너무 마음에 들어 했지만, 스튜어트는 비틀즈 합류를 예의 바르게 거절했지. 그 선택을 후회하지는 않았을 거야. 이후 얼마 못 가 뇌동맥류로 죽지 않았더라도 말이야. 스튜어트는 그만큼 확실한 예술가였으니까.

물론 테리 그로스가 했던 말은 전부 잊어버리자. 테리 그로스는 자기 일에 너무 능숙한 사람이고, 사람들이 기억하는 건 그녀라는 사람 자체가 아니니까. 나는 자기 일에 능숙한 사람을 좋아

* 인터뷰 중심의 라디오 쇼를 진행하는 미국의 기자. 수천 명의 사람을 인터뷰했다.
** R&B의 하위 장르 중 하나.

하지만, 나는 그런 사람이 아니다. 그러므로 내가 오늘 알래스카 강연을 쓰기 전까지, 이번 여름 내내 한 일 중에 글쓰기가 없다는 사실을 독자도 눈치챘을 거다.

하지만 지금은 글을 쓰고 있다. 내 달력에도 적혀 있고, 내 머릿속에도 있는 일이니까. 디온이 대체 알래스카와 무슨 상관인지는 모르겠지만 말이다. 그는 마치 누군가의 아버지 같았다. 나이가 들었지만, 로큰롤을 하는 사람들이 언제나 젊음을 유지하는 방식으로 여전히 젊어 보였다. 다른 기억도 떠오른다. 우리 아빠는 록 음악을 즐기는 사람은 아니었지만, (젊었을 때는) 버디 홀리***를 닮았었다.

바로 그거다. 오래 고민하다 보면 결국 답을 찾기 마련이다. 내가 알래스카에 가고 싶었던 건 전쟁 당시 아빠가 그곳에서 지냈기 때문이다. 아빠 인생 통틀어 중서부 호숫가의 낚시터 오두막보다 더 멀리 집을 떠난 적은 그때가 유일했다. 가난한 일리노이 소도시 출신의 아버지는 매일 오후 형제 중 하나와 함께 가족의 저녁거리를 찾으러 나섰다. 그들은 산탄총을 들고서 늘 몇 마리의 개와 함께 옥수수밭과 숲을 헤맸고, 저녁거리로 다람쥐나 토끼를 잡아 돌아오곤 했다. 또 대나무 낚싯대를 사용해 누군가의 연못이나 에드워즈강에서 월아이를 잡아 오기도 했다. 아빠는 시골 학교에서 로라 스미스 선생님에게 운동을 배웠다. 그녀는 긴 치마를 블루머 속에 집어넣고서 아빠와 다른 남학생들에게 장대높이뛰기를

*** 미국의 싱어송라이터로 1950년대 중반 로큰롤을 주도한 인물 중 하나.

가르쳤다. 아빠는 이렇게 말씀하셨다.

"세상에, 멀리뛰기도 얼마나 잘하는지 네가 봤어야 했는데. 그분은 전력 질주하는 방법도 가르쳐주셨단다."

그 말을 들은 건 오랜 시간이 지난 후, 로라 스미스의 장례식 때였다. 장례식은 작은 마을에서 진행됐다. 마을이 너무나 초라하고 무의미하고 작은 나머지, 겨우 하나 있던 장례식장의 이름이 크러미네(Crummy's)*일 정도였다. 뻣뻣한 정장 차림에 얼굴은 건조하고 이마는 하얀(장례식에 참석한 농부의 전형적인 얼굴) 남자들이 줄지어 앉아 레이업슛을 가르쳐준 코치의 명복을 빌었다.

어쨌든 아버지는 제2차 세계대전에 징집됐고, 캘리포니아 프리시디오에서 훈련을 받게 됐다. 나는 프리시디오라는 단어를 좋아했다. 어리석은 지도자나 악기 이름처럼 들렸기 때문이다. 아버지는 그곳에서 많은 일을 겪었다. 우선은 거친 포경 수술을 겪어야 했다. 그 후 겁 많고 동정심 가득한 동료들이 며칠간 아빠를 둘러메고 식당을 오갔다. 또 한번은 훈련 도중 도랑에 쓰러져 발목을 삐끗한 채로 열두 시간 동안 뜨거운 태양 아래 방치되기도 했다. 그 이후 아빠는 언제나 내게 물었다. "얘야, 개들한테 물은 충분히 주고 있니?" 아빠는 총을 쏴서 구조 요청을 할 수도 없었다. 다들 나무 소총을 들고 훈련 중이었기 때문이다.

보다시피 나는 이 이야기들을 아주 잘 알고 있다. 지금 테리 그로스에게 귀를 기울이듯 아빠의 말에 귀를 기울였기 때문이다.

---

* 크러미네 가족이 운영한다는 의미지만, 이 단어에는 '형편없다'라는 뜻도 있다.

아빠는 부대원들과 아주 가까운 사이가 됐다. 아빠의 쓰라린 성기를 보고 눈을 찡그리던 동료들, 사진기 앞에 옹기종기 모여 앉아 담배를 피우던 동료들과 말이다. 하지만 그들 모두 유럽 전선으로 보내졌고, 아빠는 거기에서 빠져 알래스카로 가게 됐다.

그렇게 실망스러울 수가 없었다. 아빠는 동료들과 함께하고 싶었다. 하지만 아빠가 목숨을 부지한 건 아마도 그 덕이 컸을 거다. 사실 로라 스미스가 아빠의 목숨을 구한 거나 마찬가지다. 알래스카에 주둔하는 부하들이 지루함에 시달릴까 걱정한 장교 한 명이 기지를 돌아다니며 농구팀을 모집했다. 그래서 긴 다리에 버디 홀리 안경을 쓰고 작은 마을에서 농구 실력을 쌓은 비어드는 자기 부대를 떠나 알래스카의 코디액섬으로 떠나는 배에 올랐다. 흔들리는 배 위에서 병사들은 철제 난간 너머 출렁이는 바닷물로 토를 해댔다.

글은 이렇게 쓰는 거다. 글이 이끄는 대로 따라가며 기억과 이미지, 언어가 주도권을 잡게 두는 거다. 작가는 당신이니까 결정권은 당신에게 있고, 당신이 원하는 무엇이든 쓸 수 있다. 나는 앞서 말했듯 치마를 걷어 올린 로라 스미스가, 듣기로는 학생들을 세게 때릴 수 있었던 로라 스미스가 더 이상 장례식장 뒤편에 있는 비올라 공동묘지의 흙에 불과하지 않다고 말할 수 있다. 나는 로라 스미스를 저 먼 알래스카 앵커리지의 무대 위에 세울 수 있고, 그래야 한다. 그녀의 이름과 업적은 그녀의 마지막 레이업숏보다 한참 후에 태어난 사람들에게 기억될 것이다. 로라 스미스를 알거나 그녀의 업적을 높이 평가할 이유가 없는 사람들, 창백한 이마를 지닌 강인한 남자들과 그들의 과묵한 아들들을 알 이유가 없는 사람들에게 말이다. 다른 아이들이 도시 수영장에서 물장구를 칠 때 트랙터를 몰았던 소년들, 다른 아이들이 잠자리에 들 때 트랙터를 몰았던 소년들, 새벽에 잠에서 깨어나 숲속을 걸었던 소년들, 아빠처럼 다람쥐를 사냥해 다른 사람들을 먹여 살렸던 소년들에게 말이다. 이것이 글쓰기의 힘이다. 경험을 이야기하는 것의 즐거움. 그것도 내 기억이 아니라, 다른 사람의 기억에 있는 경험을. 어린 시절의 제프 크러미와, 음침한 사람이면서도 마을 내에서 제법 번창한 사업체를 운영하는 일종의 거물이었던 그의 아버지를 상상하는 일. 반짝이는 마호가니 테이블과 연청색 카펫이 있는 크러미네에서 우리 아빠의 장례식을 치른 일. 내 장례식은 절대 그곳에서 치르지 않을 것이다.

몇 분 전 나는 이 글을 쓰다가 자리에서 일어나 차를 우리고 창가로 가 새들을 구경했다. 그러는 동안 나는 위에 쓴 문장 중 하나를 생각하고 있었다(장례식장 묘사 앞부분 이야기다. 그리고 첨언하자면 연청색 카펫과 마호가니 테이블은 내가 지어낸 것이다). 배 밖으로 토를 해대던 병사들에 관한 부분 말이다. 그 대목은 오래전 아빠와 함께 텔레비전에서 봤던 장면을 생각나게 했다. 우리는 다큐멘터리를 보고 있었다. 남자들은 배에 옹기종기 앉아 노르망디 해변을 향해, 그리고 자신들의 죽음을 향해 가고 있었다.

첫 번째 배는 스스로가 총알받이라는 사실을 알고 있는 총알받이들로 가득 채워져 있었다. 그들 중 일부는 십자가를 손에 쥔 채 서서 사제들과 함께 기도하고 있었고, 다른 일부는 멍하니 허공을 응시하고 있었으며, 다른 일부는 겁에 질린 나머지 일그러진 미소를 짓고 있었고, 다른 일부는 너무나 슬퍼하고 비통해해서, 쳐다보고 있기 어려울 정도였다. 죽음을 마주한 그들의 얼굴에는 죽음이 완연히 드러나 있었다.

주전자가 끓기를 기다리는 동안 그 기억이 떠올랐다. 소년들, 상당수가 이미 성인이었을 그 소년들은 이제 다큐멘터리 영상에서만 존재하고, 아마도 때때로 그 장면을 본 사람들의 생각 속에만 존재한다. 마치 부검 사진을 보는 일처럼 너무나 사적으로 느껴지기도 한다. 마지막 순간, 자신의 영혼과 대면하고 죽음에 저항하려는 자연스러운 충동에 맞서는 모습. 싸우는 대신 「붉은 무공훈장」의 헨리처럼 도망가려는 모습. 남북전쟁 최전선으로 보내진 어린 소년 헨리는 농장에서 총알이 날아다니는 전장으로, 마침내는 육탄전으로 내몰렸다. 면도 한 번 해본 적 없는 그에게, 어머니는 잼을 싸주었다.

어쨌든 주전자가 끓기를 기다리는 동안 떠오른 건 바로 그 기억이었다. 그리고 이제는 자리로 돌아와 무릎에 노트북을 올려놓고는, 새들이 전투기처럼 날아들어 유리창에 부딪히지 않도록 창문에 붙여놓은 반짝이는 테이프 조각들이 펄럭이는 소리를 듣고 있다.

그리고, 보라. 거기에는 완전히 다른 에세이 한 편이 있다. 하늘에서 군함을 향해 소용돌이치듯 내려오다가 겨우 몇 센티미터

차이로 빗나가는 모습, 불시착하려 들지 않는 조종사들의 모습. 이유는 없다. 그곳은 바다다. 낙하산이 펴지며 화물을 들어 올리듯, 몸에서 빠져나가던 그들의 영혼.

아빠가 알래스카에 도착했을 때는 아무 일도 일어나지 않고 있었다. 아빠는 농구와 카드 게임을 했고, 타자 치는 법을 독학해 상관의 비서로 일했다. 타자 칠 일은 많지 않았기 때문에 자유롭게 돌아다닐 수 있는 시간이 많았다. 거기서 아빠의 진짜 전쟁 이야기가 시작된다.

소총을 든 비어드는(아빠는 늘 언제나 그 모습을 재연했다) 개울을 거슬러 올라가는 연어 떼를 똑바로 조준하고 쐈다.

"얘야, 연어들은 총알이 날아와도 방향을 바꾸지 않았단다."

키 큰 남자가 물을 향해 총을 쏴대도 끊이지 않는 은빛 물결. 믿기 어렵지 않나?

하지만 내가 알기로 아빠는 한 번도 거짓말한 적이 없다. 심지어 다른 비어드가 사람들처럼 과장조차 하지 않았다. 아빠는 며칠이고 코디액섬과 그 너머를 돌아다니며 곰과 와피티사슴을 구경했고, 낚시를 하며 회갈색(dun) 땅, 또는 죽은 자(done)의 땅으로 가지고 돌아올 평생의 이미지들을 모았다. 아무도 죽지 않았다 했다. 안개 낀 날 절벽에서 떨어진 한 남자를 제외하면 말이다. 사람들은 필사적으로 그 남자를 찾아 헤맸지만, 절벽 아래 바닥에서 그의 가방을 발견한 게 다였다고 했다. 뮤제트*였다. 재미있게도 뮤제트라는 단어를 몰랐던 나는 아빠가 "얘야, 우리가 찾은 건 뮤제트뿐이었어"라고 할 때마다 '뮤직'이라는 단어가 연상되었다.

뒷자리에 앉아 있는 나의 개, 야간 드라이브를 즐기는 동안 개의 코를 음악처럼 간질이는 향기, 디온의 두왑 음악, 어릴 때 수백 번이고 반복해서 읽었던 『제니 린드와 귀 기울이는 고양이』. 책에는 파란색 머리띠를 한 나와 똑 닮은 소녀와, 앞발을 가지런히 모은 아름다운 회색 고양이의 삽화가 그려져 있었다. 작은 스웨덴식 집에서 제니 린드는 키스 캣에게 노래를 불러주곤 했다. 자라면 한동안 세계에서 가장 유명한 여성으로 자리매김할 거라는 사실을 까맣게 모른 채, 조용하고 겸손한 태도로. 나는 그 책을 정말 좋아했다. 차가운 스웨덴의 공기 속으로 울려 퍼지던 제니 린드의 초현실적인 소프라노, 키스 캣의 헌신, 그리고 다락방 창문으로 하늘에 피어오르는 오로라를 바라보는 제니 린드와 키스 캣.

닐 영은 자신의 악보 가방에서 노래를 꺼내놓았다. 내가 어렸을 적 따라 부르곤 했던 노래였다. 오로라에 대한 노래이자, 삶과 문화의 터전에서 쫓겨나는 원주민에 관한 노래였다.

나는 딱 한 번 오로라를 본 적이 있다. 친구인 사라와 함께 이타카 외곽의 고속도로를 달릴 때였다. 하늘이 요동치기 시작하더니 밝은 커튼이 떠다니며 색깔을 바꾸었다. 커튼의 얇은 밑단은 올라갔다 내려가기를 반복했다. 사라는 손을 뻗어 음악을 껐고, 우리는 침묵에 잠겼다. 들리는 건 도로가 윙윙거리는 소리뿐이었다. 그러다 오로라는 사라졌다.

---

* 군인들이 소지품과 식량 따위를 넣고 어깨에 메는 야외용 휴대 자루.

"방금 뭐였는지 알아?" 사라는 조용한 목소리로 물었다.

"알 것 같아." 나는 대답했다.

순수하게 감각적인 경험이었다. 그게 사라에게는 어떤 의미였는지 몰라도, 나에게는 50년 전 기억에 파묻혀 있던 제니 린드를 떠올리게 했다. 다락방의 차가운 창문, 부드러운 회색 고양이, 새틴처럼 빛나던 파란 머리띠, 어두운 밤하늘 속에서 갑자기 선명해지던 맑은 소프라노 목소리, 시간과 공간, 빛과 색의 휘장을 움직이던 제니의 비브라토를.

닐 영의 노래는 사실 진짜 오로라에 관한 것은 아니었다. 삶과 문화의 터전에서 쫓겨나는 원주민에 관한 노래였다. 아빠는 부대에서도 야외를 좋아하기로 유명했다. 아빠는 연어가 알을 낳는 기적에 몹시 흥분했고, 곰이 낚시하는 모습을 구경하려면 어디로 가야 하는지 알았다. 절벽 아래로 떨어져 영원히 실종된 남자를 찾는 수색꾼들을 이끌 수 있는 사람이었다. 어느 날 아침 일찍 누군가 아빠를 깨웠다. 보트를 타고 찾아온 원주민들이 비어드를 찾는다는 것이었다. 옷을 갖춰 입고 나간 아빠에게 원주민들은 매년 열리는 물개 사냥 행사에 데려가러 왔다고 말했다.

"얘야." 아빠는 손바닥을 위로 한 채 말했다(아빠는 늘 그랬다). "너무 영광스러운 일이라 거절할 수가 없었단다."

아빠는 원주민들을 따라갔다. 어느 날 나는 아빠에게 새끼 물개가 죽임을 당하는 장면을 담은 다큐멘터리를 볼 예정이라고 말했다. 아빠는 "보지 마"라고 말했다. 뭘 하지 말라고 하는 건 아빠답지 않은 일이었다. 계속해서 아빠를 보챘더니 아빠는 이렇게만 대답했다.

"정말, 아주 끔찍하단다."

그래서 나는 다큐멘터리를 보지 않았다. 오래전 1940년대에 아버지는 그 장면들을 볼 특권을 누렸지만, 그 후로 심하게 앓았다. "배 때문이었어." 아빠는 그렇게만 얘기했다.

지금 나는 내가 한 번도 보지 않은 그 다큐멘터리를 생각한다. 노르망디 해변으로 향하던 배들과, 병사들의 은밀한 표정들을 생각하듯이. 어떤 것들은 그것을 경험하는 사람만이 소유할 수 있다. 사람뿐만 아니라 물개도 마찬가지다.

글을 쓰고 난 후의 점심 식사는 더 맛있었다. 어제와 다름없이 후무스, 미니 당근, 그리고 다른 사람들은 내가 그런 걸 먹는다는 걸 몰랐으면 하는 음식을 먹었다. 그런데도 그 모든 것이 맛있게 느껴졌다. 마치 온종일 등산을 한 후 마침내 온몸을 태워 먹지 않고도 가스레인지에 불을 붙이는 방법을 깨닫고 REI*에서 산 동결건조 식품을 섞어 먹는 기분이랄까. 알아보기 힘든 채식주의자용 덩어리인데도 게걸스럽게 먹을 정도로 맛있다. 그리고 배낭 속에서 납작이 눌려 있다가 식사의 첫 코스를 마치는 동안 거의 정상 크기로 팽창한 마시멜로. 그 한 조각을 꼬챙이에 끼워 태우듯 구운 뒤, 거무스름한 금빛 겉 부분을 먹은 다음 다시 또 태우듯 굽는

---

* 미국의 대표적인 아웃도어 용품점.

다. 글쓰기를 한 후의 점심은 그런 맛이다.

내가 보통 먹는다고 인정하지 않는 음식은 프링글스다.

이 글을 얼마나 길게 쓸 수 있을지 모르겠지만, 하나의 생각을 다음 생각으로 잇고, 하나의 이미지를 다음 생각으로 이어가면 영원히 계속할 수 있을 것 같다. 하하. 3주 후 마주할 청중의 얼굴이 어떨지 눈에 선하다. 연사의 종이 더미가 끝없이 자가 증식할지도 모른다는 생각으로 공포에 질린 사람들의 표정. 종이 더미는 몰라도 이야기는 그렇다. 독자 또한 이야기는 없다는 사실을 알아차리길 바란다. 이것은 단순히 사유하는 것이며, 집중된 사고다. 단어는 기억에 연결되고, 기억은 이미지에 연결된다. 그 이미지들은 서로 연결되어, 핵심에 있는, 아직은 흐릿하고 잡히지 않는 생각을 형성한다. 나는 여전히 그 생각을 배경에서 떼어내지 못한다.

언젠가 옐로스톤에서 멀리 떨어진 늑대 무리에 망원경 초점을 맞추려고 맨땅에 앉은 적이 있다. 그때 나와 함께 있던 과학자 중 한 명이 혐오감 서린 거만한 목소리로 말했다.

"그렇게 맨땅에 있으면 곰은 당신이 몸부림치는 동물인 줄 착각할걸요."

그들의 지프를 눈 더미에서 빼낼 수 있는 유일한 사람이 나였을 때 놀란 척한 사람도 바로 그 못된 과학자였다. 멍청한 놈, 네가 뉴욕에 산다고 해서 중서부 출신이 아닌 줄 아니? 그곳의 바람은 너무 차가워서, 집에서 차까지 팔에 배터리를 끼고 네 키 큰 아버지만큼 높은 눈 더미들 사이를 지나며, 입을 벌려 비명을 질러

도 아무 소리 나오지 않는 곳이라고.

그래서 여기까지 왔다. 다시 본론으로 돌아온 거 맞나? 코디액 섬의 곰에 대해 말하던 아빠는 여러 마리의 곰이 발톱으로 생선을 찌른 다음 서로 나눠 먹는 모습을 친구와 함께 봤다고 했다.

"발톱이 이렇게나 길었단다, 얘야." 아빠는 손가락을 구부려 보이며 말했다.

"무섭지 않으셨어요?" 나는 물었다.

"뭐, 총이 있긴 했으니까." 아빠는 털어놓았다.

공원 밖의 '쏘고, 묻고, 입 다무는' 분위기 때문에, 추적기를 찬 늑대 무리는 하나둘씩 사라져갔다. 아빠는 겨울마다 난방용 통풍구 위에서 잠을 자는 작은 테리어를 데리고 온종일 사냥을 나갔다. 아빠는 토끼나 다람쥐 따위와 함께 집에 돌아왔고, 덕분에 나는 아주 어린 나이에 채식주의자가 됐다. 아빠는 언젠가 눈길인 줄 알고 호수를 밟았다가 물에 빠진 적이 있다. 우리는 눈을 동그랗게 뜬 채 아빠의 이야기에 귀를 기울였다. 아빠는 얼음 속으로 고꾸라졌고 테리어는 그 구멍을 향해 미친 듯이 짖어댔다. 거품이 올라왔고, 아빠는 가장자리를 향해 손을 뻗었다. 사람들이 아빠를 끌어당겼고, 아빠는 불을 피운 후 옷을 완전히 벗어버렸다(눈밭에서 벌거벗은 아빠라니). 차가 있는 먼 곳까지 걷기 전에 몸과 옷을 말리기 위해서였다. 아빠는 언제나처럼 중간에 지쳐버린 테리어를 짊어진 채 차로 향했다. 그리고 몇 년 후, 사냥을 마치고 집으로 돌아온 아빠는 엄마에게 총을 건넸다.

"팔아버려." 아빠는 음울하게 말했다. "다시는 안 쓸 거니까."

대체 그날 얼마나 끔찍한 일이 있었길래 아빠는 평생 해왔던 사냥을 그만두겠다고 한 걸까? 뭔가 동물과 관련된 일이라는 건 알 수 있었지만, 엄마에게 물어봤을 땐 잊어버리라고만 했고, 총은 사라졌고, 아빠는 동네에서 다람쥐를 반려동물로 키우는 사람이 됐다.

"저기 내 검은 다람쥐가 왔네." 아빠는 그렇게 말하며 의자에서 일어나 밖으로 나온 다람쥐에게 땅콩을 건넸다.

이런, 지금 보니 나는 끝없는 단어와 기억의 강을 따라 떠내려가며 지푸라기라도 잡길 기다리는 것 같다. 그만하고 데니스 존슨의 책을 읽어야겠다. 내 파트너는 알래스카로 가기 전에 그의 글을 읽으라고 계속 말했다. 어느 밤에는 그가 데니스의 글을 읽으며 웃는 소리를 들었다. 나도 웃긴 걸 좋아한다. 나는 데니스 존슨을 사랑하지만, 그의 「지금」을 제외하고는 아직 이르다. 「지금」은 한밤중에 샌프란시스코만의 무적* 소리를 들으며, 영혼을 들여다보는 우울함에 관한 시다.

시작은 이렇다.

무적이 무엇이든
그 목소리는 끔찍하다네
오늘 밤, 그저 끔찍하며, 여기

---

* 항해 중인 배를 향해 안개를 조심하라는 뜻에서 부는 고동.

창가에서 내다보는
바다를, 그러나 눈먼, 나는
자고 있었으나
지금은 깨어 있네
밤중에 나는 보네
작은 불빛들이 어떻게
배에서 나오는지를
우리를 향해, 그러다 다시 사라지는지를
바다 위에서 뒹구는 안개 속으로

예전의 나는 학생들이 어둠에도 아름다움이 있다는 걸 되새기도록 그들에게 이 시를 읽어주었다. 하지만 지금(작품 제목 말고, 이 순간) 이 작품은 내가 사랑하는 작가 친구 웨슬리를 생각나게 한다. 금문교 난간에 서서 물 위로 높이 뻗은 케이블을 붙잡고 있는 웨슬리. 바다 위에 뒹굴던 안개, 코디액섬의 절벽에서 남자를 뛰어내리게 한 전쟁의 안개. 뮤제트도 없이 혼자 쓸쓸히 가버린 남자. 혼자서 떨고 있던 웨슬리.

마찬가지로 내 삶도 떨린다네
그리고 창가에서 등을 돌릴 때
바다의 슬픔으로부터 등을 돌릴 때, 방은
어둠으로 채워지고
무성함과 나뭇잎에서

누구에게도 절대로 뽑히지 않을
그리고 내 감정에
절대로 언어를 주어선 안 될지니
어둠이여, 내 이름은 데니스 존슨이라네

끔찍한 절망이었으나, 그래도 그는 대부분이 그랬듯 살아남았고, 수십 년 후 죽을 때까지 버텨냈다. 어두운 잎사귀 사이에서 절대로 뽑히지 않은 웨슬리. 부대에서 혼자만 뽑혀 알래스카로 간 우리 아빠. 다른 남자들, 즉 알류샨 열도의, 정확히 기억나지는 않지만 앗투 또는 키스카의 병상에 있던 일본인들. 싸우거나 도망칠 수 없었던. 대피 중에 친절하게 건네받은 수류탄의 핀을 뽑아, 아빠가 몇 년에 걸쳐 몇 번이고 보여준 것처럼 가슴으로 눌렀던. 웨슬리가 그랬듯 그들은 자기 손으로 생을 마감했다. 아빠는 놓아줬고 우리는 매달렸다. 둘 다 아름다웠고 멍청했다.

원래 흐릿한 것이 맞는지도 모른다. 렌즈를 돌릴수록 서서히 드러나는 늑대의 선명한 윤곽보다 배경이 더 중요한 건지도 모른다. 무성한 어두운 잎사귀, 오로라의 달콤한 소프라노, 만에서 들리는 무적의 낮은음, 가늘고 하얀 줄무늬로 제니 린드의 머리띠에 광택을 표현한 예술가, 하프물범 새끼의 상앗빛 털, 죽음을 향해 돌진하듯 강을 거슬러 오르는 연어 떼, 죽음을 향해 곤두박질치던 조종사들, 닐 영이 살던 얼음 같은 캐나다의 밤하늘, 포카혼타스와 머스킷 소총의 연기와 두 팔 안에서 둔탁해진 수류탄 터지는 소리, 총알을 맞거나 땅콩을 받아먹던 다람쥐, 슬퍼하는 비둘기와 싸우던 얼룩다람쥐, 굽이치는 파도 위 배에서, 그리고 처음으로 노르망디의 모래사장을 흘긋 볼 때 병사들의 얼굴에 스친 표정들, 1932년, 레이스 목깃 드레스 차림의 여자가 치마를 걷어 올린 채 멀리뛰기를 하려고 막 도약한 모습. 작가는 모두 그렇게 해야 한다. 허공을 가로질러 어딘가에 있는 모래 더미로 부드럽게 착지하는 우리 자신의 발걸음을 따라가야 한다.

이곳에서, 지금.

축제의 날들

축제의 공포 속에서
마을은 가난해지고 무심해졌네
가을의 나무처럼
여자들의 어깨 위에
벌거벗은 소년들이 앉아 있네
조금은 수줍은 모습으로
팔을 허벅지 안에 숨긴 채
  – 낸드 차투베디, 「잔인한 축제의 시간」

이 애리조나 임대 주택의 열병 같은 원색들, 보라색과 초록색,
파란색과 빨간색. 아메리칸 원주민식 러그와 모로코식 러그. 모든
표면이 도드라져 있는 듯한 강한 인상의 도자기 장식품들. 처음

에는 악몽을 꾼 줄 알았다. 오늘 아침 침대에 앉아 있는데, 그제야 나는 이 모든 게 무얼 연상시키는지 깨달았다. 바로 〈베스트 이그조틱 메리골드 호텔〉*이었다. 캐시와 함께 인도에 갔을 때 우리는 메리골드 호텔에서 머물렀다. 운전기사는 캐시에게 정말 친절했다. 그는 우리를 시골 곳곳으로 데려다주었고, 캐시의 필요를 세심하게 돌보아주었다. 그에 비해 나와 에마는 굶주림과 개들이 차에 치일지도 모른다는 공포에 녹초가 되어 있었다.

에마는 굶주림에 바로 항복했고, 제일 처음 묵은 호텔의 뷔페 테이블에서 과일이며(과일이라니!) 온갖 안 좋은 음식을 집어 들었다. 나는 에마를 말리려 했지만, 그녀는 "먹을 거야" 하며 개처럼 으르렁거렸다. 우리는 깜짝 놀라 웃음을 터뜨렸다. 먹는 족족 토해내느라 다시 뭐든 먹어 치웠던 캐시는 당연히 심하게 앓았다. 나는 모기장과 금색 술이 달린 화려한 침대에 누워 이북 리더기로 조너선 프랜즌의 책을 읽었다. 그러는 동안 두 사람이 양쪽에서 스테레오처럼 염소 내장과 묽은 요거트를 토하는 소리를 들었다.

우리가 베스트 이그조틱 메리골드 호텔에 도착한 날, 호텔 밖에는 "노인은 무조건 환영"이라고 적힌 크고 화려한 합판 표지판이 있었다. 우리는 '제기랄, 이제 이런 식으로 나온다고?'라고 생각했다. 하지만 호텔을 운영하는 두 젊은 남자 직원은 캐시가 예전에도 이곳에 묵었다는 사실을 기억했고, 캐시를 아주 좋아했다.

---

* 인도 자이푸르에 위치한 메리골드 호텔을 배경으로 한 코미디 영화로, 오래된 호텔에서 함께 묵게 된 일곱 명의 노인이 겪는 에피소드를 다루었다.

캐시는 지팡이를 짚고 걸었고, 에마는 캐시의 가방을 들었다. 직원들이 우리를 객실로 안내했고, 나는 내 방으로 들어갔다. 직원이 내 캐리어를 침실에 갖다놓았는데, 지퍼를 내리고 가방을 여는 순간 난데없이 작은 회색 쥐가 나타나 가방 속으로 뛰어들었다. 돌아서서 방을 나가려던 나는 바닥에서(이곳 애리조나 사막의 임대주택처럼 오래된 균열이 있는 아름다운 타일에 두꺼운 모로코식 러그가 깔려 있었다) 작은 두꺼비를 발견했다. 하마터면 못 보고 밟을 뻔했다. 나는 두꺼비를 집어 들어 테라스 밖으로 옮겨주었다. 나는 캐시의 방으로 가 쥐 얘기를 했지만, 두꺼비 얘기는 하지 않았다. 내가 "에마한테도 얘기해줘야 할까?"라고 물었고, 그녀는 "안 돼! 나한테도 얘기하지 말지 그랬어"라고 답했다. 우리는 캐시의 크고 올록볼록한 침대에서 미친 듯이 웃었다. 아마 거기에도 쥐 한마리가 살고 있었을 것이다.

캐시는 꼭 호텔에서 밥을 먹어야 한다고 말했다. 그곳을 운영하는 젊은 두 남자가(둘 다 결혼했고, 아이가 있으며, 대학원에 다니고 있었다) 우리에게 저녁을 대접할 생각에 들떠 있을 거라면서. 그리고 그들이 최근 호텔에서 촬영한 영화에 관해 이야기를 들려주고, 마을 사람들을 초대해 이곳의 유일한 손님인 우리를 음악으로 즐겁게 해줄 거라면서. 지금껏 나는 캔콜라를 마시고 룸서비스를 시켜 먹었다. 호텔에서 전자레인지로 데워준 냉동 에그롤과 피자였다. 하지만 나는 항복할 수밖에 없었다. 두 남자가 만들어준 식사는 지금껏 먹어본 것 중 최고였기 때문이다. 작은 그릇에는 채소 요리가 담겨 있었는데, 우리는 그게 무엇인지 알아보려조차 하지 않고 아주 맛있게 먹었다. 모두 두 사람이 테라스 옆 주방에서 직접 만든 음식으로, 향긋한 향신료가 가득했고 다채로웠다. 식사 후에는 마을 사람 몇 명이 찾아와 악기를 연주했고, 에마는 쾌활하게 춤을 췄다. 그 후 두 남자가 우리의 잠자리를 봐주었다.

나는 쥐와 인센스 냄새가 가득한, 이국적인 금잔화가 그려진 담요 아래 웅크리고 누워 내 상상의 친구 프랜즌의 작품을 읽었다. 그가 갑자기 쾅, 나를 놀라게 하고, 또다시 쾅, 나를 놀라게 하는 일이 반복되었다. 나와 오래된 벽을 공유하는 말 한 마리가 밤새도록 발굽을 뻗어 벽을 세차게 차댔다. 나쁜 생각이 들 때나, 아니면 그의 작은 마구간에 비해 세상이 얼마나 넓은지 깨달을 때마다 그러는 것 같았다.

다음 날 나는 아침 일찍 일어났다. 날씨는 화창했고 따뜻했으며 모든 것이 푸르렀지만, 조금은 황폐해 보였다. 작은 마당에는 녹슨 철제 테이블과 깨진 점토 화분, 나뭇잎 사이로 흘긋대는 고양이들이 있었다. 나는 내 눈에 띈 좁고 비뚤어진 계단을 올라가, 무너져가는 난간에 서서 푸르고 푸른 하늘을 보았고, 무너져가는 아치를 통해 초록색 앵무새 떼를 보았다. 캐시가 지팡이를 짚고 밖으로 나왔을 때 나는 "나 여기 위에 있어"라고 말했다. 올라올 수 없는 캐시는 "뭐가 보이는지 말해줘"라고 말했고, 나는 모든 것을 설명해주었다. 작은 마을은 물론 뒷마당까지 전부 다 보였다. 나는 지붕에 묶인 염소와 다른 이상하고(적어도 내게는 그랬다) 끔찍한 것들을 세세하게 묘사했다. 나는 에마가 밖으로 나올 때까지 그곳에 서 있었고, 에마에게도 보이는 것 모두를 설명해주었다.

　에마와 나는 캐시 때문에 무척 슬펐고, 말없이 그 감정을 서로 나눴다. 우리의 슬픔과 걱정, 무언의 공감은 이번 여행에 늘 함께 했다. 나는 거기에서 에마에게 하늘과 부서진 아치를 배경으로 사진을 찍어 달라고 포즈를 취했다. 뒤쪽 가장자리를 따라 이동하던 나의 눈길에, 세상에나, 노천 주방이 보였다. 어젯밤 두 남자가 우리를 위해 저녁 식사를 준비한 바로 그 주방이었다. 묘사의 달인인 나조차도 그 광경을 제대로 묘사하기란 불가능했다. 굳이 설명하자면, 내가 본 것 중 가장 지저분하고 원시적이었다. 나는 에마에게 소리쳤다.

　"이리 올라와."

　그래서 에마는 어쩔 수 없이 작은 돌계단을 올라왔고, 나는 주방을 가리켰다. 주방을 본 에마는 아무 말 없이 당황한 표정을 지었고, 깨진 점토 화분과 너덜너덜한 분홍색 제라늄이 놓인 철제 테이블에 앉아 있던 캐시는 평화롭게 우리를 올려다보았다. 에마와 나를 잇는 무언의 감정은 야단법석이었지만, 겉으로는 그렇지 않았다. 우리는 완벽하게 침착을 지켰다. 우리의 표정은 마치 내 어린 조카가 암에 걸렸고, 의사에게서 어린아이는 회복하기 어려운 종류의 암으로 보인다는 말을 들었을 때 언니가 짓던 표정 같았다. 조카는 의사의 말을 믿지 못하고 자기 엄마만 쳐다봤는데, 엄마의 시선은 의사들에게 고정돼 있었다. 언니는 전혀 걱정하는 표정이 아니었다. 오히려 거의 미소를 띠고 있었다. 의사들이 줄지어 나간 후 언니가 딸에게 말했다.

"엄마는 이모랑 내려가서 음료수 좀 사 올게. 뭐 마실래?"

의사의 말을 믿지 않았던 조카는 자기 부모님만큼은 철석같이 믿었다. 조카가 뭐라고 했더라, 무슨 초콜릿 맛 음료라고 했던 것 같다. 언니와 함께 복도 밖으로 나온 순간, 언니는 잘린 나무처럼 쓰러졌다.

그 주방 때문에 나는 나중에 아팠다. 그 맛있고 훌륭했던 인도 음식에는 내 몸이 한 번도 경험해보지 않은 미생물로 가득했다. 이곳 애리조나 사막에 있는 아메리칸 원주민식 집에도 미생물이 가득하다. 마당에는 '뱀 조심'이라고 적힌 작은 표지판이 있다.

캐시는 여전히 저 아래 녹슨 의자에 앉아 있었고, 에마는 다시 내려가 하늘과 부서진 아치를 배경으로 내 사진을 찍어줬다. 그 드문 순간, 나는 높은 존재가 되어 쥐와 친구들을 내려다보는 기분을 느꼈다.

무너져가는 테라스 벽에 거대한 플라스틱 꽃이 붙어 있는 메리골드 호텔. 나는 좁은 곳에 갇힌 말이 발굽을 차대는 밤을 보낸 후 일찍 눈을 떴다. 마치 내가 가장자리에 매달려 잔 그 침대가 사실 자신의 소유임을 알리고 싶어 한 남자와 함께 잔 것 같았다. 그는 말했다. 기분 나쁘라고 하는 말은 아니고, 그냥 사실을 말하는 것뿐이라고. 침대를 사고, 도시에서 사람들을 불러 트럭에 실은 것도 그 자신이라고. 물론 그들이 도착했을 때 그는 도망치고 없었다. 나 혼자 그들이 어떻게 이걸 위층으로 옮겨서 조립할지 걱정스러운 눈으로 지켜볼 뿐이었다. 그들은 위층으로 침대를 옮기기 위해 침대를 어깨에 짊어지고 계단을 올라야 했다. 나는 하마터면 그 침대 머리맡에 '이 침대에서는 그 여자랑 자지 마'라고 페인트로 쓸 뻔했지만, 실제 그러지는 않았다. 나무판에 흠집을 내고 싶진 않았기 때문이다. 나는 그들이 천장은 낮고 난간은 수작업으로 만들어진 좁은 계단을 따라 한 걸음 한 걸음 침대를 옮기는 모습을 지켜봤다. 마치 (다시 인도로 돌아가서) 흙벽 위에 오래된 코끼리와 낙타 그림이 잔뜩 걸려 있었던, 고대의 성 같은 또 다른 호텔에서 캐시를 지켜봤던 것처럼. 엘리베이터를 타고 끝까지 올라갔을 때 우리는 넓고 텅 빈 연회장에 도착했다. 무대와 의자들, 돌로 조각된 좁은 출입구, 그리고 낮고 미끄러운 계단이 있었다. 캐시는 혼자 이곳에 남아 있기 싫다고 말했다. 그녀는 햇볕이 들이치는 지붕 아래로 가고 싶어 했다. 거기서 우다이푸르 아니면 그날 우리가 있었던 중서부 스타일의 인도 시내 전경을 보고 싶어 했다. 캐시는 우리에게 지팡이를 건네준 뒤 에마를 따라 천천히 계단을 올랐다. 나는 캐시 뒤를 따라갔다. 그녀는 결연했고, 농담도 하지 않고 한숨도 쉬지 않고 그저 걷기만 했다. 한 번에 한 계단씩 올라가기를 반복하던 우리 눈에 갑자기 옥상 테라스의 밝은 햇빛, 화분들, 염색한 천으로 덮인 의자들, 그리고 빗자루를 쓸고 있는 외로운 여자가 나타났다.

우리는 다시 한번 모든 것을 볼 수 있었다. 마을 전체와 거기 사는 주민들, 지붕 위에서의 그들의 삶, 그리고 근처에 있던 네 명의 소녀. 소녀들은 자기들 위에서 난데없이 나타난 우리를 보고 깜짝 놀라 비명을 지르더니 이내 우리를 가리키며 웃기 시작했다.

우리는 얇은 셔츠를 입은 데다 속도 좋지 않아 얼굴이 창백했다. 그 순간만큼은 우리도 스스로가 유령처럼 느껴졌다. 캐시는 밝은 색 의자에 앉았고, 에마와 나는 옥상을 돌아다니며 소녀들이 싫증 날 때까지 계속 손을 흔든 후 자리에 앉았다. 고대의 성 같은 호텔은 지붕을 포함해 구석구석 모든 곳이 먼지 하나 없이 깨끗했음에도, 그 여자는 여전히 빗자루를 쓸고 있었다. 깨끗함을 넘어 광이 날 정도였고, 다육식물 잎들도 왁스를 칠한 듯 윤이 났다. 아래에서는 한 남자가 흰옷에 보라색 양단 조끼를 입고서 가위로 잔디를 다듬고 있었다. 노동력은 아주 값쌌고, 인구는 넘쳐났다.

하루이틀쯤 지난 후, 우리는 헤엄치는 새와 연잎 위에 앉은 작은 개구리에 둘러싸인 아늑한 프라이빗 게스트 캠프로 갔다. 그리고 각자 저녁으로 그릭요거트(내 식사였다)와 튀김 요리(캐시와 에마의 식사였다)를 먹으며, 멀리서 들려오는 일련의 외침을 듣고 있었다. 캐시는 힌디어로 무슨 소리인지 물었고, 일종의 왕족이라던 대령은 밤이 되면 주변 들판에서 사슴들이 자기 농작물을 먹으려고 내려온다고 말했다. 그는 반경 수 킬로미터의 땅을 소유한 지주였다. 그래서 그는 땅 여기저기 사람을 세워놓고 해 질 녘부터 새벽까지 소리를 질러 사슴들을 쫓아낸다고 했다. 그게 울타리를 세우는 것보다 싸다고 했다.

그래서 우리는 밝은 낮에 그 옥상에 있었고, 빗자루질 하는 여자는 수줍어하며 우리를 보려고도 하지 않았다. 캐시는 그녀에게 힌디어로 "어떻게 지내세요?"와 같은 질문을 했다. 그 여자는 지금껏 힌디어를 할 줄 아는 백인 여성을 만난 적이 없었기에 아주

기뻐했고, 두 사람은 노래하듯 경쾌한 대화를 나눴다. 캐시는 그녀와의 대화 중간중간에 자기가 한 말과 그녀가 한 말을 우리에게 설명해줬다. 그 여자는 아름다웠다. 그녀는 작업복이 아닌 평상복을 입고 있었는데, 우리가 차를 타고 돌아다니는 동안 갈색 풍경속에서 자주 보았던 밝은 드레스 중 하나였다. 두구두구두구, 우아한 형광빛이 스쳐 지나간다. 머리에 거대한 항아리와 짚단을 인 여자가 입은 사리는 너무나도 밝아서 미국의 볕 아래에서는 눈이아플 게 분명하다. 하지만 인도의 코끼리 같은 부드러운 햇볕 아래에서는 물속에서 팔을 휘저으면 불꽃놀이 같은 흔적을 남기는작은 해양 생물처럼 푸르게 빛난다.

언젠가 M과 함께 불꽃놀이를 보러 간 적이 있다. 우리는 여름의 열기 속에서 어두운 잔디밭에 누워 있었다. M의 한쪽 옆에는내가, 다른 쪽 옆에는 낸시가 누웠다. 우리는 모두 들뜨고 얼빠진상태였다. 특히 가운데서 반바지를 입고 즐거워하며 두 여자의 시선을 즐기던 M이 그랬다. 그는 터졌다 사라지는 모든 불꽃에 이름을 붙였다. 지금 기억할 수 있는 이름은 '백작 부인의 목걸이'밖에 없지만, 재미있는 이름들이었다. 어둠 속으로 올라갔다 사라지는 불꽃이 내 마음을 슬프게 할 때, 나를 웃게 해주는 사람과 함께있어 행복했다.

캐시가 세상을 떠나고 이듬해 여름, 에마는 자신의 집에서 불꽃놀이 파티를 열었다. 수많은 사람이 허드슨강 너머로 펼쳐지는불꽃놀이를 보러 갔다. 그런데 이상하게도 불꽃이 전혀 보이지 않았다. 그저 거대한 연기구름과, 그것을 뒤따르는 폭발음만 들릴

뿐이었다. 에마와 나는 불꽃을 보려고 어두운 언덕에서 다른 어두운 언덕으로 뛰어다녔지만, 그래도 불꽃은 전혀 보이지 않았다. 그래서 나는 계속 생각했다. '우리는 모두 캐시를 느낄 수 있지만, 그녀를 볼 수는 없어. 행여 보이는 게 연기뿐이라도, 어디에선가 캐시가 그녀의 불꽃을 보내고 있다는 걸 기억해야 해.'

옥상으로 돌아와 코끼리가 그려진 의자에 앉은 우리. 빗자루를 쓸고 있는 수줍은 젊은 여인과 이야기하는 캐시. 수많은 인도인 여성이 그러하듯 감탄스러울 정도로 아름다웠던 그 여인. 미국에서 극도로 아름다운 사람은 영화배우가 되어 상업적으로 이용당하거나 거물과 결혼하지만, 인도에서는 빗자루를 쓸거나, 머리에 인 물건의 균형을 맞추려 애쓰거나, 아니면 구걸하고 있었다. 언젠가 차를 타고 소음 가득한 델리의 거리를 통과하고 있을 때였다. 한 나이 든 여성이 내가 앉아 있는 조수석 창문 쪽으로 다가오더니 애원하는 눈으로 손바닥을 내밀고서 뭔가를 중얼거렸다. 하얀 머리를 살짝 부풀리고 옛날 승무원처럼 목에 실크 스카프를 맨 그녀는 누군가의 할머니처럼 보였다. 운전기사는 그녀를 향해 으르렁거렸지만, 나는 주머니에 손을 넣어 찾을 수 있는 돈을 죄다 꺼냈다. 그리고 모두 모으면 5달러쯤 될 법한 지폐들을 그녀에게 찔러줬다. 아무런 반응을 보이지 않는 것도, 시선을 피하는 것도, 구걸하는 사람이 로마 광장의 비둘기 떼 같다는 생각도 더는 견딜 수 없었다. 분수를 구경하러 몰려다니는 수많은 관광객의 발걸음에 쫓겨 날아오르는 비둘기 떼. 그래서 나는 손에 잡히는 돈 전부를 그녀에게 건넸다. 운전기사가 나를 나무라자, 캐시는 몸을 기울이며 안심시키듯 말했다.

"잘한 일이에요. 그 여자는 과부였으니까요…. 남편이 죽는 바람에 거리로 내쫓긴 거잖아요."

그러고 나서 그녀는 운전기사에게 가냘프지만 경쾌하게, 힌디어로 닥치라고 말했다.

옥상을 떠날 때가 됐다. 갈대와 두꺼비에 둘러싸인 게스트하우스로 돌아갈 시간이었다. 요거트를 은쟁반에 담아 내게 가져온 소년에게 포일 뚜껑을 지나치게 깔끔히 벗겼다며 호통치는 왕족이 머무는 곳. 나는 캐시가 넘어지지 않게 먼저 내려갔고, 캐시는 앉은 자세로 한 계단씩 내려갔다. 한 발, 엉덩이 한 번, 한 발. 에마는 지팡이를 가지고 맨 뒤에서 따라왔다. 바닥에 도착한 나는 고개를 숙이고 빈 무도회장으로 들어섰다. 아니, 그곳은 더 이상 텅 비어 있지 않았다. 양복을 입은 중국인 남성들이 줄지어 앉아 있었다. 그들은 부유해 보였지만 사업가처럼 보이지는 않았고, 오히려 사이비 종교 집단에 가까워 보였다. 줄지어 앉은 남자들은 모두 손에 기도서 같은 것을 들고 있었고, 아까와는 달리 꽃으로 장식된 연단에 남자가 서 있었다. 그는 옆에서 웬 여자, 그러니까 내가 나타나자 설교를 멈췄다.

곧 캐시가 힘겹게 천천히 기어 내려왔다. 줄지어 앉은 남자들은 캐시의 발만 볼 수 있었다. 그녀는 허벅지를 잡고 발을 들어 올린 다음 한 계단 아래에 내려놓고, 엉덩이를 아래로 움직여 앉기를 반복했다.

이윽고 캐시는 완전히 모습을 드러냈다. 다리가 먼저 나타났고, 그다음 넘어지지 않으려 집중하는 얼굴이 나타났다. 고개를 든 캐시는 우리가 알 수 없는 연극을 펼치기라도 하는 듯 스파이더맨처럼 내려왔다는 사실을 깨달았다. 캐시는 마지막 계단에서 부끄러움을 참지 못하고 잠시 몸을 떨었다. 그녀의 죽은 다리는 어정쩡하게 벌어져 있었고, 그녀의 얼굴은 메리골드 호텔 벽의 커다란 플라스틱 꽃처럼 거짓되면서도 아름다운 무언가로 빛나고 있었다. 그러다가 캐시는 활짝 웃었다. 커다랗고 진실된 미소였다. 캐시는 그녀의 외모를 독특하고 세련돼 보이게 해주는 수공예 인도 모자를 쓰고, 얇은 셔츠와 요가 바지를 입고 있었다. 에마와 나는 캐시를 일으켜 세우고 그녀의 팔꿈치에 지팡이를 고정했다. 캐시는 아주 환하고 장난스러운 미소를 지었다. 또각또각, 우리는 꽃으로 장식된 복도를 걸었다. 또각또각, 우리는 기도서, 무릎, 성처럼 높은 아치형 천장을 긴장한 얼굴로 바라보고 있는 경건한 남자들과 연단에 서 있는 그들의 지도자를 지나갔다. 우리가 문을 통과해 엘리베이터 깊숙이 들어간 후에야 연단의 지도자는 설교를 재개했다.

우리는 항상 그녀를 붙잡으려 애쓰는 것 같았다. 연기를 붙잡으려 하는 것처럼. 하지만 꽃장식에 둘러싸여 있던 그 순간, 캐시는 분명한 형체를 드러냈다. 돌벽 속에서 태어나듯, 발부터 나오면서.

내가 말하고 싶지 않았고, 여전히 말하고 싶지 않지만 당연히 말하게 될 것은, 경건한 남자들로 가득한 방이 두려웠다는 사실이다. 꽃으로 장식된 연단에 선 남자가 인내심 있고 끈질기게 외치는 메시지가 무엇이었든 말이다. 우리가 그들 옆을 또각또각 소리를 내며 지나갈 때, 그들의 뚜렷한 억압은 내 자의식과 에마의 걱정과 맞물렸다. 마치 치즈를 거르는 축축한 천이나 누군가의 젖은 슬픔을 통과하는 기분이었다. 그리고 불쌍한 캐시는, 사람들이 두려워하거나 불안해할 때마다 희생양이 되는 존재였음에도, 그녀의 얼굴에는 미소가 서려 있었다. 우리가 엘리베이터에 발을 들이자마자 캐시는 촌철살인 같은 한마디로 모든 상황을 정리했을 것이다. 만약 M이 나를 떠났을 때 캐시가 여전히 살아 있었다면, 그 소식을 들은 그녀가 어떻게 말했을지 나는 정확히 안다. 내가 캐시에게 먼저 소식을 전했을 것이다. 그 말의 짜릿함을 느끼고 싶을 테니까. 그녀는 "그럴 줄 알았어!"라고 말했을 것이고, 나중에 가서는 에마에게 한 번도 M을 믿은 적이 없었다고 말할 것이다. 하지만 나에게는 그렇게 말하지 않았을 것이다. 왜냐하면 캐시는 그런 말을 할 만큼 직선적이지 않았고, 확실한 결과가 나오기까지 자기 속내를 드러내지 않는 영리한 사람이었으니까.

어제 애리조나의 사와로 선인장 사이로 바위투성이 길을 오르면서, 메리는 높은 사람에게 도움을 요청하라고 했다. 하지만 지금 나는 더 낮은 힘과 연결된 것처럼 느낀다. M이 P.R.과의 관계를 어떻게 시작하게 됐는지 털어놨을 때, 나는 그에게 말했다.

"내가 세상에서 가장 좋아하는 곳이자, 내가 일하러 가는 곳이자, 안으로 들어서는 순간 할머니 집처럼 느껴지는 곳에서였다니,

정말 고마워⋯. 그곳에 가서 그곳을 망쳐줘서 정말 고마워."

나는 나의 더 낮은 힘과 연결되어 있었다. 망쳤다는 것은 비유일 뿐이고, 작가가 쓰기에도 그다지 좋은 표현이 아니다. 또한 그곳에 공정한 표현도 아니다. 그곳은 분수와 숲과 연못이 있고, 남자들이 머리 빈 섹시녀들을 꾀러 가는 우아한 옛 예술인 마을이니까. 내가 이렇게 얘기하는 까닭은 그녀의 모피 코트 때문이다.

경건한 남자들로 가득 찬 방, 남성 작가들, 내가 오래전 M의 동반인으로 참석했던 전미도서상 시상식, 그리고 또 다른 출판 행사들. 그 자리에는 캐시도 그녀 자신의 동반인으로서 참석했다. 금실로 짠 아름다운 옷을 입은 캐시는 튼튼한 다리로 서 있었다. 지팡이도, 가발도, 보행기도 없이, 아름답고 장난스러운 모습으로. 그녀는 이따금 내 테이블을 지나치며 가십거리를 전하거나 누군가를 가리켰다. 낸시도 그곳에 있었는데, 어느 순간 우리 셋은 비좁은 화장실에 간신히 들어가 거울을 쳐다봤다. 얼굴을 찡그리며 우리의 급조한 옷차림을 정리해 행사에 참여한 다른 사람들과 비슷해 보이려고 애썼다. 하지만 우리는 결국 포기했고, 행사장으로 돌아가 우리의 본모습대로 있기로 했다. 지금도 여전한 본모습으로, 내성적인 여성 관찰자로.

그때 갑자기 소문이 바람처럼 퍼졌다. 유명 작가의 믿을 수 없이 아름다운 새 아내가 행사장에 왔다는 내용이었다. 그녀는 지금 메리와 내가 애리조나 사막을 산책하면서 자주 마주치는 연약한 꽃 무리 같았다. 실처럼 아주 작은 꽃잎들이 가장자리에 달린 꽃,

별의 미니어처처럼 보이는 꽃, 꽃잎을 구별하려면 아주 가까이에서 사진을 찍어야 하는 작은 단검 모양의 꽃, 또는 실체 없는 보랏빛 공기 덩어리처럼 보이는 꽃. 젊은 아내를 만나보기도 전에 평판을 먼저 전해 들은 캐시와 나는 그쪽으로 에둘러 가며 우연처럼 그녀 옆을 지나가보기로 했다. 대체 왜 그렇게 소란인지 우리 눈으로 직접 확인하고 싶었다.

우선 그녀는 진짜가 아니었다. 어쩌면 보랏빛 공기 덩어리 같은 꽃이 진짜인 만큼만 진짜였는지도 모르겠다. 그녀는 날씬하고, 갸냘프고, 아주 극적인 모습을 하고 있었다. 그녀가 입은 이브닝 가운은 어젯밤 투손산맥 위로 펼쳐진 일몰처럼 분홍빛 하얀색과 노란색이 흐릿하게 섞여 있었는데, 햇빛 같아 보이기도, 별빛 같아 보이기도 했다. 과장처럼 들릴지도 모르겠지만 사실이었다. 그녀는 마치 꿀로 빚어진 사람 같았다.

"정말 아름다운 사람은 모공이 없다니까."

캐시가 나중에 설명했다. 잡지와 텔레비전과 영화에 등장하거나 옥상에서 빗자루를 쓰는 여자들에 관한 얘기였다. 우리는 그녀 뒤를 스쳐 지나갔다. 그녀는 우리보다 작았지만, 왠지 모르게 우리보다 큰 존재였다. 그녀는 마르면서도 키가 컸다. 그녀 옆에 앉은 그녀의 남편은 넓은 어깨와 반쯤 감긴 눈을 한 채 누군가에게 또는 모두에게 장황한 말을 늘어놓고 있었다. 그의 태도는 어딘가 쫓기는 사람처럼 긴장돼 보였다. 그는 자신보다 훨씬 더 대단한 생명체를 책임져야 한다는 사실을 스스로 인지하고 있는 듯했다. 훨씬 어리고, 훨씬 사랑스럽고, 자기를 한참 뛰어넘는 존재를. 붓으로 먼지를 털어야 하는 도자기 인형 같은, 그러나 어느 순간엔가 반드시 떨어뜨리고 말 존재를. 손길이 서툴러서가 아니라, 그럴 운명이기 때문에.

대신 그녀가 그를 떨어뜨렸다. 아니, 그들이 서로를 떨어뜨렸던가? 내가 마지막으로 봤던 사진에서 그녀의 얼굴은 어딘가 변한 것 같았다. 유명 작가에게서 벗어난 아름다운 이목구비는 편안하고 밝아 보였다. 하지만 내 마음속에서 유명 작가는 아직도 무언가에 휘감긴 사람처럼 고개를 끄덕이며 사람들의 이야기를 귀 기울여 듣고 있고, 지나가고, 지나가고, 또 지나가는 사람들의 행렬을 얼어붙은 채 지켜보고 있다.

젊은 아내와 작가와 딱히 작가라고 볼 수 없는 사람들 사이. 식기들 부딪치는 소리가 귀를 먹먹하게 하는 커다란 방. 또 자기 무릎만 쳐다보는 억압된 남자들로 가득했던 인도의 큰 방. 인도 여행 한참 후 교외의 한 식당에서 커피를 마시는 M과 에마. 젊은 여자가 나이 많은 남자에게 자신을 의탁한다는 것이 어떤 의미인지를 설명하는 에마. 그 맞은편에서 에마가 나 대신 늘어놓는 설득을 듣고 있는 M.

그리고 수년 전, 아이오와에서 글쓰기로 고군분투하던 나는 매트리스 아니면 폭탄처럼 파란색과 흰색 줄무늬 커버를 씌운 메리의 소파에서 담배를 피우고 있다. 메리는 내게 최면 거는 척을 한다. 내면의 지하실로 내려가 문을 연 나는 여름 파티가 한창인 가운데 잠이 든 젊은 시절의 엄마를 본다. 그녀의 한 다리는 의자

팔걸이 위에 걸쳐져 있고, 예쁜 얼굴은 그을려 있다. 흑백의 기억 속에서도 그을림은 선명히 보였다. 이 이미지는 내가 태어나기 전 낚시용 별장에서 찍은 오래전 사진에서 비롯된 것이다. 삼촌들과 이모들은 맥주를 마시며 카드 게임을 했다. 엄마는 그 파티에 참석하지 않았고, 캐시도 없었다. 둘 다 겨우 인생의 반밖에 살지 못하고 죽었다. 유명 작가 옆을 가볍게 스쳐 지나가는 캐시. 젊은 아내의 드레스는 마치 선명한 석양 같았다. 어떤 무지갯빛 나일론으로 만들어진 듯한, 마치 회갈색 도로 위를 가로지르는, 형광빛 곡선으로 흔들리는 형상들처럼. 해 질 무렵 애리조나의 하늘. 초승달과 따옴표 모양의 구름이 패턴을 이루고 있는 풍경. 마치 내가 차마 입 밖에 낼 수 없는 어떤 생각을 둘러싸고 있는 듯한. 그것들은 P.R.의 그림처럼, 또는 지역 축제에서 아이가 만든 무언가처럼 기하학적이면서도 장식적이었다.

나를 만났을 때쯤 M은 지역 축제에 이미 지쳐 있었다. 수년간 그는 제멋대로 뛰노는 자기 아이들을 주시하면서 이국적인 가금류와 문제를 더 악화시키는 음식들(튀긴 반죽, 감자튀김, 각종 고기꼬치, 솜사탕)을 파는 부스를 떠돌아다녔다. 나는 항상 M에게 말했다. 넌 내가 아는 남자 중에 가장 잘생겼어. 네 외모가 정말 마음에 들어. 진심이었지만 아무도 그런 말을 믿지 않는다. 끔찍한 자아상에 시달리는 우리는 모두 불쌍하다. 내 진심을 전하려 노력하는 나도 불쌍하다.

하늘의 구름은 내 말에 따옴표를 붙인다.*

난 그의 외모가 정말 마음에 들었다.

다시 지역 축제. 닭, 소, 우리가 좋아했던 양치기 개. 공연을 즐기는 내 얼굴을 바라보는 그 사람.

"네가 사랑하는 방식을 사랑해."

그는 가끔 그렇게 말하곤 했다. 전망이 아름답거나 채식 메뉴가 룸서비스로 제공되는, 특별히 재미있는 호텔에 도착할 때마다.

"너랑 여행하는 게 너무 좋아."

그는 그렇게 말하곤 했다.

사랑해.

나는 언제나 캐시에게 그렇게 말하려 했지만, 적절한 때를 찾지 못했다. 캐시의 목표는 언제나 사는 것이었고, 건강해지는 것이었다. 점점 죽어가는 게 아니라. 그녀에게 사랑한다고 말하는 건 호스피스에 가야 한다고 말하는 것과 같았다. 결국 그 말을 하고 말았는데, 그때 캐시의 얼굴에 떠오른 표정과, 앙다문 입술과, 절대 안 된다며 단호히 내젓는 고개란. 나는 표현을 바꿔가며 계속 그녀를 설득하려 들었다. 이 여자분이랑 얘기 좀 나눠봐. 간호사셔. 상황을 더 나아지게 해줄 거야. 호스피스로 간다는 건 또다시 구급차를 타지 않아도 된다는 뜻일 뿐이야. 네가 병원에 가는 대신 널 치료할 사람들이 네게 온다는 뜻이야. '호스피스'라는 단어를 말할 때마다 나는 손가락으로 따옴표를 그려 보였다.

줄기에 핀 야생화처럼 우아하게 고개를 끄덕이던 유명 작가와

---

*　영어권에서는 다른 사람의 말을 인용하되 그 말에 동의하지 않을 때 손가락으로 따옴표를 그리며 말한다.

그의 도자기 같은 아내. 그리고 독사 같은 인간들. 수증기 같은 인간들. 연인과 친구들. 배신자들.

"호스피스는 그저 단어에 불과해."

나는 말했다. 가급적 구급차에 탈 일이 없도록 집에 상주 간호사를 들인다는 뜻일 뿐이라고. 배신당한 캐시는 가발을 쓰고 소파에 앉은 채 불확실하게 고개를 끄덕였다. 그녀의 얼굴은 지금껏 보지 못한 방식으로 일그러져 있었다. 그녀는 호스피스가 무엇을 의미하는지 너무나도 잘 알고 있었다. 그것은 그녀가 이 세상에 도착할 때 타인의 손길에 몸을 맡겼듯, 그녀가 이 세상을 떠날 때도 타인의 손길에 몸을 맡기게 될 것임을 의미했다. 하지만… 어디로 가는 걸까? 애리조나 하늘 위 따옴표, 허드슨강 너머 보이지 않는 불꽃놀이, 연이은 폭죽 소리. 무작위로 터지는 폭발 속에서 마지막 찬란함을 뽐내는 불꽃. 검은 하늘에서 폭발하는 백작 부인의 목걸이. 이제는 얼굴 어딘가가 달라진, 일몰 빛깔 드레스를 입은 세련된 여인.

"너랑 여행하는 게 너무 좋아."

그는 그렇게 말하곤 했다.

인도 여행 중 대령의 숙소에 머물 때, M은 집에서 기다리고 있었고, 떠올릴 수조차 없을 정도로 먼 거리에 떨어져 있었다. 난간 너머 쌍안경을 통해 보이는 아주 멋진 새들. 외국의 새들이 흔히 그렇듯 기이해 보이는 새들. 그 새들은 갈대 끄트머리에 균형을 잡고 서서 갈대를 구부러뜨리거나, 얕은 물 위를 스치듯 날거나(처음에는 밝은 잎사귀인 줄 알았던 것들이 갑자기 부리나 얇고 노란

다리를 드러냈다) 내 바로 뒤에서 날았다. 그리고 저녁이 되어서야 자기 방에서 나오는 에마. 금발의 에마는 전형적인 미국인 외모였지만, 1930년대 스타일의 남성용 실크 셔츠와 허리춤이 높은 바지를 입고 있었다. 그 모습이 아프리카로 사파리를 떠난 여자처럼 우아했다.

그녀는 대령의 새들로 둘러싸인 데크에 있었고, 부드러운 흰 블라우스에 파란 청바지를 입고, 손으로 주름을 잡은 밝은 적갈색 인도 스카프를 두르고 있었다. 에마는 언제나 그랬듯 걱정이 태산이었고, 거만한 대령의 태도가 미묘하게 거슬렸다. 에마와 캐시의 방에서 구토 소리가 스테레오처럼 양쪽에서 들려온 것도 그날 밤이었다. 밝은 금색 새들과 빨간색 새들, 초록색 앵무새들은 무리 지어 내려앉았다가 그 소리에 놀라기를 반복했다. 인도의 하인들은 벽난로에 불을 지피고, 차를 끓여주고, 우리 다리 아래에 베개를 놔주며 친절히 대접했다. 캐시는 또각또각 소리를 내며 밖으로 나와, 대령과 한가롭게 대화를 나눴다. 대령은 가끔 지하 공간 쪽으로 고개를 숙이며 거기서 땀을 뻘뻘 흘리며 일하는 남자들을 위협하고 괴롭혔다. 캐시는 가끔 대령 바로 앞에서 진지한 표정과 조용한 목소리로 그에 대해 말했지만, 대령은 듣지 않았다. 그는 오직 특정한 주파수의 대화에만, 즉 아첨과 화려한 존중, 그리고 그에게 호소하는 여자 목소리의 조합에만 귀를 기울였다. 대령은 우리보다 그리 나이가 많지도 않았고, 우리가 그를 좋아한 것도 아니었지만, 그는 애정을 듬뿍 받는 삼촌의 분위기를 풍겼다. 그래서 우리는 그를 '엉터리 대령'이라고 불렀다.

그날 밤, 저녁 식사를 마친 또 다른 왕족은 우리더러 자기에게도 예를 표하러 들르라고 했다. 은발에 아름다운 외모를 한 그녀는 사리를 아주 우아하게 두르고 있어 눈을 뗄 수 없을 정도였다. 사리는 어떻게 어깨에 간신히 걸쳐진 채로 있는 걸까. 사리의 주름이 그녀의 뚜렷한 쇄골과 돌멩이가 가득 달려 무거운 낡은 은 목걸이를 감싸고 있었다. 그녀는 우리를 만나고 싶어서가 아니라, 자기를 만나게 하고 싶어서 그 자리에 나타난 거였다. 왕족은, 심지어 의미 없는 호칭으로 불리는 의미 없는 사람일지라도, 여전히 의무감을 가지고 있다.

우리가 비틀거리며 방에 들어갈 수 있게 된 후, 캐시와 에마는 계속 토하기에 바빴고, 나는 다시 침대에 누워 무거운 이불을 덮고서 내 상상의 친구가 쓴 친숙한 책을 읽었다. 그때 또 다른 쥐를 보았다. 회색의 작은 무언가가 침실의 그림자 속에서 이리저리 움직였다. 그러다 사슴을 쫓는 사람의 외침을 들었고, 모든 새의 존재를 느낄 수 있었다. 그 순간, 여기 인도 어딘가의 사냥용 별장에서, 추운 방 안에서, 하인이 플란넬로 감싸 건넨 뜨거운 벽돌을 발밑에 둔 채, 친구들이 내는 희미한 고통의 소리를 듣다가 나는 깨달았다. M을 그리워하고 있다는 것을.

"너랑 여행하는 게 너무 좋아."

그는 그렇게 말했다. 우리는 집을 떠나 있을 때 특히 서로 잘 맞았다. 우리는 다양한 거리와 나라를 오가며 길을 찾고, 비행기에서 서로에게 기대어, 우리가 본 것을 글로 썼다. 때로 차로 다니는 동안 그가 우리가 겪은 일을 설명하면 나는 조수석에 앉아 메모를 받아 적었다. 그의 묘사는 너무나 놀라워서, 나는 작가로서 경외감에 휩싸여 마구 휘갈긴 후, 나중에 메모들을 한데 모아 초안으로 엮었다. 그러면 그는 이 여행을 정당화하기 위해, 그 초안을 이미 계약한 작품을 쓸 때 참고했다.

하지만 인도에서는 달랐다. 인도에서 나는 친구들과 함께였다. 다음 날 아침 잠에서 깼을 때, 에마와 캐시는 둘 다 비틀거리고 있었고, 사냥용 별장 데크로 들이치는 햇빛을 받은 그들의 얼굴은 연한 노란색 밀랍 같아 보였다. 나는 캐시의 방에 뭔가를 가지러 갔다가 그녀의 침대에 고인 토사물을 봤다. 침대에 고인 토사물은 긴 복도를 따라 화장실까지 이어졌다. 캐시가 비틀거리며 지나간 벽에는 손바닥 자국이 남아 있었다. 아무도 아침을 먹지 않았고, 우리를 우다이푸르로 데려다줄 차가 오고 있었다. 캐시도 에마도 갈대 끝에서 흔들리는 외국 새처럼 연약해 보였다. 캐시가 기절할지도 모른다고 생각했지만, 그렇게 말하지는 않았다. 에마는 무릎에 팔꿈치를 대고 발 사이 데크를 뚫어지게 쳐다보았다. 모두 자기만의 세계에, 아니, 자기만의 지하 세계에 있는 것 같았다. 차가 도착했을 때도 우리는 계속 앉아 있었다. 운전기사는 이해해주었다. 그는 이전에 우리를 태워준 적이 있었고, 그 전에 캐시를 태워준 적도 있었다. 그때 캐시는 그에게 힌디어로 소리쳤다.

"어쩔 수 없었어." 그녀가 말했다.

안 그랬으면 우리가 원하는 곳이 아니라 그가 원하는 곳으로 갔을 거라고. 어쨌든 그녀가 한 말이 통하긴 한 모양이었다.

캐시와 에마는 조심스레 차에 올라타 뒷자리에 앉았다. 그래서 나는 앞자리에 탈 수밖에 없었는데, 조수석이 왼쪽에 있어서 불안정하고 낯설게 느껴졌다. 차는 속도를 붙이며 고속도로로 뛰어올랐고, 우리는 혼잡한 도로를 헤치고 나아가기 시작했다. 개들은 우리 차와 흔들리는 대형 트럭 사이를 종종거리며 걸어 다녔고, 엄청난 소음 속에서도 뒷자리에 앉은 캐시와 에마의 숨소리가 내 귀에 들렸다. 캐시의 외침을 들었던 운전기사는 맞은편에서 오는 차들과 부딪히기 직전에 급하게 방향을 바꾸기를 거듭했다.

"네가 사랑하는 방식을 사랑해."

이탈리아 호텔의 룸서비스. 복도가 너무 넓어 마치 정교한 무늬의 카펫이 깔린 대로처럼 느껴진 곳. 이국적이었다. 마치 갈대 위에서 끊임없이 날아다니는 새들처럼, 그러니까 글 쓰는 내 머릿속 쉬지 않는 날갯짓처럼. 또 웅덩이와 성스러운 소를 피해 방향을 틀 때마다 구역질을 심하게 하던 뒷좌석에 앉은 두 사람처럼. 짓밟히고 굶주렸던 성스러운 소에 관한 얘기는 꺼내기도 싫다. 먹히지는 않지만, 먹지도 못하는 존재들.

소들은 가죽으로 덮인 해골 같았다. 그것도 잘 펴서 덮은 것도 아니고, 더러운 러그가 던져진 듯 보였다. 머리를 낮게 숙인 소들은 눈앞에 흙밖에 없다는 듯 천천히, 그리고 냉혹하게 도시를 가로지르고 고속도로를 건넜다. 그리고 끊임없이 먹이를 찾아 헤맸다. 굳은 땅 위로 솟아오른 초록색 풀 한 포기라도 좋았다. 개들은 일부러 따라 걸었다. 모든 개는 인간이 만든 기계를 사람보다 더 잘 인식한다. 자동차, 오토바이, 심지어 기차도(내 친구의 개가 기차에 치인 적이 있다. 친구는 거기에 서서 아주 다급하게 개를 불렀지만, 개는 평행 우주에서 철로 냄새를 맡으며 아름답고, 화창하고, 희망차며, 목줄 없는 오후에 그 익숙한 목소리에 주의를 기울이지 않는 즐거움을 누리고 있었다).

하지만 인도의 개들은 인간을 피하는 법을 안다. 한번은 오토바이를 탄 남자가 종종거리며 걸어가는 강아지 한 마리를 세게 걷어차는 모습을 본 적이 있다. 흰색과 회색이 섞인, 기괴한 조끼를 입은 듯 갈비뼈가 드러난 강아지였다. 그 바람에 강아지는 흙바닥으로 나동그라졌다.

쫘당.

밤새 발굽으로 이따금 벽을 차던 말, 추운 방, 모기장을 친 침대에서 책을 읽는 나.

개가 멀리 날아갔고, 나는 시선을 피했다. 캐시와 에마에겐 말할 수 없었다. 우리는 서로에게 아무것도 말하지 않았기 때문이다. 머리는 부풀리고 목에는 조심스럽게 매듭지은 스카프를 두르고 창문으로 다가와 잔돈을 구걸하던 과부에 관해 캐시가 나를 안심시켜줬을 때를 제외하고는.

다른 때에는 그저 보고, 받아들일 뿐이었다. 우리는 비틀거리는 소에 관해서도, 두 팔을 뻗은 채 차 사이를 뛰어다니는 아이들에 관해서도, 도로에서 치여 죽은 새끼 강아지들에 관해서도 침묵을 지켰다. 내 긴 인생에서 겨우 3초 동안 목격한 대학살을 나는 못 본 척 지나쳤지만, 오랜 시간이 지나서야 그것이 어떤 의미였는지 기억해냈다.

자세하게 뜯어보려고 하지 말자. 도로 위 흩어져 있는 신체 부위도, 길 바로 옆에서 지켜보던 어미 개도. 슬픔처럼 늘어져 있는 어미 개의 젖도, 무표정한 어미 개의 얼굴도. 전부 죽어버렸고, 우리는 서로를 흘긋거리지조차 않았다.

"네가 사랑하는 방식을 사랑해."

그리고 리츠 호텔의 카펫이 깔린 넓은 복도. 포르투갈에서 외출하는 대신 룸서비스를 시켰던 우리 둘. 너무 재미있어서 배를 잡고 방 안을 둥둥 떠다닐 정도로 웃겼던 영화. 어두운 밤, 발코니에 서서 리스본을 내다보던 우리. 몰린 출신이었던 나, 시카고 출신이었던 그. 그는 남자였고, 나는 그저 나였다.

우리는 리스본에 딱히 어울리지 않는 사람이었다. 사실, 우리가 포르투갈에 가기로 했을 때, 포르투갈이 어디에 있는지도 몰랐던 나는 몰래 지도를 찾아봤다. 그리고 포르투갈의 위치에 놀란 나머지 모두에게 그 사실을 말해줬다. 그때 나는 나름 똑똑하다고 여겼던 지인 몇 명이 포르투갈의 위치를 남미로 잘못 알고 있다는 사실을 알게 됐다.

우리가 본 영화는 〈버드케이지〉였다. 어린 시절에 그랬듯 모든 새가 새장에 갇혀 있었다. 나는 그것이 옳지 않은 일이라는 걸 알았지만, 무엇이 문제인지 정확하게 짚어내지는 못했다. 마치 남미 대륙에서 포르투갈을 찾으려 하다 파라과이밖에 찾아내지 못하는 것처럼.

카나리아들이 절박하게 그네를 탔다. 외로워하며 계속 노래를 불렀는데, 그동안 나는 연결점을 찾고 싶어 주변을 맴돌았다. 나는 한 쌍씩 차례차례 얻은 핀치새를 사랑했고, 그들이 죽을 때까지 계속 돌봐줬다. 그들이 죽는 이유는 외로움 때문일 수도, 찬 바람 때문일 수도, 아니면 단순히 그들의 깃털 같은 수명 때문일 수도 있었다. 다시, 그 호텔 방에서의 〈버드케이지〉. 우리는 망가진 룸서비스 카트를 넓은 복도로 밀어낸 후, 세상으로 통하는 문을 닫아버렸다. 화장실은 경이로웠다. 내장재는 대리석이었고, 따뜻한 바닥과 따뜻한 변기 시트와 몸을 담글 수 있는 커다란 욕조가 있었다.

"발톱 때까지 구석구석 씻어!"

한번은 그가 욕실에 있던 나를 향해 외쳤다. 아직 우리 집이 되기 전이었고, 내가 그를 방문했을 때 일이었다. 내가 그와 함께 잠자리에 들기 전에 샤워부터 해야겠다고 말한 후였다.

"발톱 때까지 구석구석 씻어!"

그 말에 나는 〈버드케이지〉를 볼 때처럼 웃음을 터뜨렸다. 그가 나를 즐겁게 해주려고 하는 모든 일에 나는 그렇게 큰 웃음이 터졌다. 이왕 샤워 얘기를 하는 김에 하나 더 예를 들면, 그는 물통에 차가운 물을 가득 채워 샤워부스 안에 뿌렸다. 그게 얼마나 이상한지 상상도 못 할 거다. 나는 따뜻한 물로 샤워하는 중이었다. 그 따뜻한 샤워가 만드는 심리적 공간에서 눈을 감은 채 그 감각에 온전히 젖어 있었다. 그때 갑자기 위에서 차가운 물이 확 떨어졌고, 나는 깜짝 놀라며 흐릿한 거울 속 도망치는 남자를 봤다. 그리고 벌거벗은 채 전율하며, 내가 어디에서 무슨 일을 겪고 있는지 자문했다.

발가벗겨진 듯 혼란스러움에 그대로 노출된 엄마 개는 젖을 축 늘어뜨린 채 서 있다. 리스본의 침대, 따뜻한 대리석이 깔린 샤워실, 사방이 반짝이는 조명으로 가득한 발코니, 인도의 왕족과 돌이 박힌 낡은 은목걸이. 우다이푸르의 하늘에서, 몰린의 하늘에서, 파라과이의 하늘에서 터지던 백작 부인의 목걸이. 갈대 끝에서 흔들리는 새들, 그네 타듯 앞뒤로 흔들리며 기쁨에 젖은 고통으로 노래하는 새장 속 새들.

"네가 사랑하는 방식을 사랑해."

그리고 쏟아지는 차가운 물줄기에 깜짝 놀라는 순간.

델리 거리에서 발에 차여 나동그라진 개, 비틀거리는 소, 지역 축제에서 맡았던, 너무 얇고 날카로워서 도그 휘슬*처럼 절대 놓칠 수 없는 가금류 축사의 냄새. 닭똥. 좁아터진 케이지 속 낯선 동물들의 곤두선 머리, 분수처럼 뻗은 깃털, 기이한 헤링본 무늬, 마치 애리조나 사막의 작은 꽃처럼 섬세하게 그들의 눈 가장자리를 둘러싼 진홍빛 테두리, 부드러운 털 같은 수술을 보호하는, 아주 작고 정교한 노란 단검 모양 꽃잎들. 페인트칠 된 바위들. 다만 정말 페인트칠 된 것이 아니라, 천 년이 넘는 시간 동안 같은 방식으로 새겨진 암각화. 그 이미지가 무엇을 의미하는지는 아무도 모른다. 여전히 이해받지 못하고, 그들은 이미 죽은 지 오래고, 우리 세대도 다 죽을 것이다. 지역 축제의 아이들이 줄지어서 만들던

---

* 개에게만 들리는 초음파로 개를 부르는 호루라기의 일종.

스피로그래프 그림들. M과 나는 팔짱을 끼고 그 사이를 터벅터벅 걷는다. 한 호객꾼이 M을 향해 소리친다.

"따님분이랑 같이 구경 오세요!"

처음에는 소름이 끼쳤지만, 우리는 그가 그만의 방식으로 우리 둘 다를 치켜세우려 했다는 것을 나중에 깨달았다.

그게 10년 전이었다면, P.R.은 이제 막 대학을 졸업했을 것이다. 금이 간 수영장 바닥을 따라 움직이는 수염상어처럼, 명석하지만 목적은 없는 상태였을 것이다.

분수에 한참 넘치거나, 분수에 한참 모자란 것과 함께 결말을 맞는 남성 작가들.

어느 순간 나는 절망의 둥지, 즉 높이 튀어 오르는 앞좌석에서 벗어나 뒷좌석으로 갔고, 에마와 자리를 바꿔 캐시 옆에 앉았다. 창문을 열고 싶다던 에마는 눈을 감은 채 뜨거운 인도의 공기를 들이마셨다. 운전기사는 또다시 우리가 원하는 목적지가 아닌 자신이 원하는 곳으로 데려가고자 했다. 이번에는 그의 의견에 동의했다. 그는 캐시를 호텔이 아닌 병원으로 데려가고 싶어 했다.

"제발요, 캐시 님."

운전기사는 뒤를 돌아보며 그녀에게 간청했다. 그동안 자동차들, 트럭들, 먼지 뒤덮인 가죽 조각들과 인간들, 형광빛 장식들, 그리고 커다랗고 네모난 빈 안장을 얹은 코끼리 무리가 지나갔다.

"싫어요." 그녀는 눈을 감고, 고개를 뒤로 젖히고, 배 위에 손을 올리고서 천장을 향해 말했다.

"싫어요." 그녀는 쾌활하게 말했다. 내게. 강요할. 생각 마.

"제발요, 캐시 님." 나는 농담조로 말했다.

제발요, 캐시 님. 거대하고 먼지투성이였던 코끼리들은 걸음을 옮길 때마다 몸을 앞뒤로 흔들었다. '엉터리 대령'의 갈대 끝에 앉은 새처럼, 그리고 차 안에서 메스꺼워하는 여자들처럼.

수년 전 더치스 지역 축제에서 캐시는 '지퍼'라는 놀이기구에 올라타, 공중에서 높이 거꾸로 매달린 채로 내게 손을 흔들었다.

"내 달팽이관은 나보다 한참 젊다니까."

그녀는 그렇게 말했다. 아이들은 젊은 달팽이관과 유연성 덕분에 거꾸로 뒤집혀 흔들려도 견딜 수 있지만, 어른들은 그러지 못한다. 나는 목수의 수평계처럼, 물방울과 공기 방울이 평형을 맞추는 캐시의 달팽이관을 상상했다. 세상이 어떻게 기울어지든 그녀는 균형을 잡을 수 있었다. 4기는 3기, 3기는 2기, 2기는 1기가 됐다. 그랬다가 다시 소란스럽게 돌아왔다. 콜로세움 경기장의 관중처럼 또는 벌들이 떼 지어 날 때처럼.

하지만 황제가 엄지를 아래로 내리기 전, 암이라는 나뭇가지가 벌집을 찌르기 전, 그러니까 캐시에게 아직 윤기 나는 짙은 머리카락, 길고 튼튼한 두 다리, 간식을 향한 식욕이 남아 있을 때, 그녀는 지퍼의 케이지에 들어갔다. 그녀의 무릎 위로 안전바가 내려오고 어깨에는 안전띠가 채워졌다. 그녀는 열두 살쯤 된 소년과 등을 맞대고 있었다. 직원은 그들을 단번에 꼭대기까지 올려 보낸 다음 거기서 몇 번쯤 회전시켰다. 상상이 가능할지는 모르겠지만, 지퍼의 케이지는 수직으로 그리고 수평으로 회전했다. 그러다 공중에 거꾸로 매달린 상태로 멈췄다. 그들의 손은 천장을 짚고 있었고, 소년은 철망 사이로 토를 했다. 직원은 갑자기 다시 지퍼를 움직였고, 지퍼는 회전을 계속하며 아래로 휘몰아치듯 바닥으로 내려와 멈췄다. 반대쪽에선 사람들이 공포에 질릴 다음 차례를 기다리고 있었다.

한참 젊은 달팽이관을 가졌음에도, 지퍼에서 내린 캐시는 파란 천막 뒤에서 몸을 구부린 채 두어 번 토를 했다.

"정말 재미있었어." 그녀는 말했다.

제발요, 캐시 님. 하지만 그녀는 병원에 가려 하지 않았다. 그녀는 우리가 모르는 사실, 그러니까 병원에서도 그녀를 도울 수 없다는 걸 알고 있었기 때문이다. 사실 그녀는 식중독으로 아픈 게 기뻤다. 인도에서는 평범하고 정상적인 일이며, 인도에 간 모두에게 일어날 수 있는 일이었다. 그런 평범함이 그녀는 짜릿하게 했고, 솔직히 구토는 아무렇지도 않은 일이었다.

레닌의 묘 앞에서 오래된 러시아 모자를 쓰고 긴 모피를 입은 채 유혹하듯 추파를 던지는 P.R.의 페이스북 사진을 봤다. 그 아래에 달린 칭찬하는 댓글들. 물론 봐서는 안 되었지만, 참기 어려웠다. 그건 질투와 연결된 호기심의 희미한 악취였다. 레닌의 묘 앞에서 포즈를 취하다니, 이보다 더 확실한 도그 휘슬이 M에게 또 있을까? M은 낭만적인 이념인, 공산주의의 핏줄을 이어받은 사람이었다. 데오도란트 따위의 필요하지 않은 제품을 사도록 속이는 자본주의에 현혹되지 않는 사람, 그래서 희미한 악취가 나는 사람 말이다.

M의 엄마에게 여성용품 여분이 있는지 묻자 자기는 화장지만 사용한다고 답했다. 진부한 표현이긴 하지만, 멱을 딴 돼지처럼 많은 피를 흘릴 때, 어떻게 화장지만으로 감당한단 말인가? 나는 캐시의 기억에서 어떤 장면을 연상했다. 오래전 연구 목적으로 인도 여행을 떠났을 때 내게 전화한 날의 기억이다. 그녀는 작은 마을의 작은 거리에서 흐느끼고 있었는데, 거리를 걷다가 한 무리의 남자들이 돼지에게 무슨 일을 저지르는 걸 봤다고 말했다. 그러더니 다시 무너지듯 숨을 헐떡이며 거듭 딸꾹질하더니 더는 말하지 않았다. 캐시는 나중에 그녀가 본 장면과 들은 소리를 묘사하며(마치 여자가 천천히 살해당하는 소리 같았다고 했다) 살면서 본 것 중 가장 끔찍한 장면이었다고 말했다.

끝없는 폭력, 끝없는 피. 멱 따인 돼지처럼 피를 흘리는 여자가 가장 원하는 것은 망할 진통제일 테지만, 실제로 멱을 따인 돼지가 가장 원하는 건 물론 바로 죽는 것이다. 고통에서 해방되는 것이다. 하지만 몸은 버티고, 공포는 지속되며, 흙먼지 가득한 거리에는 비명이 울려 퍼진다. 손으로 입을 가린 채 비틀거리며 지나가던 여인은 문가에 기대어 서서 한쪽 귀에 휴대폰을 댄 채 뉴욕주 외곽의 허름한 작업실에 있는 내게 전화를 건다. 누구에게라도 말해야 하니까. 나 또한 마찬가지다. 내 친구는 너무 속상했고, 나와 너무 멀리 떨어져 있어 더 속상했다. 그래서 나는 집으로 걸어간다.

현관문으로 들어가니 그는 거실에 서 있고, 텔레비전이 큰 잘못을 한 것처럼 보인다. 오후의 야구 경기든, CNN이든, 글쓰기와 관련된 게 아니라면 뭐든 잘못했으리라. 그가 쓴 책들은 우아하고 아름답고 참혹하다. 누군가의 삶을 기울어지게 하고, 뒤엎고, 어지럽히는, 끔찍한 상처에 관한 것이 대부분이다. 배신당한 남자의 목구멍에 박힌 신호탄, 시카고 거리에서 자동차에 치여 인도의 개 사체처럼 산산조각 난 반대하던 아버지의 몸, 숲속 공터에서 아무 이유 없이 차근차근 구타당해 죽어가는 한 남자.

네가 사랑하는 방식을 사랑해.

나는 그의 온기가 남아 있는 소파에 주저앉는다.

"캐시가 방금 무슨 일을 당하는 돼지를 봤대."

나는 그에게 말한다.

남성 작가들이 그들의 캐릭터와 그들의 파트너에 끼치는 피해. 일렁이는 일몰 빛깔 드레스를 입은 젊은 아내. 분노로 일렁이던 미아 패로와 우리 눈앞에서 나이 들어간 그녀의 딸. 미아 패로의 딸은 무신경하고 완고하며 말과 행동이 거친 사람으로 자랐다. 우디 앨런*이 그녀 손아귀에 있다고 믿게 할 정도였다.

아름답고 짙은 눈썹의 브룩 실즈. 그녀의 몸과 특수 처리된 청바지 사이엔 아무것도 없다.** 모자를 쓰고 핫팬츠를 입은 조디

---

* 미국의 영화감독이자 희극배우이자 극작가. 최대의 거장으로 손꼽혔으나 여자 친구였던 미아 패로와의 사이에서 입양한 딸, 딜런 패로를 성추행했다는 폭로를 당하며 순식간에 평판이 추락했다. 향후 35세 연하의 수양딸인 순이와 재혼했다.

** 1980년대 15세였던 브룩 실즈가 촬영한 캘빈클라인 청바지 광고에는 '나와 캘빈 사이에는 아무것도 없다'라는 카피가 쓰였으며, 짙은 성적 암시로 논란을 일으켰다.

포스터의 사진. 그녀의 아랫도리와 그녀의 상냥함과 그녀의 어리
벙벙함이 자기 소유라고 생각한 택시 운전사와 그녀 사이에는 아
무것도 없다.* P.R. 또한 1980년대 어느 날, 거실 러그 위에 몸을
쭉 뻗고 누워 있었다. 앞머리는 말아 올리고, 작은 어깨 패드를 차
고, 은색으로 "LET'S GET PHYSICAL"**이라고 쓰인 운동복 상
의를 입고 있었다.

육체적 관계를 갖자(Let's Get Physical). 땋은 헤어밴드가 파마
로 탄 곱슬머리를 치켜올리고, 헐렁한 레그 워머를 신은 1980년대
의 수많은 다리. 그리고 구겨진 나무줄기 같은 거대한 코끼리 다
리는 커다란 가죽 기둥처럼 들렸다가 먼지를 끌며 다시 땅에 내려
앉는다. 한 걸음 한 걸음 옮길 때마다 그들의 코가 앞뒤로 흔들리
며 땅을 부드럽게 쓸었고, 굶주린 신성한 소들처럼 땅을 따라 움
직이며 끊임없이 찾아 헤맸다. 굳어진 땅 위로 솟아오른 초록색
풀 한 포기라도 좋았다.

분수에 딱 맞는 것, 그리고 분수에 모자란 것을 받는 모든 남
성 작가와 그들의 창백한 성기. 순이는 자신이 아버지로 알던 남
자와 함께 포즈를 취한다. 그 남자는 만화 캐릭터처럼 안경 너머
로 눈을 크게 뜨고, 침을 꿀꺽 삼킨 후 말을 더듬는다. 마치 자신

---

* 1989년 개봉한 영화 〈택시 드라이버〉에 관한 내용으로, 더러운 거리를 청소해야 한
다고 믿는 택시 운전사가 사창가에서 총격전을 벌여 12세의 어린 매춘부를 구하는
이야기를 담았다.

** 1981년 발표된 올리비아 뉴튼 존의 히트곡 제목. '몸을 쓰자' 혹은 '운동하자'라는
말이지만, 이 노래에서는 '육체적 관계를 갖자'라는 뜻으로도 쓰였다.

이 캐스팅한 남자 배우들이 자신의 성욕을 연기하는 것처럼. 지역 축제의 그 남자는 무리한 칭찬을 던지며 담배를 씹는다. 따님분이랑 같이 구경 오세요! 특수 처리된 청바지를 입은 P.R.과 M 사이에는 아무것도 없다.

몸을 쓰자(Let's Get Physical). 목발을 짚고 비틀거리며 걷는 캐시. 목발은 우리가 10대였을 적 꼈던 은색 수갑 팔찌를 의학적인 버전으로 재현한 것 같았다. 우리는 팔찌 주변 피부를 태워 손목에 창백한 줄을 만들려고 했다. 어두운 곳은 더 어둡게, 하얀 곳은 더 하얗게 보이기 위함이었다. 수갑을 찬 소녀들, 갇히거나 갇히지 않은 소녀들. 따님분이랑 같이 구경 오세요! 그리고 우디 생각에 가장 사랑스러운 여자라는 순이는 마리엘 헤밍웨이처럼 고등학교 시절의 짝사랑 같았다. 그중 진짜 고등학생은 한 명뿐이었지만.*** 마리엘의 목소리는 애원하는 듯했고, 불확실했으며, 헬륨 가스를 마신 것 같았다. 순이도 마리엘도 갇힌 소녀이자 갇히지 않은 소녀였다.

우리는 마침내 다음 호텔에 도착했다. 크림색 아치형 문과 연한 노란색 벽, 개방형 거실, 자갈 산책로, 꽃이 떠 있는 거대한 점토 그릇들이 있는 곳이었다. 캐시 님은 1층에, 에마와 나는 2층에 나란히 방을 잡았다. 덕분에 평온하고 푸르른 저녁 시간에 우리는 방에서 나와 캐시의 방을 내려다볼 수 있었다. 캐시는 목발을 짚

*** 우디 앨런의 영화 〈맨해튼〉에서 마리엘 헤밍웨이가 연기한 고등학생 캐릭터, 트레이시. 그녀는 우디 앨런이 연기한 아이작이라는 캐릭터와 사랑에 빠졌다.

은 채 곧바로 밖으로 나와 우리 방으로 올라오려 했다. 콩알만 한 자갈이 깔린 길이라 목발로 지나가는 건 불가능했다. 캐시가 애쓰는 모습을 보면서도 우리는 그녀를 감시하는 걸 들킬까 봐 뒤로 물러섰다. 펄럭이는 흰 소매와 끈 달린 바지, 뻣뻣한 자수 조끼를 입은 두 남자가 사무실에서 달려 나왔다. 그들은 캐시의 저항에도 아랑곳하지 않고 그녀를 의자 가마에 태웠다. 그리고 마치 왕족을 모시듯, 뜰을 가로지르고 넓은 돌계단을 올라 우리에게 데려왔다. 캐시는 평소처럼 엉덩이부터 거꾸로 올라갈 심산이었다. 그때 나는 보았다. 캐시가 죽어가는 내내 한 번도 보지 못했던, 아니 어쩌면 한 번밖에 보지 못했던 모습이었다. 남자들에게 들린 채 작은 자갈로 덮인 안뜰을 지나 넓은 돌계단을 올라 우리에게 오던 그때, 캐시는 울고 있었다.

어디로 가는지도 모르는 기차에 올라 숲이 우거진 지역을 통과했다. 그저 시골 풍경을 감상하려고 현지 사람들과 함께 이동하는 길이었다. 그중 몇몇은 우리를 계속 보려고 기차에 올라탄 아이들이었다. 기차가 비틀거리며 산비탈을 오르는 동안 캐시는 딱딱한 나무 의자에 기대어 앉아 스쳐 지나가는 나무 꼭대기를 바라보고 있었다. 그녀는 구경꾼인 동시에 구경거리였고, 에마와 나는 벤치 끝에 앉았고, 우리의 두려움은 몸을 떠는 친구처럼 우리 사이를 비집고 앉았다. 창문이 열린 채로 기차가 흔들리고, 나는 옆 칸에 있는 열차 화장실로 향했다. 용변을 볼 생각이었다. 캐시는 그런 선택지는 없을 거라고 했지만, 그래도 나는 그쪽으로 걸었다. 아이들이 나를 따라왔다. 역시 그런 선택지는 없었다. 화장실의 배설물은 처참했다. 그것을 마주한 시간은 찰나였고, 곧바로 쾅 소리를 내며 문을 닫긴 했지만, 그 광경은 여전히 기억에 남아 있다. 마치 실제 범죄 사건을 다룬 책에서 본, 평범한 가구들로 가득한 방에 어두운 무언가가 벽 전체에 튀어 있는 흑백사진처럼.

거기에서 다음을 상상하기란 어려운 일이다. 딱딱한 벤치 다음엔 열병과 오물통이라니. 조니 미첼이 불렀던 헤로인 중독에 관한 노래 같았다. 여느 노래가 그렇듯 중독을 미화하지는 않았지만, 차갑고 푸른 금속*은 완전히 끔찍하게 들리진 않는다. 모두가 자기만의 방식으로 릴리즈 부인**을 찾는 건 당연하다. 차갑고 푸른 금속을 통해서든, 다른 노래의 더 자극적인 가사처럼 아찔한 연애 중독을 통해서든. 세상에서 가장 강력한 독이자 강력한 약은 바로 사랑일 테니까.

소박한 드레스를 입고 짤랑거리는 팔찌를 찬 조니 미첼. 기차에서 잠시 서 있으려 목발에 기댄 채 창백한 손가락 관절로 창틀을 쥔 캐시. 나도 창가에 서고, 에마도 캐시 옆에 서 있다. 창밖으로 가파른 절벽이 보이고, 지면은 전혀 보이지 않는다. 그저 잎과 가지, 나무 꼭대기들뿐이다. 그러다 천천히 자갈길이 나타나고,

* 조니 미첼의 헤로인 중독에 관한 노래, 〈Cold Blue Steel and Sweet Fire〉의 가사에 등장하는 단어로, 마약을 주사하는 주삿바늘을 암시한다.
** 〈Cold Blue Steel and Sweet Fire〉의 가사에 등장하는 또 다른 단어로, 마약을 주사한 순간에 느끼는 해방감을 암시한다.

그다음에는 벤치가, 그다음에는 쓰레기통이, 그다음에는 또 다른 넓은 길이 펼쳐진다. 갑작스레 기차가 멈춰 서고, 우리 칸에 한 무리의 원숭이들이 탄다. 어두운색 얼굴에 금빛 털을 한 원숭이들은 업무를 수행하러 온 털북숭이 인간들 같다. 원숭이들은 우리가 서 있는 방향의 열린 창문을 통해 쏟아져 들어와 우리를 에워싼다. 검은 가죽 같은 손바닥을 내밀어 우리 주머니 속을 더듬고 창문 사이로 들락날락한다. 기차는 다시 시동을 걸며 조금씩 움직이지만, 원숭이들은 에마의 가방에 있던 그래놀라 바와 과일을 꺼내 먹는다. 그러고는 나이가 지긋한 아이들처럼 우리를 쳐다보며, 기차가 속도를 내면 무슨 일이 일어날지 기다린다. 나무들이 흐릿해지기 시작하고, 원숭이들은 한 번의 움직임으로 순식간에 창문 밖으로 나가버린다. 그렇게 기차에는 다시 우리 셋만 남는다. 조니 미첼이 오랜 세월 전, 독일 와인을 마시며 자신의 허영심 가득한 연인의 머리선이 점점 뒤로 밀려나는 모습을 상상했던 것처럼.*

젊은 시절, 늦은 밤, 침실 조명 속에서 신발을 벗고 춤추던 우리. 내가 좋아하길 바라는 음악을 반복해서 재생하던 그. 샘 쿡, 아이리스 디멘트, 스티브 얼, 어마 토마스, 앨라니스 모리셋.

앨라니스 모리셋? 난 도저히 그녀를 경외할 수 없었다. 되짚어 생각해보면 재밌긴 했다. 우리 둘 다 약에 관한 노래**를 립싱크

---

*   조니 미첼의 노래 〈Just Like This Train〉 가사 내용.

**   1995년 발매되어 대중음악 역사상 가장 많이 팔린 록 앨범 중 7위를 차지한 앨라니스 모리셋의 앨범, 《Jagged Little Pill》의 내용.

하고 있었으니 말이다.

네가 사랑하는 방식을 사랑해. 침대에 누워 담배를 피우며 (얼마나 오래된 이야기인지) 음악을 듣는 그를, 허영심 가득한 나의 연인을 바라보았다.

수년에 걸쳐 쌓인, 우리의 즐거웠던 순간을 모은 각본집. 대부분은 그의 농담이고, 그중 두어 개, 그러니까 버터에 관한 농담과 명예를 건 맹세에 관한 농담만 내 것이다. 운전하다 말고 길가에서 차를 세우게 만든 그의 유명한 콜드 스프링 농담. 발작하듯 웃던 우리 둘. 한번은 비행기에서 본 적 있는 여자처럼 웃음소리 없이 찌푸린 얼굴로 적어도 1분간 안전벨트 아래서 몸부림을 쳤다. 그 여자는 샤넬 정장 차림으로 통로 맞은편에 앉아 잡지를 읽고 있었는데, 비행기가 이륙하기도 전에 갑자기 경련을 일으키더니 입에 거품을 물기 시작했다. 나는 안전벨트를 풀고 비틀거리며 다가가 그녀를 앉히려 했다. 곧 키 큰 승무원들이 복도를 가득 채우며, 스프링으로 제본된 위기 대처 매뉴얼을 미친 듯이 뒤지는 동안, 나는 그녀가 다치지 않도록 주변에 있는 물건을 치웠다. 그러는 동안 이상하고 끔찍하게 세세한 것들이 내 눈에 띄었다. 구두 밖으로 삐져나온, 주먹을 쥔 듯 웅크린 발, 렌즈에 거품이 묻은 채 그녀 얼굴에 비스듬히 걸린 안경. 그러다 응급구조사라는 남자 한 명이 복도에서 걸어왔지만, 승무원들은 이미 의사가 상황을 정리하고 있다며 그를 자리로 돌려보냈다.

"전 의사가 아니에요!"

나는 소리쳤다. 비행기에서 큰 목소리를 낸 건 그때뿐이었고,

그 자체만으로 다른 어떤 상황만큼 두려웠다. 한번은 이탈리아에서 돌아오는 길에 M이 극심한 허리 통증을 호소했을 때, 나는 두어 번 비상용 아이스팩을 꺼내 주먹으로 두드려 냉각을 활성화했다. 그때마다 나는 다른 사람들이 그 소리를 총소리로 오해하지 않도록 온갖 방법을 동원했다. 좁은 스테인리스 스틸 화장실에 들어가 변기 물 내리는 시끄러운 소리에 맞춰 파란 아이스팩을 주먹으로 쳤다. 비행기에서 형편없는 땅콩에 불만을 가진 누군가가 발포한 것 같은, 깜짝 놀랄 만한 '퍽' 소리가 났다. 샤넬 정장을 입은 여자는 비행기 통로에 맞춰 설계된 들것에 실려 비행기에서 내렸다. 비행기가 이륙하자 승무원들은 내게 비즈니스 클래스 승객들을 위한 서비스를 특별 제공했다. 거품을 닦을 수 있는 따뜻한 물수건과, 은쟁반에 담긴 얇게 썬 딸기였다.

콜드 스프링에 관한 농담이 최고의 웃음을 선사했을지도 모르지만, 나중에, 결혼식 때 춤을 추다 터뜨렸던 웃음도 굉장했다. 작가인 M은 내게 그의 새로운 춤 동작을 보여줬는데, 아무리 거듭해서 다시 봐도 나는 그가 선보이는 동작의 의미를 이해할 수 없었다. 그는 내 눈을 마주 보고 발을 이리저리 움직이며 한 손가락으로 공기를 찔렀다 다른 손가락으로 찌르기를 반복했다. 레이스 옷을 입고 문신을 한 젊은이들, 그러니까 신부인 내 조카와 그녀의 중서부 힙합 친구들이 우리 주위를 돌아다닐 때, 그가 내 귀에 대고 소리치며 춤 동작을 설명했다.

새로운 춤 동작의 이름은 '인쇄 명령(Ctrl + P)'이었다.

보라색 벽, 빨간색 벽, 애리조나의 열병 같은 집. 그가 P.R.과 함께 떠났을 때, 나는 메리와 함께 그 집으로 도망쳤다. 완벽하게 조정된 샤워기 헤드가 있는 욕실. 드라마 〈너스 재키〉 정주행 도중 용변을 보려고 불을 켤 때마다 손에서 느껴지던, 보석이 박힌 듯한 벽의 이상한 촉감. 식물이 드문드문 놓인 메마른 마당과 은유적 표현인 줄 알았지만 말 그대로였던 '뱀 조심' 표지판. 도로 반대편 차선을 가로질러 길게 늘어진 방울뱀. 다음 날 그 자리에서 그대로 납작 짓눌린 방울뱀을 발견할까 봐 두려웠지만 다행히도 그러지 않았던 그때. '뱀 출몰 지역' 표지판이 있던 암각화 바위 더미.

하지만 내가 기억하고 싶은 것은 그 휴가용 집이다. 거친 벽과 크고 흉측해서 사람을 우울하게 하는 그림. 나는 내 꿈을 방해받지 않기 위해 그 그림을 숨겨야 했다. 그 꿈은 매일 아침 앨리스가 뉴저지의 학교로 가는 길에 전화를 걸어 "자기야, 잘 지내?"라고 묻는 꿈이었다. '다크(Dark)'*라는 성은 또 얼마나 좋은지. 내가 몇 번이고 돌아다니며 긴장된 에너지를 흡수한 그 마당. 드문드문 심긴 선인장과 여기저기 튀어나온 불필요한 관개 장치의 꼭지들. 미치지 않고서야 절대 사용하지 않을 온수 욕조. 그리고 내가 가장 좋아하는, 사막 전체는 무대가 되고, 우리는 관객이 되는, 지붕으로 향해 있는 플린스톤 계단. 몸에서 난 땀이 식듯 온몸에서 불안감을 빠져나가게 하는, 하루를 마무리하는 맥주의 첫 모

---

* 소설가이자 에세이스트인 앨리스 엘리엇 다크를 뜻한다.

금. 토르티야 칩과 차가운 맥주를 들고서 바버라 킹솔버*의 낙서 같은 산맥이 둘러싸인 곳에서, 의자에 앉아 있는 메리와 나. 멀리서 철로를 달리는 저녁 기차 소리. 수많은 차. 삐걱거리는 브레이크 소리를 내며 사막에서 남서부까지 끝없이 달리는 조니 미첼의 기차.

　　나는 객차에 의지하듯 연인들에게 의지했네
　　그들이 내 곁에 있어주기를 기대했네
　　요즘 나는 뭔가에 의지하지 않네
　　그냥 모든 게 흘러가도록 놔둘 뿐**

　슬픈 진실이지만, 나는 내 인생에서 무언가를 흘러가도록 둔 적이 한 번도 없었다. 우리의 옥상, 낙서 같은 산, 푸른 안개, 그리고 때때로 선명한 분홍빛과 산호색 줄무늬, 상쾌한 공기, 메리의 생각을 귀 기울여 듣는 즐거움, 그리고 다른 사람의 과거와 현재를 그토록 온전하게 아는 것의 특별한 기쁨 외에는.
　그 옥상. 내 맥주와 그녀의 와인과 수다. 낙서와 기차. 트랙을 움직이는 소리가 들리는 것만 같다. 레일 위 바퀴 소리와 흔들리는 소리. 어렴풋이 먼 곳에서는 투손의 도시 전경과 주를 잇는 고속도로가 펼쳐져 있었다. 나는 다시는 들을 수 없을 에밀루 해리

---

* 　생태학 학사학위와 진화 생물학 석사학위를 보유한 소설가로, 아프리카나 애리조나
　　에서의 자기 경험을 토대로 한 작품을 주로 집필했다.
** 　조니 미첼의 노래 〈Just Like This Train〉 가사의 일부.

스의 콘크리트 도로***에 관한 노래가 떠오른다. '주를 잇는 고속 도로'라는 단어를 노래할 때마다 그녀의 목소리가 요동치는데, 그 걸 듣고 있노라면 에밀루 해리스는 고속도로 같은 단조롭고 바뀌지 않으며 개성이 없는 것에조차 감정을 불어넣을 줄 아는 사람이라는 것을 깨닫게 된다. 모든 것이 고조된다. 그램 파슨스와 함께 투어를 했던 수년 전. 약과 음악을 과다 복용해 생을 마감한 그. 토니 호글랜드의 표현을 빌리자면 에밀루 해리스는 그 자리에 서서 산산조각이 난 채 떨어지는 그램 파슨스를 지켜봤다. 층층이 쌓인 그녀의 보살핌을 뚫고, 계속 아래로 떨어져 결국엔 협곡의 가장자리에 혼자 남겨진 채(에밀루의 다른 노래에 관한 내용이다) 타오르는 협곡을 바라보았다.

협곡. 마치 물 없는 해변을 걷는 것 같다. 어떤 물도, 단 한 방울의 물도 없는 곳. 대신 1년 내내 물결 모양 꽃잎을 터뜨리기만 기다리는 선인장꽃이 사방에 피어 있다. 마침내 메리와 내가 비행기에서 내려 밋밋하고 금빛이 감도는 애리조나 고속도로를 달려갈 때, 그 모든 것과 함께 우리 앞에 모습을 드러낸다. 그리고 그 아침, 너무 일찍 깨어, 살금살금 부엌으로 가서 차를 끓이고 창밖을 내다보았을 때, 그가 거기 있었다. 키 크고 깡마른 몸의 상처투성이 소년. 그는 어떤 끔찍한 밤의 심부름을 마치고 어딘가를 향해 빠르게 걸어가고 있었다. 술을 진탕 마신 후 기타도 신발도 없이 집을 향해 비틀거리며 걷던 그램 파슨스처럼. 불운한 운명을

*** 에밀루 해리스의 노래 〈The Connection〉을 가리킨다.

마주한 컨트리 가수처럼. 상실의 전형 같은 코요테처럼. 그는 죄책감과 반항심을 동시에 느끼며 새벽빛 속을 가로질러 달려간다. 그가 무슨 짓을 했든 그것은 과거의 일이고, 그의 위 속에 있었다. 이제 그는 그저 잠들 만한 시원한 곳을 찾고 있었다. 바위 밑 방울뱀. 친근한 절벽 아래에 뻗어 누운 코요테. 모든 걸 벌하듯 뜨겁게 내리쬐는 불타는 공 같은 태양. 발밑의 M과 머리 위의 거대한 푸른 하늘. 분홍빛 줄무늬로 짙어지는 어둠 속에서, 메리와 나는 술을 마신다.

애리조나의 보석이 박힌 듯한 이상한 벽. 우아한 왕족의 목걸이에 박혀 있는 보석. 그녀의 뚜렷한 쇄골. 완벽하게 두른 사리. 전갈이 있는 애리조나의 인도식 집. 휘황찬란한 장식품들이 있는 인도의 사냥용 별장. 개방형 거실을 날아다니는 작고 밝은 새들. 각 침대 옆 테이블에 있는 전화기. 연결 잭 없이 제멋대로 늘어진 30센티미터 길이의 코드. 코끼리의 발과 다리로 만들어진 텅 빈 우산꽂이. 소름 끼칠 정도로 부드럽고 살아 있는 것 같은 그 우산꽂이 가죽. 초라하게 낡아버린 이그조틱 메리골드 호텔. 잡초로 무성한 그 들판의 접이식 의자에는 어떤 남자가 옛 인도 왕처럼 앉아 있었는데, 그는 서투른 솜씨로 말을 조련하는 한 젊은 일꾼을 지켜보고 있었다. 크고 균형 잡힌 몸집의 아름다운 검은 말은 헐떡이며 비틀거렸고, 젊은 일꾼은 고삐 줄을 지나치게 느슨하게 잡은 채 지나치게 느릿하게 움직였다. 그러다 결국, 말에 대해 잘 아는 에마가 참다못해 고함을 내질렀다.

"잘못하고 있잖아요!"

기다란 채찍은 몇 걸음마다 말의 등을 부드럽게 때린다.

"그렇게 하면 다친다고요!"

입에 담배를 문 왕은 그쪽을 건너다보려고 신문을 살짝 구긴다. 왕도 일꾼도 대답이 없다. 우리는 그것에 신경 쓰지 않고 발길을 돌린다. 코끼리가 그려진 오래된 흰 석고벽을 따라 안으로 들어간다. 벽의 프레스코화는 갈라지며 지워지고 있는데, 코끼리 위 기수들은 여전히 밝고 또렷하게 보인다. 큰 상자 모양의 안장은 어느 시점에 다시 금칠되어 있다. 코끼리 위 거만한 남자들은 필박스 모자를 쓰고 있다. 무거운 유령 같은 몸체를 지닌 코끼리 행렬은 벗겨져가는 석고 안으로 사라지고 있다. 마치 우산꽂이처럼.

우다이푸르 호텔의 정원은 깔끔하게 정돈되어 있다. 무릎을 꿇고 관목을 가꾸던 남자들은 캐시와 내가 지나가자 자리에서 일어난다. 캐시가 힌디어로 인사하자, 그들이 화답한다. 그들은 우리 뒤를 천천히 따라오며 캐시가 식당으로 향하는 경사로를 잘 올라가는지 확인한다. 옛 영화나 만화에 나올 법한 호텔 지배인처럼 한쪽 팔에 흰 천을 두른 다른 남자는 화려한 몸짓으로 문을 열어준다. 식당은 텅 비어 있고, 리넨과 마멀레이드가 담긴 작은 병들이 가득하다. 나는 마른 토스트와 요거트를, 캐시는 달걀을 포함한 모든 것을 주문한다. 차는 은색 주전자에 담겨 있고, 손잡이에는 흰 냅킨이 묶여 있다. 나는 차를 따르자마자 뭔가 잘못됐다는 것을 깨닫는다.

그것은 눈치가 아닌 확신이다. 나는 갑자기 내 안에 갇히고, 그

곁에는 뭔가 사악한 게 있다.

가봐야겠어. 나는 그녀에게 말한다.

나는 캐시를 식당에 두고 떠난다. 에마는 여전히 자고 있기에, 캐시를 방으로 데려다줄 수 있는 건 만화에 등장할 법한 호텔 지배인 같은 남자와 관목을 가꾸는 남자들뿐이다.

나와 그 사악한 것은 낮고 따가운 풀 사이를 가로지르고 콩알만 한 자갈길을 통과한다. 넓은 돌계단을 오르고 모퉁이를 돌아 내 방 안으로 들어간다. 문을 닫은 다음 잠그고, 침대로 기어오른다. 나와 함께 있는 그 사악한 것은 점점 커지고 있고, 나를 점점 더 구석으로 몰아넣는다. 침대보 위에서 나는 베개를 반쯤만 베고 있고, 침실 조명은 여전히 빛나며 내 눈을 마주 본다. 눈을 감자. 아니, 뜨자. 눈을 감으면, 나와 그것뿐이다. 그게 뭐든 간에. 눈을 뜨면, 나와 그것과 압도적인 빛뿐이다. 몇 시간 동안 나는 손을 뻗어 불을 끌 수 없다. 손을 들 수도 없고, 빛이 내 눈을 마주 보지 않을 만큼 충분히 고개를 돌릴 수도 없다. 그저 거기 누워 있는 것밖엔 아무것도 할 수 없다. 내 안에 있는 그 사악한 것과 함께 갇힌 채.

토할 것 같다는 생각이 들었다가 갑자기 몸이 머리부터 발끝까지 축축해진다. 신음을 내려 하지만 그럴 수 없다. 돌아누우려 해도 그럴 수 없다. 움직이지도 않는데 어지럽다. 그러다 축축함은 증발하고, 몸이 떨려온다. 모두 내면의 움직임이고, 거의 보이지 않는 움직임이다. 고개는 여전히 돌리지 못한다. 죽음보다 끔찍하다. 나라는 조용한 덩어리 안에 내가 듣거나 목격한 모든 고통이 담겨 있는 것 같다. 그러다 어느 순간 깨닫는다. 죽음이 아름다운 이유는, 일어날 수 있는 일이기 때문이라는 것을. 하지만 이건 어떻게 보면 일어나는 일이 아니다. 어떤 사건이라기보다는, 장소다. 그저 나는 그 안에 존재하는 수밖에 없다. 시간이 멈춘 것 같다. 나는 어떤 움직임도 없이 그저 기다리고 있다. 배경에 앉아 남의 시선을 의식한 듯 모자를 잡은 채, 무표정으로 그저 무언가가 만들어지는 느린 과정을 공허하게 응시하는, 옛 은판 사진 속 남자들처럼. 다른 점이 있다면, 나는 창조되는 게 아니라 해체되고 있다.

캐시와 에마는 어디에 있을까? 나는 아무것도 알지 못한다. 선명한 조명, 천장의 모서리, 반쯤 벤 베개, 처진 볼 가장자리, 어깨 아래에서 불편하게 주름진 폭신한 이불, 문은 아주 먼 곳에, 대리석 바닥의 대륙을 건너 저 먼 곳에서 잠겨 있다는 것밖에 모르겠다. 그들은 삼륜 인력거를 타고 시인을 방문하러 간 모양이다. 나는 그들의 모습을 본다. 작은 칸막이에 오른 친구들이 거리를 지나는 모습. 원숭이들이 그들 주머니를 향해 가죽 같은 손을 뻗고, 승무원처럼 스카프를 매고 머리를 부풀린 과부가 차분한 미소를 짓고, 아이들은 서로를 밀며 다른 아이 손을 밀어내고 자기 손을 가장 위에 올려놓으려 하고 있다. 인력거꾼은 계속해서 페달을 밟고, 샌들을 신은 그의 발은 아래로 내려갔다 위로 올라오기를 반복하며 바큇살을 돌린다. 그러다 갑자기 밝은 가게가 줄지어 나타난다. 거리를 향해 문을 연 가게에는 반짝이는 물건들이 가득하고, 가게 주인들은 담배를 문 채 인력거에 탄 여행객에게 말을 건

293

다. 도로 위에서 소들은 천천히 지그재그로 움직이다 멈추기를 반복하며 무언가를 찾아다니고, 스쿠터와 오토바이는 소들을 간신히 피해 지나간다. 그러다 꿈속 코끼리 한 쌍이 나타난다. 그들의 안장은 텅 비어 있다. 마치 존 F. 케네디의 장례 행렬에서 부츠 발끝을 뒤로 향하게 신고 걷던 말처럼, 코끼리들은 모든 이의 슬픔을 유령처럼 태우고 있다.

그들이 방문한 시인은 나이가 지긋하고 현명한 남자였다. 그는 《뉴요커》 만화에 등장하는 사람처럼 산꼭대기에 있는 사람이었다. 그들은 산을 올랐다. 캐시가 목발을 짚고 기어갔고, 에마는 캐시의 뒤에서 그녀를 밀어주고 앞에서 당기며 부산스럽게 움직였다. 어느 순간 나는 조명을 피해, 잠긴 문과 어두운 블라인드가 쳐진 창문으로 몸을 돌렸다. 창문 주위에는 늦은 오후의 햇빛이 후광처럼 비추고 있었다. 처음엔 네온처럼 보였던 커다란 사각형은 점점 빛이 희미해지더니, 저녁이 되자 어둠을 둘러싼 창백한 틀만 남았다. 그 방도 나와 함께 사라지고 있었다.

나는 여덟 살 때 기수 없는 말과 거꾸로 걸린 부츠가 따라가는 장례 행렬을 봤다. 거실에 함께 있던 엄마는 다리미판 뒤에서 그 모습을 지켜보며 연신 구겨진 크리넥스를 눈물로 적셨다. 내 기억 속에 모든 것은 흑백이었다. 베일이 내려오는 모자를 쓴 여자, 무릎을 꼿꼿이 세운 채 경례하는 소년, 블라우스와 주름의 구석구석을 꼼꼼히 다리미질하던 엄마. 새장 속 나의 카나리아도 노란색이 아닌 회색이다. 모든 게 회색이다. 이제 빛은 사라지고, 틀은 더이상 틀이 아니라 블라인드고, 내 방은 어스름하게 변해, 내 뒤에 남은 조명의 작은 웅덩이만이 내 머리를 따뜻하게 비추고 있다.

밤은 여전히 움직임이 없다. 내 안에 갇힌 나와 사악한 무언가 뿐이다. 두 사람은 시인의 집에서 돌아와 어딘가 다른 곳에 있다. 어느 순간 부드럽게 문을 두드리는 소리와 내 이름이 들리곤, 다시 아무것도 없다. 아무것도 없음은 점점 커져서 다시 토할 것 같은 느낌이 되어 나를 휩쓸고 관통한다. 지역 축제의 지퍼에서 거꾸로 매달린 채 캐시와 그 작은 소년과 함께 회전하는 듯, 우리 셋은 라인벡의 땅 위에 매달려 있고, 아래에서 M이 우리를 올려다본다. 그는 나무 막대기에 꽂힌 뭔가를 들고 있고, 나는 갑자기 온몸이 또다시 축축해진다. 침대보를 짚은 손바닥, 머리카락, 눈꺼풀까지. 그러다 지퍼가 땅을 향해 곤두박질치고, 나는 너무나도 빠른 속도에 기절하고 만다.

기절한 상태는 아무렇지 않지만, 정신을 차려보니 그 사악한 것이 나를 철제 케이지 안으로 밀어붙이며 내 안의 모든 공간을 차지한다. 그러다 지퍼는 다시 올라가기 시작한다. 아래를 내려다보니 중간 지점의 불빛들이 마치 모든 색의 물감처럼 흐릿하다. 지퍼가 회전을 시작하자, 물감이 튀면서 대칭적인 무늬를 그리기 시작한다. M이 막대기에 꽂아 들었던 게 뭐든 그건 사라졌고, 이제 그는 지퍼를 올려다보는 대신 주변을 돌아보고 있다.

내 손가락이 케이지 그물망 사이에 있고, 그것은 계속 나를 눌러댄다. 결국 나는 눈을 뜬다. 창문의 커다란 사각형은 이제 세피아 톤으로 변해 있다. 그 가장자리는 여전히 어두워서 마치 오래된 사진 같다. 중간쯤에서 나는 깨닫는다. 나와 함께 탄 소년은 캐시와 함께 탔던 그 소년이 아니다. 다른 소년이다. 더 어리고, 체구가 아주 작은, 언젠가 죽음과 관련된 사진을 모아놓은 책에서 봤던 아이. 그 아이는 살아 있었다. 침대에 누워 있고, 얼굴에는 고통의 가면을 쓰고 있다. 그의 시선은 근처에 놓인 공을 멍하니 향해 있고, 공 옆에는 그의 작고 구부러진 손가락이 놓여 있다. 그 공은 가죽을 꿰매 만든 듯했고, 줄무늬가 있었으며, 그의 마지막 순간 옆에 놓여 있던 장난감 같았다. 그러다 카메라가 설치되어 임종의 순간이 왔다. 나머지도 전부 죽음의 사진이었다. 관에 들어간 아기의 사진, 엄마의 팔에 안긴 아기의 사진. 검은 천으로 덮인 카메라를 든 사진사는 그들의 얼굴을 기록하기 위해 왔다. 그것만이 부모가 그들의 얼굴을 기억할 수 있는 유일한 방법이었다. 벽에 기대어 선 비좁은 관 속의 아기. 이미 무너져 내리기 시작한 얼굴. 아기의 주먹 위에서 시들어가는 꽃다발. 베개와 테디베어에 몸을 의지한 채 의자에 앉은 작은 소녀의 경우엔, 그녀가 눈을 뜨고 있는 것처럼 보이게 하려고 눈꺼풀 위에 그림을 그렸다. 유일무이할 그녀의 사진에서, 살아 있는 것처럼 보이게 한 것이다. 하지만 그 소년의 얼굴에 비하면 아무것도 아니다. 고통을 인내하며 줄무늬 공을 응시하는 소년의 눈빛.

서커스의 코끼리들, 줄무늬 의자에 옹기종기 모인 그들의 거대한 발들. 엄청난 무게를 지탱하며 코뚜레의 두려움에 맞서는 어두운 눈은 그 소년의 눈만큼이나 헤아리기 어렵다. 그들의 코는 섬세하고 표현력 넘치며, 남성의 성기처럼 부드럽지만 더 흥미롭다. 신성한 소들은 성기처럼 창백한 줄기를 찾아 헤매며 콘크리트를 뜯어먹는다.

　나는 인도에 있고 지금은 아침일지도 모르겠다. 이제 그늘은 더는 세피아색이 아닌 다른 색으로 밝아졌다. 나는 잠깐 잠들지만, 눈꺼풀 위에 그려진 뜬 눈으로 여전히 모든 것을 볼 수 있다. 지퍼 케이지 안에는 나와 그 소년뿐. 우리는 천천히 회전하고, 가죽 공도 함께 회전한다. 그러다 소년은 사라지고, 나만 남는다.

　언니는 병원 복도 벽에 기대 쓰러지며 그대로 미끄러진다. 언니는 반짝이는 바닥에 주저앉고, 나는 언니 옆에 무릎을 세우고 앉아 루터교식 초록색 타일로 덮인 맞은편 벽을 응시한다. 간호사는 우리에게 물이 담긴 종이컵을 하나씩 건네고, 우리는 그것을 순순히 받아 마신다. 그리고 자리에서 일어나 엘리베이터를 타고 병원 식당으로 내려간다. 넓은 들판으로 나갔다. 거기에서 언니는 목청껏 소리를 질렀다. 나와 함께 음료수를 홀짝인 후, 언니는 또다시 소리를 질렀다. 우리는 안으로 돌아가 엘리베이터를 타고 올라갔다. 조카는 자기 아빠와 함께 천장에 매달린 텔레비전에서 만화를 보고 있었다. 조카는 우리가 사 온 음료수를 마셨다. 그리고 몇 년 후, 조카는 미술학교에서 예쁜 도자기 찻주전자와 거기에 어울리는 작고 기이한 도자기 찻잔을 만들어 내게 선물했다.

　전화기는 침대 등 아래에 있는 침실 탁자에 놓여 있다. 나는 전화기로 손을 뻗어 옆방에 있는 에마에게 전화를 건다.

　"방문이 잠겼어. 차도 마시고 싶고." 나는 말한다.

　몇 분 후 열쇠 돌아가는 소리가 나고, 차 쟁반을 든 인도인 남자가 에마와 함께 방으로 들어온다. 에마가 내게 차를 따라주지만 내가 원하는 건 설탕이다. 나는 내 조카의 찻잔에 설탕을 연거푸 넣는다. 아차, 이게 내 조카 잔은 아니지. 하지만 에마가 온 건 맞다. 에마가 그녀 몫의 차를 우리는 동안 나는 몸을 일으켜 세운다.

"몸이 아팠어."

나는 말했다. 사실이다. 아팠다. 지금은 아니지만. 이제 나는 그 빌어먹을 침대 등을 끄고 블라인드를 올리고 싶다. 인도의 빛이 쏟아져 들어오며 대리석 바닥과 그 검은 무늬, 은빛 찻주전자와 매듭진 냅킨, 에마가 입고 있는 호텔의 리넨 가운을 비춘다. 우리는 둘 다 그 가운을 사서 집으로 가져왔다. 잘 어울린다는 이유에서였다. 그 가운 아래에 비치는 속옷에서 나는 런던과 프랑스를 본다.

니스의 어느 레스토랑 테라스에 있는 M. 코르시카로 가는 비행기를 타기 전 이른 아침. 흐트러진 달걀. 작은 에펠탑과 작은 개선문 모양으로 정교하게 잘린 모둠 과일이 담긴 접시.

"열이 있을지도 모르겠네." 에마는 말한다.

영화배우처럼 미치게 잘생겼던 코르시카의 운전기사. 그는 한동안 브루클린에서 살다가 아들이 고향의 문화를 접하며 자랄 수 있도록 코르시카로 돌아왔다고 한다. 나는 뒷좌석에 앉아 울창한 마키 숲*을 바라본다. 그에게 그 고향의 문화가 뭔지 물어보자, 그

---

* 제2차 세계대전 당시 프랑스 레지스탕스가 나치에 저항하며 이 숲에 은신했다. 여전히 저항과 복수라는 상징과 연결된 장소다.

는 백미러로 나를 바라보며 짧게 말한다.

"복수."

애리조나 여행에서 돌아와, 평소엔 잘 가지 않는 방에 가보니 그녀의 크리넥스 더미가 있다. 거기에는 침대도 있다. 나는 더 이상 침대 시트를 갈 수도 없고, 그녀의 흔적을 치울 수도 없다. 아니, 그게 그들 중 누구의 흔적이든 상관없다. 대체 왜 그렇게 자주 코를 풀었을까? 속옷은 왜 두고 간 걸까? 속옷이라기보다는 그저 벗겨져서 침대에 널브러지기 위해 존재한 하늘색 천 조각이다. 나중에야 발견한 그 조각은 세탁기 옆에 불가사리처럼 붙어 있었다. 눈살이 찌푸려질 정도로 마른 몸매를 살찌우려 노력하는 나. 우리가 사귀는 동안 나는 매년 0.5킬로그램씩 살이 빠졌다. 내 살은 드레스를 벗듯 우아한 움직임으로 빠져나갔다. 우리 침실에서 P.R.이 드레스를 벗고 있다. 코를 풀고 있다. 코를 풀고 있다. 어떤 빌어먹을 이유에선지는 모르겠으나 코를 풀고 있다.

더는 내 심장 소리를, 외로움의 소리를 듣는 것을 견딜 수 없다. 외롭지 않은 사람은 없겠지만, 외로움을 이렇게까지 의식할 필요는 없지 않은가. 하지만 데이비드처럼 오롯이 존재론적 고독이라는 그 고요한 개념으로 나와 연결된 사람이 몇 명 있기는 하다. 데이비드와 나는 서로를 바라보기만 해도 그 고독을 인정할 수 있다. 시기적절하지 못했던 안식년 탓에, 그의 캠퍼스 사무실에서 나는 민간인 신세다. 삶은 달걀을 먹다가 목이 막힌 나를, 그가 바

라본다. 그런 그의 모습이 함부로 놀릴 수 없을 정도로 댄 포겔버
그*와 닮아 보인다.

날 이곳에 붙들고 있는 사슬이 무엇이든 그것을 풀고 창문 밖
으로 나가 웨스트체스터 하늘로 떠내려갈 것 같다는 느낌을 지울
수 없다. 이곳은 이미 어중간한 연옥처럼 느껴지는데 그런 웨스트
체스터에서 세상과 단절된다니, 이 얼마나 끔찍한 일인가. 그 길
들을 헤매고 다니던 GPS와 휴대전화가 없던 시절. 그리고 이제
는 그 모든 길이 P.R.의 동네라는 것을 아는 지금. 슬프지만 아무
도 내가 P.R.을 비난하는 걸 듣고 싶어 하지 않는다. 첫째, 내가 그
녀와 무관하듯 그녀도 나와 무관해야 한다. 둘째, 나는 누가 무슨
말을 하든 들을 생각이 없다. 그녀는 내 집에 들어와서 코를 풀고,
어떻게 말하면 그의 코를 풀기도 했다. 적어도 우리 침실 중 두 곳
에서 말이다. 그러니 내겐, 이런 짓을 한 사람을 욕할 권리가 당연
히 있다.

사무실에서 다정한 눈빛으로 앉아 있는 데이비드. 죽은 댄 포
겔버그가 아닌, 산 사람에게 빗대자면 잭슨 브라운** 같아 보이는
그 사람. 내가 달걀을 삼키는 걸 인내심 있게 기다려주고, 내 계획
대로 잠시 떠나 글 작업을 하는 건 어떻겠냐고 제안해주고, 대학
원생이 기다린다며 날 안아준 그 사람.

그리고 나는 정신없이 운전했다. 나는 무의식중에 네 개의 블

---

* 미국의 포크 록 가수로 맑고 청량한 목소리와 시적인 가사로 잘 알려져 있다.
** 미국 최고의 싱어송라이터로 손꼽히며 2004년 로큰롤 명예의 전당에 올랐다.

록을 지나 보호소에 도착했는데, 나는 보호소를 견딜 수 없는 사람이었다. 온갖 개들이 온갖 케이지 안에 갇혀 있었기 때문이다. 첫 번째로 밖에 나온 개는 내 다리로 올라탔다가 도망쳤다. 불쌍한 조지. 나는 공황 상태에 빠지고 겁에 질렸다. 수년간 자원봉사를 하며 항상 개를 잃어버리는 일을 두려워했는데, 그런 일이 일어나다니. 하지만 조지는 아주 미안한 표정으로 그 자리에 앉았고, 내가 그녀에게 다시 목줄을 채우는 동안 가만히 있었다. 그러고는 내 몸 위에 올라탔는데, 그때 더그와 앤이 나를 구해줬다. 우리는 다 같이 조지를 진정시키고, 산책시키고, 돌봐주고, 개가 너무 흥분해서 달려들지 못하도록 훈련했다. 결국 조지는 너무 많이 움직여서가 아니라 너무 생각하느라 지친 나머지 숨을 헐떡였다. 우리가 원하는 것을 파악하고 그것을 해주려고 노력하느라, 세 사람의 관심을 한꺼번에 감당하느라, 보호소를 나와 햇빛과 웨스트체스터 주차장의 차가운 공기를 마주하느라. 우리는 조지에게 분홍색 목걸이를 채웠다. 튼튼한 검은 핏불에게 분홍색 목걸이는 잘 어울렸다. 그날 밤 조지는 아주 잘 잤을 것이다. 세 사람이 계속 자신을 쓰다듬고 칭찬해주고 훈련용 간식을 내밀며 관심을 쏟는 꿈을 꿨겠지. 엄청난 꿈이지 않은가. 굉장한 꿈이다. 진짜 사람들의 시선이라니. 마치 그녀가 중요하다는 듯, 이미 한번 상처받은 그들의 마음이 그녀의 노력과 꺼지지 않은 희망에 다시 아파하고 있다니. 밝고 화창하면서도 차가운 웨스트체스터의 어느 오후. 어디선가 잭슨 브라운의 음악이 흐른다. 마음의 짐을 덜기 위해 달리는 잭슨 브라운. 그리고 용커스 시내. 어딘가의 복도에서 P.R.과

통화하고 있는 M. 마치 나를 부적절한 존재처럼 취급하던 말들. 내가 그의 코를 풀고, 여기저기에 크리넥스를 은밀히 떨어뜨린 것처럼. 그래서 집안의 안주인인 어머니가, 또는 가정부가 그걸 줍게 만든 것처럼.

차가운 뉴햄프셔의 바람 속에서 천천히 비틀거리며 보낸 길고 끔찍한 시간이 이제 끝나간다. 올가미는 단단히 조여져 있고, 발은 땅에 닿을락 말락 하다. 날것의 습기와 천천히 회전하는 동부 해안의 나무들. 언제나 푸른 나무 가장자리와 인도코끼리의 다리처럼 거칠고 회갈색인 나무껍질. 나는 그 위에 매달려 있다. 심연은 아니지만 차갑고 어두운 초봄의 땅 위에, 나의 인생 위에, 그리고 이 도서관 창밖 나무의 이상한 혹처럼 신비롭고도 쓸모없는 인생 위에.

빛이 쏟아지는 예술인 마을의 거대한 도서관에는 〈매드맨〉*에 나올 법한 붙박이 가구가 연두색 천으로 덮여 있고, 1962년과 〈우주 가족 젯슨〉** 사이 어딘가에 있을 법한 진홍색 의자가 있다. 모든 것이 키는 작고 디자인은 과했다. 아직 여자아이가 자기만의 집을 꿈꿀 수 있었던 시절, 내게도 있었던 바비 인형의 드림하우스처럼. 벽은 두꺼운 종이판으로 만들어졌고, 그 위에는 책장과 세련된 꽃병들이 그려져 있었다. 가구 또한 종이판을 입체적으로 조립해 만들어졌다. 내가 앉아 있는 이 투박한 녹색 소파와 그

---

* 뉴욕 매디슨 거리의 한 광고회사에서 벌어지는 에피소드를 다룬 드라마.
** 〈심슨 가족〉, 〈고인돌 가족〉과 함께 대표적인 미국 애니메이션으로 꼽히는 작품. 2062년을 배경으로 하고 있다.

대로 닮아 있었다. 재키 케네디가 필박스 모자를 쓴 채 입고 있던, 피로 물든 분홍색 정장과 같은 부클레 원단이다. 요즘 나의 필박스는 모자가 아니라 진짜로 약이 들어 있는 상자다.*** 바로 지금, 속이 텅 빈 듯 울리는 도서관에서, 이 감정을 없애기 위해 만들어진 약이다. 불안감, 그건 나와 이 모든 것 사이에 드리운 보이지 않는 장막인데, 이 견딜 수 없는 감각을 차단하기 위함이다.

길고 얇은 베일을 쓴 신부 바비. 우리 엄마가 만든, 가슴께에 진주가 달린 하얀 드레스를 입고 있다. 어떻게 거기에다 진주를 단 걸까? 엄마의 이름은 진주라는 뜻의 '펄'이다. 엄마는 둘째 딸을 위해 꿈의 바비 인형 드레스를 만들고 있었다. 그러나 창백하고 망설이는 얼굴을 하고 상상력이 생생하게 풍부한 그 딸은 전혀 신부가 되지 못했다. 이제 그 둘째 딸은 오래 사귄 남자에게 두 번째로 버려졌다. 두 결별 다 켄이 미지를 버리고 바비를 선택한 것과, 그리고 그 사실을 종이판으로 만든 소파에서 공표하는 것과 다름 없었다. 그 둘째 딸인 나는 결코 바비 인형의 삶을 상상 속에서라도 살아볼 수 없었다. 바비와 함께 그 환상 속으로 들어갈 순 없었다. 내가 사랑했던 기묘하게 인간을 닮은 아기 인형들, 벳시 웻시나 채티 캐시와도 함께할 수 없었다. 왜냐하면 그것은 한동안 진짜 아기처럼 보였기 때문이다. 거의 살아 있는 듯했지만, 진짜 살아 있지는 않은. 그 아기 인형은 죽은 아이처럼 보여서 사람들을 불편하게 만들었지만, 나는 오히려 그 때문에 그 불쌍하고 이

*** Pill box는 '약상자'라는 뜻도 있다.

상한 아기 인형에 꽤 애정이 갔다.

바비의 꿈, 내 꿈, 엄마의 꿈. 진주를 달려고 궁리하는 펄. 구슬에 뚫린 작은 구멍, 그 사이로 실을 꿰어 바비의 목선을 따라 단단히 고정한다. 산맥 같은 바비의 목선, 그 두드러진 절벽. 그리고 나는 내면 깊숙한 곳에서 조여오는 밧줄에 매달린 채, 뉴햄프셔의 축축한 땅을 향해 발을 뻗는다. 겨울 잔디는 누렇게 바랬지만, 회색 풍경 속에서도 아직 고집스럽게 생기 넘치는 모습을 뿜어내는 작은 수선화 무리가 있다. 그래서일까, 이 빗속에서 그들은 오히려 더 우울하게 보인다. 나뿐만 아니라 몸을 움츠리며 이곳을 지나가는 모두가 그렇게 보는 듯하다. 손모아장갑을 낀 예술가들은 한결같이 내가 그들과 같지 않다는 걸 알고 있다. 나는 미소 짓고, 말하고, 탁구를 친다. 나는 어둠 속에 앉아 커다란 화면에 비치는 것들을 멍하니 본다. 그러다 누군가가 〈매드맨〉 DVD를 넣고, 나는 그것도 어둠 속에서 멍하니 본다. 꿈속의 집과 여자들의 옷차림, 드라마의 전개에 따라 등장하는 스펀지 같은 폴리에스터 바지 정장. 길어지는 스토리라인 속에서 이제 극은 1960년대보다 1970년대와 더 가까워진다. 그러면서 나는 사소하지만 신경 쓰이는 미술팀의 디테일을 눈치챘다. 배우들이 담배를 피우는 모습은 실제 사람들이 흡연하는 것보다 훨씬 더 힘이 들어가 있고 의식적으로 멋을 부리고 있다. 전성기 시절, 진정 모든 것을 흡연에 쏟아부었던 사람으로서 하는 말이다. 나는 문자 의미 그대로 매드맨처럼 담배를 피웠지만, 결코 그들처럼은 아니었다.

바비, 미안하지만 네 꿈의 집은 종이로 만들어졌단다. 올록볼록한 천은 그저 올록볼록한 천 그림일 뿐이고, 푹신한 베개에 달린 단추도 그저 단추 그림일 뿐이야. 내 치료사인 수전 버튼은 푹신하지 않고 까칠하지만, 그래도 진짜 사람이다. 그녀를 비롯한 모든 사람이 고맙다. 축축하고 어두운 뉴햄프셔의 땅도 고맙다. 지난해의 거칠게 남아 있는 마른 풀들과 낯선 겨울 이끼가 깔린 그곳. 그 땅이 내 발끝과 간신히 맞닿을 만큼 올라와주었기에, 밧줄이 완전히 나를 조여오지는 않았다. 나는 단절되지 않았다. 나는 열려 있다.

나는 친구에게 그런 말을 들은 적이 있다.

"네 얼굴은 참… 열려 있어, 조."

그는 칭찬이랍시고 한 말이었지만, 그 말은 우리 둘 다를 두렵게 했다. 오래전 아이오와에서 메리의 파란 줄무늬 소파에 앉아 있던 나. 애리조나에서 구름 같은 소파에 앉아 있던 나. 뉴햄프셔에서 과하게 디자인된 올록볼록한 연두색 붙박이 소파에 앉아 있던 나. 꿈이 산산이 부서진 부모님 집에서 바닥을 가득 채운 카펫 위에 무릎 꿇고 앉아 있던 나. 거기에서 나는 바비의 거실을 들여다보며, 바비의 몸을 반으로 접어 종이 의자에 앉힌다. 바로 저기, 자기만의 공포와 이메일 속에 깊이 잠긴 채 진홍색 의자 위에 앉아 있는 낯선 예술가처럼.

조용하지만 결의에 찬 사서의 구두 소리가 건축가의 꿈 같은 바닥 위에서 울린다. 바닥에는 계단 가장자리를 표시하는 어두운 금속 줄무늬가 세공되어 있고, 전체적으로 고급스럽고 밝은 패널이 인상적이다. 바닥마저 패널로 되어 있을 정도로 패널이 가득한 방이다. 그녀가 걷는 소리는 분명하게 들린다. 거만한 소리는 아니고, 할 일이 많은 사람의 발소리처럼 들린다. 물론 그녀의 신발이 시끄러운 소리를 내긴 하지만, 그녀는 그것에 익숙하다. 이것이 일상이고, 그녀의 직업이기 때문이다. 게다가 매일 딱딱한 바닥에서 딱딱한 신발을 신는 사람들은 일상적인 일을 할 때 자신을 따라오는 발걸음 소리를 딱히 개의치 않는다. 나로서는 흥미로운 일이다.

엄마는 독특한 옷을 입었거나 인상적인 머리 스타일을 한 사람을 보면 "저 여자는 다르네"라고 말하곤 했다(그렇다고 절대 "저 남자는 다르네"라는 말은 하지 않았다. 남자가 다르다는 건 이미 자명한 사실이니까). 아마도 볼륨을 살리기 위해 가볍게 부풀린 머리라기보다는 사람을 놀라게 하는 튀는 머리 스타일이었을 것이다. 그렇다고 '높이 틀어 올린 머리'는 아니었다. 그건 다른 사람들보다 더 나아 보이려고 노력하거나 매력적으로 보이려고 노력하는 여자를 표현할 때 쓰는 말이었다. 아주 늘씬한 다리에 하이힐을 신고, 가끔은 검정 스타킹까지 신은 채 '높이 틀어 올린 머리'를 한 다른 엄마처럼 말이다. 사실 정확한 표현은 '프렌치 트위스트'지만, 우리 중서부 마을에서 '프렌치'라는 단어는 너무 남다른 느낌을 주었기에 절대 쓸 수 없는 표현이었다.

어쨌든 다행히도, 나는 바비의 꿈의 도서관에 있었다. 딱딱한 바닥을 울리는 사서의 구두 굽 소리와 조용하게 공간을 울리는 난방기의 낮은 소음. 올록볼록한 직물로 감싼 소파 벤치의 감촉과 나를 부드럽게 감싸는 후드티의 따뜻한 플란넬 안감 덕분에, 몇 주 만에 처음으로 아무 도움 없이 스르르 긁아… 떨어졌다.

떨어졌다. 이 얼마나 좋은 표현인가. 마치 내가 킹스턴 다리 위에 서 있는 장면을 상상하는 것처럼. 그 난간에 서서 북쪽에서 불어오는 거센 바람을 온몸으로 맞고, 다정한 푸른 용 같은 허드슨 강을 바라보는 상상. 그 강은 마치 나를 기다리는 듯하다. 그저 아무 생각도 하지 않기로 결심하고, 가볍게 발을 내딛는 게 정말 어려운 일일까. 적어도 상상 속에서는, 내가 떨어질 그 끝없는 허공이 내 앞에 펼쳐질 보이지 않는 미래보다 훨씬 더 현실적으로 느껴진다.

내 인생의 나머지 부분은 지워진 칠판 같다. 검은 배경 위에는 지워진 것들의 흔적만 남아 있다. 내가 키웠던 개, 내가 살던 집, 오리, 나무, 나무 사이로 난 길, 서재의 아름답고 고요한 책장, 길었던 어느 여름, 한 달 동안 알파벳순으로 정리한 수많은 책, 26일 동안 하루에 한 통씩 쓴 편지들, 먼지 쌓인 책에 둘러싸인 방에서 일하면 일할수록 점점 더 흥분됐던 시간. 다양한 병뚜껑들이 뒷벽을 따라 중간중간 박혀 있어 하루 중 특정 순간이 되면 형형색색의 빛이 물결치는, 그래서 병과 보석이 박혀 있던 애리조나 화장실을 떠올리게 한 붉은 헛간. 차갑고 진흙투성이의 비가 내리는 봄에도 굳이 올라오던 크로커스. 자기만의 물리적인 규칙에 따라 불안정하게 기대어 선, 매년 이곳저곳을 곧게 펴 다시 세워도 결국 한쪽으로 기울고 비뚤어졌던 울타리. 거북이와 여우들. 밤이면 연못의 갈대 사이를 헤집고 다니며, 찾아낸 것의 머리를 뜯어내고 피를 마시던 냉혹한 너구리. 낚시꾼, 미친 포유류, 그리고 동작 감지 카메라를 거울처럼 들여다보던 주머니쥐. 목각 꽃으로 장식된 기둥과 구부러진 구리 조명. 즉흥적인 골프 코스 전망이 내려다보이는 둥지 같은 내 작업실. 건초 더미. 채색된 목각 오리들이 원을 그리는 습지. 매년 봄 카키색 새끼들 곁에 있던 거위. 높은 나무에 앉아 아래를 내려다보던 매. 왜가리. 스라소니. 무덤 속의 개.

인도, 애리조나, 뉴욕 시티, 웨스트체스터, 뉴햄프셔. 어디에나 불안의 베일이 드리워져 있다. 언젠가 박물관에서 본 적 있는 아름다운 여인의 조각상처럼, 그녀의 얼굴은 베일에 가려져 있었다. 망할 대리석으로 만든 베일 말이다. 여인의 섬세한 얼굴에 얇은 베일을 드리우는 예술의 정밀함은 얼마나 놀라운지…. 섬세함이 섬세함을 덮고, 그 모든 것은 차가운 돌에서 탄생한다. 조각상은 M과 내가 방문했던 박물관 중 한 곳에 있었다. 유럽이나 뉴욕, 아니면 파라과이의 박물관이었을 것이다. 우리는 로드 트립을 하던 중 필라델피아의 작고 흥미로운 박물관에 들른 적이 있다. 그날 아침에는 호텔 식당에서 이국적인 달걀 요리를 먹었다. 테이블보의 바다에서 손님은 우리 둘뿐이었다. 식당은 과할 정도로 고급스러웠지만, 창문 밖에는 황량한 거리와 거대한 주차장 풍경이 펼쳐져 있을 뿐이었다. 조르조 데 키리코*가 실존적 공허함을 그린다면 이런 모습 아닐까. 이후 들렀던 박물관은 북적였던 데다 개

---

* 형이상학적 화가로, 살바도르 달리, 르네 마그리트 등 초현실주의 화가들에게 많은 영향을 미쳤다.

조된 집 같은 모습이었는데, 그래도 분위기는 좋았다. 나는 늘 그랬듯 옛 살롱처럼 벽에 닥치는 대로 걸려 있는 미술품 때문에 미칠 뻔했다. 옛 살롱 같은 진열 방식은 애초에 그런 광기를 뒷받침하고 있다지만, 이미 넘어질 듯 불안정한 모습에 무슨 광기가 더 필요하단 말인가.

어쨌든 케케묵은 그곳에서도 우리는 즐거운 시간을 보냈고, 그날 밤 친구들과 함께 저녁을 먹었다. 아내들은 내게 남편이 자기를 얼마나 사랑하며, 또 자기를 놀리는지 말했다(누구도 그녀를 놀릴 수 있을 거라 생각하진 않겠지만). 하지만 그런 남자도 내게 플러팅을 한 적이 있다. 그건 재미있는 일이었다. 그가 오직 나와만 그런 방식으로 소통한다는 게 나를 사로잡았다. 나는 그냥 평범한(plain) 조 앤일 뿐인데. 나는 평범한 게 싫지 않다. 사실 나는 그 단어 자체를 좋아한다. '플레인(plain)'에는 평원이라는 뜻도 있어 바람에 흔들리는 키 큰 풀들이 길게 펼쳐진 풍경을 떠올리게 한다. 캔자스에 있는 줄린의 가족 목장처럼 말이다. 수년 전 우리는 그녀가 자란 집의 뒷문 근처 공터에 서 있었다. 그 집의 창문은 모두 깨져 있었고, 벽지는 빗물에 젖어 희미해졌으며, 계단과 응접실은 시간에 씻겨 색이 바랜 흔적들로 가득했다. 벽지에 그려진 마차와 꽃은 길고 우아한 곡선을 그리며 뒤틀린 마룻바닥을 향해 천천히 벗겨지고 있었다. 마치 벽이 사라진 인형의 집 같았다. 그곳엔 런던 대공습 속 전쟁 인형들처럼 절망에 빠진 인형들만 있을 것 같았다.

줄린과 나는 마당에 서서 부서진 트랙터 창고와 곡식 저장고를 둘러봤다. 거센 바람에 흔들리는 풀들이 모든 것을 집어삼키며 초록빛 물결처럼 흐르고 있었고, 그런 평원의 풀 사이로 녹슨 펌프 손잡이가 솟아 있었다. 그러다 난데없이 커다란 사슴이 나타났다. 자고 있었거나 풀밭을 납작하게 누르며 숨었다가 우리 앞에서 벌떡 일어난 것 같았다. 크고, 갈색빛이 도는, 세상 가장 수컷다운 모습이었다. 머리 위에는 커다란 뿔이 단단히 균형을 잡고 있었는데, 마치 바구니를 머리에 이고 가는 인도의 일꾼들 같은 모습이었다. 그 후 사슴은 한 번, 두 번, 세 번 크게 도약하고, 초록색 물결 속으로 뛰어들더니 다시는 튀어 오르지 않고 사라져버렸다. 그는 여전히 그곳에서 그의 형제들과 함께 평원을 헤엄치듯 가로지르고 있을 것이다.

그래서 나는 평범하고, 그게 싫지 않다. 그럴 만한 이유가 있고, 그 외에도 여러 가지 이유가 있다.

버려진 집, 버려진 여자. 샤론 올즈,* 「사슴의 도약」을 써줘서 고마워. 친구들아, 나를 남는 방에 재워주고 내 침대에 「사슴의 도약」을 넣어줘서 고마워. 앨라니스 모리셋, 늦은 밤 우리가 신발을 벗고 춤출 때 〈인도여, 고맙습니다〉를 불러줘서 고마워. 대마초도 고마워. 유머도 고마워. 페이스북도 고마워. 사진 속 레닌 동상 앞에서 발목까지 내려오는 모피 코트와 빨간 가죽 바지를 입은 채 요염한 포즈를 취하고 있는 그녀는 그야말로 전형적인 '요란한 여

---

* 퓰리처상을 수상한 미국의 시인.

왕벌(riotous pussy)' 스타일이다. 그레타. 늘 자기 생각을 쉽게 드러내지 않고, 연인 사이에 너무 어린 제삼자가 끼어 헤어지는 일쯤은 대수롭지 않다고 생각하던 내 친구는 갑자기 전화기 너머로 소리를 질렀다.

"모피라고? 그년이 망할 모피를 입는다는 거야?"

그러고는 비건 브라우니 한 팬을 내게 가져다주었다.

M이 나와의 전화 통화에서 단호한 목소리로 말했다.

"그렇게 부르지 좀 마. 너답지 않게 저질이잖아." 그러더니 더 애원하듯 말한다. "푸시 라이엇(Pussy Riot)**이 우리 취향이긴 하잖아, 안 그래?"

나는 날카롭게 받아쳤다.

"확실히 그런 모양이야."

이래서 유머도 고마운 것이다.

나는 살면서 처음으로 내 상처받은 감정이 수면 위로 떠오르도록 허락하고 있다. 예전에 경험한 집단 상담 치료에서의 표현을 빌리자면, 나는 그것을 더는 억누르지 않는다. 그곳에 참석한 사람은 모두 여성이었고, 다 같이 조명이 은은한 방 안에서 위계 없이 동그랗게 둘러앉았다. 우리는 모두 방석에 가부좌를 틀고 앉았고, 가끔은 일어나서 방망이로 그 방석을 두들겼다. 1990년대는 그랬다. 관심 있게 지켜보는 사람들 앞에서, 자기 '속'은 숨긴 채

** 러시아의 여성주의 펑크 록밴드로, 반체제 운동 그룹.

방석 '솜'은 다 튀어나오도록 힘껏 두들겨도 괜찮았던 시절. 마지막에는 다 같이 일어나 손목을 맞잡고 인간 요람을 만들어주던 시절. 용기만 있다면 그 위에 누워 양쪽으로 흔들리며 아기처럼 울수 있던 시절. '아기처럼 우는 것'은 진부한 표현이지만, 막상 그걸 자신이 하면 결코 진부한 일이 아니다. 이제 그 울음은 마치 비처럼 멈추지 않고 흐른다. 하루 종일, 일주일 내내 그치지 않고 내려, 땅을 흠뻑 적시며 나무를 쓰러지게 할 정도다. 비가 그치면 모든 것이 더 나아지고, 씻기고, 반짝인다. 상처받은 감정이 그대로 떠오르게 두자. ("네 얼굴은 참… 열려 있어, 조.") 왜냐하면 내 생각에는 그게 더 나으니까. 그리고 더 현실적이니까. 그래, 나무들은 쓰러진다. 하지만 이제 그 자리에 새로운 삶을 느낄 공간이 생긴다. 누군가의 판단에서 벗어날 자유, 그들의 규정에서 벗어날 자유, 나를 나로 살지 못하게 하는 억압에서 벗어날 자유. 이제 나는 다른 존재가 아니다. 진정한 나 자신(one)이다.

그리고 일(one)은 가장 외로운 숫자다.

나는 애리조나 사막길을 혼자 오른다. 절대 혼자 가면 안 된다고들 하는 곳이다. 나는 산양처럼 돌계단과 바위를 오른다. 온몸이 지칠지언정 다리만큼은 무척 쌩쌩해서 걸음을 늦출 수 없다. 매, 독수리, 양피지 종이 같은 귀의 산토끼가 보이고, 들리는 소리라곤 내 운동화 소리와 숨소리뿐이다. 오르막이 나타나면 그 길을 따라 오르고, 내리막이 나타나면 자갈길을 미끄러져 내려가다가 다시 힘을 줘서 멈춘다. 그러다 갑자기 천 조각 하나가 눈앞에 나타난다. 처음엔 그저 누가 곱창 머리끈이라도 떨어뜨린 줄 알았다. 사막길과는 정말 어울리지 않는 모습이다.

뱀은 땅과 똑같은 얼룩덜룩한 흙색이지만, 검고 흰 방울은 뚜렷하게 눈에 띈다. 방울뱀의 방울이란 게 원래 그렇게 눈에 잘 띈다. 내가 본 가장 큰 방울뱀이 사막길 전체를 가로질러 막고 있다. 다행히 머리는 크레오소트 덤불 어딘가에 있고, 덕분에 나는 휴대폰을 꺼내 임대 주택에 있는 메리에게 전화를 건다.

다른 이의 두려움은 언제나 내 두려움을 없애준다. 더 가까이 가지 말고 뒤로 돌라는 메리의 당연한 조언을 그대로 따른다. 내게 다른 선택지가 있는 것도 아니다. 하지만 나중을 위해 사진을 두 장쯤 남긴다. 그것이 얼마나 거대하고 분명한지, 그리고 얼마나 곱창 머리끈처럼 보이는지 알려줄 테다.

나는 그곳을 벗어나기 위해 천천히 움직이다가 갑자기 크레오소트 가지 사이에 있는 방울뱀 머리를 목격한다. 방울뱀이 머리를 들고 조금씩 움직인다. 공기를 핥으며 나의 움직임을 추적한다. 뭔가가 떠오르긴 하는데, 그게 뭔지 당장은 떠오르지 않는다. 반쯤 감긴 눈과 아주 조금씩 끄덕이는 머리를 보니 질투하는 남자들 모습 같기도 하고, 바구니 안에 똬리를 틀고 살던 인도의 뱀 같기도 하다. 잔인한 감금이겠지만, 그것은 뱀이니까 누구도 신경 쓰지 않는다. 소니까, 개니까 신경 쓰지 않는 것과 마찬가지다. 도로 위에 짓이겨진 강아지나 반토막 난 쥐를 물고 가는 굶주린 고양이를 신경 쓰지 않는 것과 마찬가지다. 그때 전화기 너머로 들려온 캐시의 목소리. '한 무리의 남자들이 돼지에게 무슨 일을 저지르

고 있어.'

에마와 캐시는 유리와 대리석으로 된 레이크 팰리스에서 하룻밤을 보내고 싶어 하지만, 나는 이 세피아색 창문과 프라이빗한 안뜰이 있는 방에 남아 여전히 아픈 척 책을 읽고 싶다. 나는 연꽃이 가득히 피어 있는 향긋한 1층 사무실에서 M에게 이메일을 보낸다. 돈을 아끼고 있다고 말하지만, 사실 그렇게 상상하는 것만으로도 견딜 수 없다. 유리 바닥 위에 있는 사람은 목발을 짚으면 안 된다.

M이 보낸 이메일이 와 있다. 우리의 개들과 내가 좋아하는 오리, 아이라에 관한 내용이다. 아이라는 아내를 떠나보낸 후 깃털이 빠질 정도로 슬퍼하며 수개월을 괴로워하다가, 마침내 새 아내를 맞이했다. 아이라는 새 아내 위에 올라타서 그녀의 머리를 물 아래로 밀어 넣으며 그녀를 괴롭힌다. 평소와 다를 게 없는 행동이다. 나는 책상 뒤 젊은 여자가 차 한 잔을 내게 가져올 때까지 미적대며 이메일을 읽고 다시 읽는다. 찻잔 받침 위에는 작은 보라색 꽃과 각설탕 하나를 품은 티스푼이 있다.

"캐시 님과 함께 묵고 계시죠?" 그녀가 묻는다. "좀 어때요?"

잘 지내요. 나는 말한다. 죽어가고 있죠.

"그렇군요." 여자가 말한다.

하지만 그녀는 죽어가고 있지 않았다. 아직은 말이다. 저녁이 되어 나는 어스름한 황혼 속을 걸어 호수로 내려간다. 한 남자가 나를 성으로 데려가고, 다른 남자는 내가 배에서 내리는 걸 도와주며, 또 다른 남자에게 인도한다. 그 남자는 내가 친구들이 도착할 때까지 기다릴 반짝이는 로비로 안내한다. 남자들은 모두 깔끔한 유니폼을 입고 있고, 나는 속이 비치는 검은 드레스를 입고 간단한 액세서리를 차고 있다. 모두 남아 있는 사진들로 안 것이다. 사진 속에서 우리는 모퉁이 테이블에 앉아 샹들리에 조명 아래에서 저녁을 먹는다. 소화를 도와줄 탄산수가 담긴 잔을 부딪치고, 충분히 달지도 않고, 모양새는 엉망인 데다 끈적거리는 무언가 위로 디저트 스푼을 들고 있다. 우리는 모두 행복해 보인다.

에마는 나를 물가로 데려가고, 우리는 어둠 속에서 뱃사공이 나타나기를 기다린다. 우리 발밑에 작은 반사판들이 부두를 따라 선을 이룬다. 그날 오후 에마와 캐시는 호텔에서 주최한 공연을 보러 갔는데, 공연이 어땠는지 설명하는 그들의 모습이 어딘가 이상했다. 소용돌이치듯 춤추는 수도승들, 밝은 복장들, 종과 구슬들을 묘사하는 에마와 캐시는 서로를 쳐다보지 않았고, 나를 쳐다보지도 않았다. 그들의 목소리는 너무나도 조심스러워서 무서워 보이기까지 했다. 마치 공포 영화 속 속도가 빨라진 장면에서 강렬한 시로코 바람*에 휘말려 어쩔 줄 모르는 사람들 같았다. 그들은 물론 공연이 좋았다고는 말하긴 했다.

"플로어 쇼**였어." 에마는 낮은 목소리로 말한다. "정말 말

---

* 북아프리카의 사하라 사막에서 유럽 남부로 부는 뜨겁고 건조한 강한 바람.
** 클럽이나 식당의 무대 없는 바닥에서 펼쳐지는 공연.

그대로야. 사람들을 바닥에 앉혔다니까! 그래서 당연히…."

그녀가 말꼬리를 흐린다. 나는 상상할 수 있다. 하얀 천으로 감싸여 소용돌이치는 먼지구름. 집단 심리 치료에서처럼 방석으로 도배된 대리석 바닥, 서로의 손목을 잡고 요람을 만들어 고통받는 사람을 감싸 흔들어주는 여자들. 뱃사공을 기다리는 에마와 나. 그 뒤에서 빛나는 궁전과 저 멀리 해안에서 반짝이는 조명. 그 사이에는 우리와 검은 호수만이 있다.

———

그때만 해도 캐시는 죽어가고 있지 않았지만, 그러다 죽어가기 시작했다. 긴 여름 내내 캐시는 우리 집에 머물며 주 외곽에 있는 자기 집까지 가지 못했다. 그녀의 집은 소금기 있는 초록빛 호수 옆에 있었는데, 현관문은 밝은색으로 칠해져 있었고 데크 아래의 부서진 조각 뒤에 열쇠가 숨겨져 있었다. 나는 몇 주에 한 번씩 캐시가 어쩔 수 없이 그곳에 버려둔 것들을 점검하러 들렀다. 돌로 된 벽난로 옆에 서 있는 키 큰 황동 도요새 조각상, 에마에게서 빌린 시트로 장식한 소파와 의자, 다행히도 캐시가 죽기 바로 직전 차례로 죽은 두 고양이의 플라스틱 사료 그릇, 가보로 내려오는 어두운 그림, 캐시가 다리를 못 움직이게 되기 직전에 산 최신형 검은 아우디까지. 그림과 아우디는 의문스럽게도 나중에 사라져버렸다. 나는 2주에 한 번씩 집 안과 집 주변을 배회하다 호숫가로 내려가곤 했다. 2년 전 여름, 우리는 길 위에서 납작하게 짓눌린 선명한 파란색 개구리를 보았는데, 나는 가게에서 파는 고무 인형을 짓이겨놓은 게 분명하다고 주장했다. 어떻게 개구리가 그렇게 선명한 파란색일 수 있겠는가.

"전에 살아 있을 때 본 적 있어."

캐시는 호수로 가는 나를 뒤따르며 주장했다. 호수에 도착하자 그녀는 물에 뛰어들어 수영했고, 우리의 대화는 그치지 않았다. 이웃 하나가 쌍둥이 아이들을 데리고 나타났다. 그는 작은 쌍둥이들을 데크에서 초록빛 물속으로 내려놓았다. 암튜브를 한 아이들은 둥둥 떠올랐고, 공기로 부푼 팔을 휘저으며 물을 튀겼다. 아이들은 깔깔거리며 즐겁게 소리 질렀다. 캐시는 팔이 닿지 않는 곳까지 헤엄쳐 나가더니, 물 위에 가만히 떠 있었다.

"애들이 물에 빠지자마자 오줌 쌌어요."

그녀가 아이 아빠에게 소리쳤지만, 그는 어깨만 으쓱했다.

무슨 그림? 캐시의 가족은 이전 호숫가 집에 그림이 있다는 사실을 인정해놓고도 그렇게 말했다. 그림은 선명한 파란색 개구리와 똑같은 운명이었다. 존재했을 리가 없지 않은가? 설령 누군가 진짜 봤다고 해도 말이다.

거기 있을 때 뭔가를 훔친 적이 있긴 하다. 문 옆 테이블에 놓여 있던 멋진 선글라스였다. 정말 마음에 들기도 했고, 에라 모르겠다, 캐시가 돌아올 일도 없다고 생각했다.

"네 문 옆에 선글라스 있던데, 내가 훔쳤어."

나는 전화로 캐시에게 그 사실을 고백했다.

"하." 그녀가 말했다. "그거 네 거였어."

정말로 원래 내 거였다는 듯이.

캐시는 그때도 아직 그런 상태는 아니었지만, 어느 순간 그런 상태가 되었다. 한번은 끔찍하게 구급차로, 다음번엔 그것보다 더 끔찍하게 택시를 타고 응급실에 갔다. 에마와 나는 팔걸이를 붙잡은 캐시를 뒷좌석에서 빼내려고 밀고 당겨야 했다. 캐시는 자기가 무슨 짓을 하고 있는지, 그리고 아마 그 일이 헛짓거리일 거라는 사실을 깨닫자 활짝 웃었다. 그게 전부였다. 잠깐의 포악함을 드러낸 찰나의 저항. 우리가 그녀를 그렇게 만든 것이다.

그리고 몇 주 후, 강의를 마치고 돌아오는 길. 타코닉 고속도로에서 두 시간 동안 교통체증에 시달린 끝에 한참 어두워진 후에야 집에 도착했다. 나는 지치고 짜증 가득한 상태로 부엌에 들어섰다가 긴 농가형 테이블 위에 내가 좋아하는 음식들이 진수성찬으로 차려져 있는 것을 발견한다. 내가 즐겨 마시는 반쯤 얼린 맥주도 한 병 놓여 있다. 꽃병에 꽃이 꽂혀 있었다는 것도 말하고 싶다. 물론 꽃의 줄기가 내가 좋아하는 방식으로 잘려져 있지는 않았다. 모든 게 완벽할 수는 없다. 그래도 전원적이고 목가적인 분위기가 가득했다. 장작 난로 옆에는 개들도 있었다. 셰피와 넬은 거기 가만히 앉아 있었고, 로켓은 나를 지나치게 사랑하는 데다 테이블에 음식이 올라가 있으면 테이블까지 사랑하는 죄로 멀리 쫓겨나 있었다. 이 작은 로켓맨은 심장 비대증으로 죽었는데, 말 그대로 마음이 큰 녀석이었다. 세상에서 가장 아름다운 개로, 청회색 몸에 갈색 눈을 하고 있었다. 보더콜리와 오스트레일리안 셰퍼드와 광기의 혼합체였다. 충동적인 웹서핑을 한 어느 날, 우리는 로켓맨을 데리러 웨스트 버지니아까지 먼 길을 운전해 갔다.

"데려가실 건가요?"

보호소의 여자는 우리가 차에서 내리자마자 그렇게 물었다. 로켓맨은 목욕 후 제대로 마르지도 않은 상태였는데, 그녀는 그의 목줄을 잡고 그를 지치게 하려 애쓰고 있었다. 우리는 오랜 시간 운전하며 그저 그를 보러 가는 것뿐이고, 정해진 건 아무것도 없다고 서로에게 단단히 주의를 줬던 참이었다. 엄격하게 따져야 해. 쉬운 결정이 아니야 등등.

"네." 우리는 대답했다.

그렇게 음식이 가득한 식탁과 로켓의 붉은 광채와 공중에서 터지는 폭죽들. 인도 상공에서, 파라과이 상공에서, 허드슨강 상공에서. 언덕에서 언덕으로 달리는 나와 에마. 그런데도 우리에게 보이는 건 작은 연기구름뿐. 바람이 세차게 불던 그 추운 밤, 장작난로에서 피어오른 연기처럼. 저녁을 차려줘서 고마워. 미안한데 먹지는 못하겠어. 호스피스 간호사에게서 전화가 왔거든.

그녀 곁에 있어주고 싶다면, 지금 와야 해요.

지금이라고요? 지금 당장요?

네, 지금 당장요. 시작됐어요.

어떻게 알죠? 어젯밤에도 봤는데요. 당신은 어제 그녀를 처음 봤잖아요.

그건 그런데, 일이 그렇게 될 때가 있죠.

어떻게요?

끝까지 버티다가 마침내 호스피스에 들어가거나, 호스피스를 마지막 순간으로 여기고 그대로 떠나버리는 거죠.

캐시가 그럴 리 없어요.

어쨌든 그녀 곁에 있어주고 싶다면, 바로 와야 한다고 했다.

따뜻하고 밝은 부엌과 방석에 앉아 있는 개들과 테이블에 차려진 음식과 의자 가장자리에 걸터앉아 내 얼굴을 바라보는 남자.

그렇지만 어떻게 아시냐고요.

간호사가 딴짓하는 모양인지 긴 침묵이 이어진다. 생각에 빠져 있거나 차트를 정리하고 있거나 둘 다겠지. 간호사는 입 가까이 수화기를 가져가더니 한숨을 쉰다.

"징후들이 있어요." 그녀는 대답한다. "입술 색이 거무스름해졌어요."

곧바로 캐시의 얼굴이 떠오른다. 그녀의 우아한 얼굴 윤곽과 지난 몇 주간 발광하듯 광채가 나던 피부. 인도의 옥상에 있던 여자처럼 모공 하나 없는 피부. 나는 거무스름하다는 표현을 푸르스름하다는 뜻으로 해석한다. 날이 어스름해질 무렵, 모든 것이 견딜 수 없을 정도로 아름다워지는 순간. 어둠으로 넘어가기 직전의, 그 짧은 몇 분 동안의 시간. 나는 M에게 입 모양으로 '입술 색이 거무스름하대'라고 말했다. 뭐라고?

"입술 색이 거무스름하대." 나는 무뚝뚝한 목소리로 말했다.

간호사도 다른 사람과 대화를 나누고 있었다. 그녀는 택시 안에 있는 것 같았다. 또 다른 비참한 목적지로 향하고 있는 듯했다. 전화를 끊기 전, 그녀는 내게 냉장고 안에 있는 모르핀을 상기시켰다. 그게 관대한 일을 해줄 수 있을 거라면서.

에마는 전화를 받은 직후 1분도 안 되어 지하철로 향했다.

"택시를 잡아야겠어." 내가 말했다.

M은 여전히 테이블에, 개들은 여전히 방석에 앉아 있었다. 난로는 여전히 잠이 올 정도로 따뜻했다. 나는 방금 가져온 머그잔에 차를 우리며 다시 코트를 입었다. 머그잔에는 '랜즈맨 킬 트레일 연합'이란 글자가 쓰여 있고, 말을 타고 광활한 땅을 달리는 기수의 그림이 그려져 있었다.

혹자는 랜즈맨 킬의 '킬'이 상대를 명중해 죽이는 총알을 뜻한다고 생각할지도 모르겠지만, 내가 사는 곳에서는 개울을 뜻한다. 개울이 흐르는 소리는 죽음의 단말마가 아니라, 물이 바위를 넘어갈 때 내는 순수한 소리일 뿐이다. 다만 언제나 순수하지만은 않다. 한번은 우리 동네 구역에 속한 랜즈맨 킬을 헤치고 들어간 적이 있다. 거기서 나는 보잘것없는 힘이지만 전력을 다해 밀렵꾼이 설치한 비버 덫을 진흙에서 꺼냈다. 나는 갖가지 나뭇가지가 물려 있는 덫을 그대로 트렁크 속에 던져 넣었다. 그리고 다음 날, 친구와 함께 뉴욕 서부에 캠핑하러 가는 길에 차를 잠시 세우고는 트렁크에 있던 덫을 다리 밑 흐르는 물속으로 던져버렸다.

그 여행에 셰피가 동행했는데, 나는 캠핑이 그 개를 몹시 불안하게 한다는 사실을 깨달았다. 핫도그, 나무, 광활한 하늘 때문일지도 몰랐다. 우리는 셰피가 차 옆에 서서 차문 손잡이만 뚫어지게 쳐다보지 않도록 밤새 구운 마시멜로를 먹여야 했다. 그래도 결국 셰피는 나를 따라 텐트 안으로 기어들어 왔고, 자기 자리를 잡아 기다란 셰퍼드의 몸뚱이와 각진 복싱 선수의 머리를 뉘었다. 그리고 내가 운동화를 벗기도 전에 잠들어 코를 골기 시작했다. 개에서는 약간 냄새가 났고, 그날의 모험으로 너무 피곤했는지 눈이 제대로 감겨 있지도 않았다. 셰피, 그만해. 나는 개의 몸을 쿡 찌르며 말했다. 너 죽은 것처럼 보여.

묘사할 수 없는 것을 묘사하려 애쓰다 보니 피곤하다. 그러니 그냥 믿어주면 좋겠다. 다시 타코닉 고속도로로 진입해 가속 페달을 밟았더니 웜홀이 열리며 내 차를 빨아들였다는 묘사를. 나는 90분 만에 145킬로미터를 달렸다. 모든 것이 칠흑 같았고, 고요하게 반짝였다. 내 차의 헤드라이트만 빛나고, 나는 아무 생각 없이 계속 헤드라이트를 반짝이며 야생동물들에게 신호를 보냈다. 길을 비켜.

웨스트사이드 고속도로에 진입하자, 전화벨이 울렸다.

어디라고? M이 물었다.

일리노이 시골의 어두운 맥주 바였다. 한 남자는 다트를 던지고 있었고, 다른 남자는 이마를 댄 채 고민하고 있었으며, 또 다른 남자는 핀볼 기계에 그려진 야한 여자를 향해 엉덩이를 부딪치고 있었다. 그리고 어린 시절의 나는 바에 앉아 소금 한 알 위에 소금통을 아슬아슬하게 세우며, 내가 어디 있든, 내가 무엇을 하든, 신경 쓰는 사람이 있기나 한지 궁금해하고 있었다.

나는, 여기가 어디든, 그곳에 있어.

소금 통을 비스듬한 모서리 위에서 간신히 균형을 맞추면, 바닥의 소금을 불어 날려야 한다. 그러면 그 장면은 마치 물리 법칙을 거스르는 듯 더욱 비현실적으로 보인다. 14번가로 접어들자 믿을 수 없게도 텅 빈 도로 위로 녹색 신호등이 계속 이어졌다. 이름 모를 일리노이 남자가 핀볼 기계의 슈터를 당긴 듯, 내 은색 차는 교차로를 하나, 또 하나, 또 하나 미끄러지듯 통과했다. 그리고 마침내 건물 바로 앞 주차 공간에 정확히 멈춰 섰다.

그녀는 거실에 놓인 병원 침대에 똑바로 앉아 있었다. 어두운 아파트 안에서는 촛불이 깜빡였으며, 내가 모르는 몇 명의 친구들이 어둠 속에서 움직였다. 그녀의 전남편은 우울한 표정으로 등받이를 편 의자에 앉아 있었고, 에마는 가정 간호 도우미인 데이지와 함께 밝은 부엌에 있었다. 그들 뒤에는 냉장고가 있었고, 그 안에는 수액 주머니에 담긴 모르핀 키트가 있었다. 키트에는 해골과 뼈로 X자가 그려진 라벨이 붙어 있었다. 오가는 사람이 너무 많다 보니, 누군가 실수하는 것을 방지하기 위해 내가 전에 마커로 그려놓았다. 캐시는 그 모습을 지켜보며 말했다.

"해골 그리는 솜씨가 예사롭지 않네."

미술 수업에서는 하나 걸러 하나씩 정물화 세트에 해골이 포함되어 있었다. 분위기 조성을 위해서였다. 분필 같은 상아색, 옅게 패인 관자놀이, 길고 선명한 치아, 텅 빈 콧구멍. 역시 생명이 빠진 정물화였다.

그녀는 주 외곽에 있어야 할 내가 여기 있으니 놀란 눈치였지만, 내게 아무것도 묻지 않고 내가 여기 있다는 사실을 그냥 받아들였다.

"와야겠다고 생각했어." 내가 속삭였다.

실내의 어둠은 길 건너편의 불빛과 대조를 이뤘다. 그곳은 사무실 건물로, 밤이 되면 청소부 여럿이 커다란 카트를 밀며 모든 층을 돌아다녔다. 건물 어디서든 그들이 하는 일은 다를 게 없었다. 책상 아래 휴지통을 들어 카트의 큰 쓰레기통에 비운 다음, 휴지통을 다시 책상 밑으로 돌려놓는다. 그리고 주변을 무심하게 돌아본 후 다음 칸으로 이동하는 식이었다. 필사적으로 어떤 생명을 지키려 애쓸 때는, 가끔 창밖을 내다보는 것이 좋다. 그러면 자신이 무엇을 지키려 하는지, 적어도 그 일부가 뭔지는 알게 된다. 사무실을 한 칸씩 지날 때마다 한 남자는 조금씩 다른 행동을 했다. 멈춰 서서 이어폰을 뺐다 끼거나, 듣고 있는 음악에 맞춰 리듬을 타거나, 바지 속으로 손을 뻗어 옷매무새를 고친다. 그러다 보면 깨닫게 된다. 아, 맞아. 삶이란 그런 거지.

그녀는 왜 모두가 이곳에 있는지, 왜 불이 꺼져 있는지, 왜 촛불이 켜져 있는지 묻지 않았다. 그렇다고 안정을 취하고 있지도 않았다. "안녕!" 그녀는 어둠 속에서 누군가의 얼굴을 알아볼 때마다 외쳤다. 우리는 모두 그저 그녀와 함께 앉아 있거나 실내를 돌아다녔다. 책장에 꽂혀 있는 책 제목을 읽기도 하고, 창밖의 사무실 건물을 쳐다보기도 하고, 침대 위에 손을 올리며(그녀의 몸에는 손을 올리지 않았다) 속삭이기도 했다. 그러다 사람들이 한두 명씩 빠져나가더니, 어느 순간 나와 에마와 데이지만 남았다. 캐시

324

는 잡지를 읽고 있는 우리에게 불을 켜 달라고 했다.

"와줘서 고마워." 그녀는 정중하게 말했다.

에마는 도시 외곽으로 떠났다. 나는 작별 인사는 했지만 그곳을 떠나는 대신 캐시의 침실로 들어가 침대에 누웠다. 이불은 없었고, 나에겐 겨울 코트뿐이었다. 데이지가 들어와서 모포로 내 다리를 덮어줬다. 나는 밤새 반쯤 잠든 상태로 밖에서 들려오는 소리를 들었다. 데이지가 캐시를 편안하게 해주려고 노력하는 소리. 그리고 캐시가 자세를 바꿀 때마다 간헐적으로 터져 나오는 비명과 신음.

밤은 계속되었고, 나는 거실에서 들려오는 소리를 신경 썼다. 눈은 감았지만 잠이 들지는 않았다. 나는 머릿속에서 모든 일이 반복 재생되는 것을 지켜봤다. 타코닉 고속도로의 석회암 벽에 비치는 달빛, 빛줄기 뒤 웜홀을 통과해 커브를 도는 차, 휴지통을 비우며 귓가에 들리는 음악에 맞춰 몸을 흔드는 남자, 아주 오래전 핀볼 기계에 대고 리듬감 있게 엉덩이를 부딪치던 남자, 아래에 아무것도 받치지 않은 채 균형을 잡고 서 있던 기울어진 소금 통.

그리고 이건 지어낼 수 없는 이야기다. 바로 그날 밤이었다. 믿기 힘들겠지만, 북부의 겨울바람이 오리 집의 창문을 날려버렸다. 순찰을 도는 야간 경비원처럼 매일 밤 오리 집에 들르던 너구리가 있었다. 그 녀석은 창틈으로 새어 나오는 난방 전구의 냄새를 맡으며 창틀 위에 균형을 잡고 서서 단단한 걸쇠가 걸린 창문을 확인했다. 바로 그때, 적막하고 매섭고 갑작스러운 돌풍이 불어 창문의 걸쇠를 고정하고 있던 두 개의 나사를 날려버렸다. 그렇게 창문이 열렸고, 너구리는 안으로 들어가 오리들을 죽였다. 여러 작은 침입자들을 겪고도 오래도록 살아남았던 아이라조차 이번에는 무사하지 못했다. 오리들은 따뜻한 홍등가 같은 헛간에 갇힌 채 무력했다.

다음 날 아침, M이 오리들을 내보내러 내려갔을 때, 그가 발견한 것은 대학살의 현장이었다. 나중에 그는 마치 범죄 현장을 치우는 것 같았다며, 그때 느낀 이야기를 내게 들려주었다. 그는 짚더미 속으로 파고들어 살아남은 작은 갈색 암컷 오리 한 마리를 발견했다. 너구리는 마치 리처드 스펙*처럼, 어쩌다 머릿수를 한 마리 잘못 센 것이었다.

———

침실은 얼음장처럼 추웠고 날은 밝아오지 않았다. 날이 밝기를 바라는 사람은 아무도 없었을 테지만 말이다. 사무실 건물은 고요했고 어두웠으며 휴지통은 모두 비었다. 유니온 스퀘어는 두 시간 동안 완전한 정적에 휩싸였다. 그러다 그곳을 지나던 트럭의 커다란 후진 경고음이 들렸다. 그래도 괜찮을 것 같다는 생각이 들었을 때, 나는 코트를 입고 거실로 나갔다. 캐시는 무슨 생각을 해야 할지 모르겠다는 표정을 지으며 눈을 떴다.

* 1966년 미국에서 간호사 여덟 명을 살해한 연쇄살인범. 피해자 수를 잘못 세는 바람에 한 명이 살아남았다.

여기 너랑 앉아서 아침 차나 마시려고.

"아, 그렇게 해." 그녀가 정중히 속삭였다.

한 시간쯤 지나 에마가 도착하고, 우리는 차와 커피를 마시며 대화를 나눈다. 캐시는 가만히 듣기만 한다. 듣지 않고 있는지도 모른다. 그녀는 손바닥을 편 채 침대에 올려놓고는 우리 뒤쪽을 응시한다. 마치 옛 사진 속, 자기 앞에 놓인 가죽 공을 응시하던 소년 같다. 어느 순간, 에마가 나를 바라보며 입 모양으로 무언가를 말한다.

정말 아름다워.

맞는 말이었다. 우리와 함께였기에 캐시는 굳이 가발조차 쓰지 않았고, 덕분에 그녀의 아름다움은 더욱 두드러졌다. 그녀의 얼굴은 다시 선명히 빛났고, 볼에는 분홍빛이 가득했으며, 눈빛은 밝았고, 입술은 어스름한 장밋빛이었다.

오전이 절반쯤 지났을 때 호스피스 간호사가 도착한다. 그녀는 서두르는 듯하면서도 침착하다. 데이지는 부엌에서 나와 우리와 자리를 바꾸고 간호사의 바이탈 체크를 돕는다. 데이지가 간호사에게 따라준 차는 전날 밤 누군가 가져온 브라우니 접시와 함께 테이블에 놓여 있다. 에마와 나는 간호사가 돌아올 때까지 서로를 바라보며 서로에게 귀 기울인다.

시간이 얼마나 남은 건가요?

나는 속삭이듯 묻는다.

5분 정도요.

간호사는 평소와 다르지 않은 목소리로 답한다.

에마와 나는 충격과 공포에 휩싸여 잠시 서로에게 쓰러지듯 기댄다. 간호사는 우리를 거실로 안내한 다음 침대 양쪽에 세운다. 손을 잡아주세요. 우리는 간호사의 말대로 한다. 어느 순간 에마는 몸을 기울여 조용히 말을 건다. 5분도 채 지나지 않았는데 우리 곁에는 더 이상 그녀가 없다. 그녀가 떠났다.

나는 에마보다 하루 일찍, 그리고 캐시보다는 일주일 일찍 인도를 떠났다. 캐시는 라자스탄에서 열리는 북 페스티벌에서 책을 낭독하기 위해 남았다. 강당만큼 거대한 비행기를 타고 돌아가는 와중에 끊임없이 우는 아기가 있었다. 울음소리가 걱정될 정도로 오래 지속되자, 결국 두 명의 승무원이 불이 꺼진 복도를 따라 조용히 이동하며 승객 중에 의사가 있는지 물었다. 복도를 두고 내 맞은편에 앉아 있던 남자가 잠에서 깨더니, 자기가 의사라며 무슨 문제가 있는지 물었다. 승무원은 그의 옆에 쪼그리고 앉아, 아기에게는 열이 있고 엄마는 구토를 멈추지 않는다고 말했다. 의사는 그녀에게 손을 저어 보이고는 다시 눈을 감았다. 승무원은 무표정한 얼굴로 잠시 통로에 서 있다가 그냥 지나갔다.

새벽 4시의 뉴어크 공항에는 택시는 몇 대 없고 사람은 넘쳐 났다. 택시 승강장에서 나는 한 남자에게 임시 거처가 있는 88번가와 웨스트엔드 사이로 가자고 말했다. 그 남자는 내 돈을 받았고, 다른 남자가 차에 짐을 실었다. 운전기사는 고속도로에 진입하자마자 실수가 있었다며 요금을 더 내야 한다고 통보했다.

아무래도 난 이런 일을 손꼽아 기다려왔던 모양이다. 우리는 약 16킬로미터를 지나는 동안 서로에게 고함을 지르며 싸운다. 운전기사는 나를 도로 뉴어크 공항에 데려다놓겠다고 협박하고, 나는 어디 한번 그래보시던가, 재수 없는 놈아, 빌어먹을 정찰제잖아, 라고 소리친다. 맨해튼으로 진입하는 다리를 건너고 길거리를 스쳐 지나가는 동안 우리는 냉랭한 침묵을 지킨다. 삶의 모든 순간이 지금 이 순간으로 우리를 데려온다. 그리고 이 순간, 또 이 순간으로. 나는 동이 트기도 전인 이토록 이른 시간에 길거리를 걸어본 적이 없다. 운전기사도 그것이 기괴하고 완벽한 순간이라는 데 동의한다.

"사람들은 인도를 '다시는 안 해'*의 나라라고 하죠."

운전기사는 러시아 억양으로 말하며 내 짐을 인도에 내려놓고 팁을 받는다.

거리에는 안개가 자욱하고, 날씨는 춥고, 가방은 무겁다. 나는 현관까지 가방을 끌고 가 계단 밑에 내려놓는다. 아래에서 올려다보니 계단은 끝없이 높아 보이고, 나는 내 몸만 겨우 지탱할 지경이다. 하지만 계단을 반쯤 올라간 순간, 우리 집 문이 시야에 들어오고 그 아래로 새어 나오는 가느다란 빛줄기가 보인다. M이 나를 위해 전등을 켜놓았다.

그때 그 빛의 틈으로 그림자가 스쳐 지나간다. 그가 깨어나 거

---

* "다시는 안 해"(I'll Never Do It Again)의 앞 글자를 따면 인도의 영문명(INDIA)이 된다.

실에서 나를 기다리고 있다. 그 사실에 눈물이 나기 시작한다.

우리는 언제나 함께 있을 거야.

몇 달 후, 캐시의 마지막 순간에 에마가 내게 몸을 기대며 조용히 속삭였던 말이다. 대리석 같던 그녀의 얼굴, 차가운 끝이 새겨 넣은 베일의 주름. 우리는 언제나 함께 있을 거야. 그리고 키 큰 풀밭의 바다에서 사슴이 불쑥 솟아오르더니, 다시 몸을 날려 멀리 사라졌다.

감사의 말

나는 수년간 수많은 장소를 거쳐가며 이 책을 집필했다. 야도와 맥도웰에서, 소노란 사막과 모자베 사막에서, 그리고 라인벡에 위치한 내 외딴집에서. 테이블이나 전화선의 맞은편에는 언제나 내 이야기를 들어주며 글쓰기를 독려해준 메리 엘런이 있었다. 내 글쓰기 강의를 듣는 학생들도 나라면 누군가가 듣고 싶어 할 만한 이야기를 해줄 거라고, 스스로를 믿을 수 있게 도와줬다. 끝으로 나와 함께하는 모든 순간을 사랑과 유머와 그만의 훌륭한 예술적 감각으로 채워주는 스콧 스펜서 없이는 내 인생의 행운도 없었을 것이다.

옮긴이 **장현희**

덕성여자대학교 영어영문학과를 졸업하고 넷플릭스, 삼성, 다우니, 페브리즈, 하이네켄, 에어비앤비 등 다국적 대기업을 고객사로 두고 있는 국내 중견 광고회사, '애드쿠아 인터렉티브'에서 약 6년간 근무하며 마케팅 및 광고 콘텐츠의 영어 통역 및 번역을 진행했다. 현재는 IYUNO-SDI 그룹, 비스포크랩, 키위미디어 등 유수의 영상 번역 전문 업체의 프리랜서 번역가로 활동하며 드라마 및 다큐멘터리의 자막 번역과 감수를 맡고 있고, 글로하나 출판번역 에이전시에서 다양한 분야의 영미서를 검토, 번역하고 있다. 옮긴 책으로는 『또 다른 365일』, 『인생은 짧으니 빨리 말할게』 등이 있다.

축제의 날들

초판 1쇄 인쇄 2025년 6월 2일
초판 1쇄 발행 2025년 6월 11일

지은이 조 앤 비어드
옮긴이 장현희

편집 윤성훈 **교정교열** 임인선
디자인 studio forb
마케팅 한민지, 신동익
제작 (주)공간코퍼레이션

펴낸이 윤성훈 **펴낸곳** 클레이하우스(주)
출판등록 2021년 2월 2일 제2021-000015호
주소 경기도 파주시 회동길 363-21, 2층
전화 070-4285-4925 **팩스** 070-7966-4925 **이메일** clayhouse@clayhouse.kr

ISBN 979-11-93235-56-0 (03140)

클레이하우스(주)가 더 나은 책을 펴낼 수 있도록 의견을 남겨주시거나 오타를 신고해주세요.
QR코드에 접속해 독자 설문에 참여해주신 분께 추첨을 통해 선물을 드리겠습니다.